# H. LAMARCHE
### DU *SIÈCLE*.

## LES
# TURCS ET LES RUSSES
## HISTOIRE DE LA GUERRE D'ORIENT
### ILLUSTRÉE
## PAR JANET-LANGE
ORNÉE DE

DEUX CARTES DU THÉATRE DE LA GUERRE EN EUROPE ET EN ASIE

## PAR A. H. DUFOUR.

PRIX : 1 FRANC 10 CENTIMES.

PARIS,

PUBLIÉ PAR GUSTAVE BARBA, LIBRAIRE-ÉDITEUR,

RUE DE SEINE, 31.

35.

# LES TURCS ET LES RUSSES

## HISTOIRE

### DE LA

## GUERRE D'ORIENT

ORNÉE DE

### DEUX CARTES DU THÉATRE DE LA GUERRE EN EUROPE ET EN ASIE

PAR

## A. H. DUFOUR.

C'est un fait qui éclate maintenant à tous les yeux : une guerre ropéenne a été rendue imminente par l'ambition, les intrigues, duplicité de la Russie. On a vu les efforts tentés par la diplomatie ur conjurer une situation qui a grandi en proportion des hésita- ns et des craintes qui s'étalaient devant elle sous les dehors affec- s de la résolution et du courage. Les diplomates ne se tiennent pas core pour battus : ils vont en conférence, en congrès, à six, à atre, à deux, à un seul au besoin, compiler des documents, rédi- r des notes, des propositions, des contre-propositions. C'est leur étier, ils n'y failliront pas à propos ou hors de propos, n'importe ! Il ne faudrait même point trop s'étonner s'ils parvenaient à faire per- re encore un temps précieux aux armées qui doivent décider cette cause rès tant de plaidoiries entendues. Mais les difficultés de la question nt de celles qui ne s'aplanissent que sous les roues des canons. out ce que l'on dit des différences de religion, des différences de ces n'est à peu près que prétextes. Les difficultés réelles sont toutes ographiques et par conséquent parfaitement rebelles aux phrases e chancellerie. La Russie a pris une position qui doit nécessaire-

ment, si elle n'en est pas dépossédée, la conduire, dans un temps donné, à Constantinople, d'où elle dominerait l'Europe et l'Inde.

Veut-on ou ne veut-on pas que le programme de Pierre $1^{er}$ s'ac- complisse? On ne le veut pas, dit-on. Eh bien ! c'est non-seulement la guerre entre la Turquie et la Russie, c'est, immédiatement ou dans six mois, ou dans un an, une guerre européenne, car tous les projets sont à jour, toutes les tromperies éventées.

Devant une telle perspective, et le bon sens public ayant déclaré en France et en Angleterre que, si une paix franche et durable n'é- tait pas possible, il y avait économie, dignité, bénéfices de toute nature à entrer sans délais dans une action décisive, c'est, ce nous semble, un devoir de conscience pour tout citoyen de connaître exac- tement la manière dont s'est engagée une lutte dont le résultat doit infailliblement modifier la situation de l'Europe.

Le but de cet écrit est donc nettement tracé.

Nous exposerons les faits en laissant le plus possible aux lecteurs le soin de dire de quel côté est la justice et de quel côté doit pencher la balance. Tout ce qu'il nous est permis d'affirmer, c'est que, sous les voiles qui dérobent presque toujours ses formes, l'avenir apporte le progrès et le sème sur les peuples, se fussent-ils par passion pour le bien-être matériel montrés un moment ingrats envers la liberté.

## LES TURCS SOUS LE RAPPORT RELIGIEUX.

### I.

Posons d'abord les chiffres de la population, en indiquant les différentes races dont elle se compose tant dans l'empire que dans les provinces tributaires du sultan.

La population de la Turquie appartient à quatorze races distinctes qui ont été classées ainsi qu'il suit :

| RACES. | EUROPE. | ASIE. | AFRIQUE. | TOTAUX. |
|---|---|---|---|---|
| Ottomans .......... | 2,400,000 | 40,700,000 | » | 42,800,000 |
| Grecs.............. | 4,000,000 | 4,000,000 | » | 2,000,000 |
| Arméniens......... | 400,000 | 2,000,000 | » | 2,400,000 |
| Juifs .............. | 70,000 | 80,000 | » | 450,000 |
| Slaves............. | 6,200,800 | » | » | 6,200,000 |
| Roumains.......... | 4,000,000 | » | » | 4,000,000 |
| Albanais.......... | 4,500,000 | » | » | 4,500,000 |
| Tatars............. | 46,000 | 20,000 | » | 36,000 |
| Arabes ........... | » | 900,000 | 3,800,000 | 4,700,000 |
| Syriens ........... | » | 235,000 | » | 235,000 |
| Chaldéens ........ | » | | | |
| Druses ........... | » | 30,000 | » | 30,000 |
| Kurdes............ | » | 4,000,000 | » | 4,000,000 |
| Turkomans ... ... | » | 85,000 | » | 85,000 |
| Tsiganès .......... | 24,000 | » | » | 214,000 |
| | 45,500,000 | 46,050,000 | 3,800,000 | 35,350,000 |

Par ce dénombrement, qui est, en somme, d'accord avec celui que donne l'*Investigateur*, journal de l'Institut historique, on voit d'abord que la race turque n'est égale qu'à un peu plus d'un tiers de la population de l'empire : elle est cependant plus nombreuse qu'aucune autre race, et les musulmans dépassent en nombre les membres réunis de toutes les communions chrétiennes. Notons encore que, par abus de langage, on appelle Grecs tous les chrétiens du rite grec, mais que la population grecque par l'origine n'est qu'à peine égale au sixième de la population turque.

Voici, au surplus, par nombres ronds la comparaison faite par l'*Almanach de Gotha* pour 1854 des mahométans et des chrétiens du rite grec :

Mahométans dans la Turquie d'Europe. . .    4,550,000
—    dans la Turquie d'Asie. . . .    12,650,000
—    dans la Turquie d'Afrique. . .    3,800,000
Mahométans : — Total. . . .    21,000,000

Chrétiens grecs dans la Turquie d'Europe. .    10,000,000
—    dans la Turquie d'Asie. . .    3,000,000
Total. . . .    13,000,000

A ces treize millions de chrétiens du rite grec, il faut ajouter deux millions quatre cent mille Arméniens, ce qui porterait la population totale de l'empire à trente-six millions quatre cent mille habitants, au lieu de trente-cinq millions trois cent cinquante mille. Mais il n'y a pas à s'étonner que l'almanach enfle un peu le nombre des chrétiens en Turquie.

### II.

L'Europe vit, à l'égard de l'islamisme, dans les erreurs et les préjugés vindicatifs des croisades. Voltaire, qui détestait ces préjugés, ces erreurs, et aurait voulu faire régner partout le dogme vraiment saint de la tolérance, les a popularisés, sinon agrandis par sa tragédie de *Mahomet*. De ce grand homme de piété, de guerre, de gouvernement, le philosophe de Ferney a fait un tartufe à cheval, suant la luxure, respirant l'assassinat et combinant à plaisir les horreurs de l'inceste. Par ce mensonge poétique, il pensait servir la vérité en montrant que les fondateurs des religions sont des trompeurs, des sycophantes, et en tournant cette critique de manière à pouvoir la dédier au pape. Malheureuse petitesse chez un grand génie! Au reste, les calomnies qu'il a lancées en magnifiques alexandrins contre Mahomet et contre Omar, Voltaire les a rétractées implicitement dans les lignes suivantes de sa prose, toujours sagace et lucide.

« Nous sommes, a-t-il dit, voisins des Turcs; nous ne les connaissons pas. Le comte Marsigli, qui a si longtemps vécu au milieu d'eux, affirme qu'aucun auteur n'a donné une véritable connais[sance] ni de leur empire ni de leurs lois. Presque tout ce qu'on a d[it de] leur religion et de leur jurisprudence est faux, et les conclusion[s que] l'on en tire tous les jours contre eux sont trop peu fondées: »

### III.

Mahomet ne fut pas un aventurier travaillé du besoin de se [faire] à tout prix une position. Né d'une famille princière de l'Arab[ie,] s'engagea, dès l'âge de quinze ans, dans la caravane afin d'épro[uver] son courage et de s'instruire à mesurer d'un œil résolu les da[ngers] matériels qui abondent dans les sociétés mal formées, et au m[ilieu] desquels un homme doit savoir conserver sa liberté d'esprit. A v[ingt-] cinq ans, le futur prophète, se sentant sûr de lui-même en face [des] lances et des cimeterres, songea à fortifier par l'étude les don[s in-] tellectuels qu'il avait reçus de la nature. Une riche veuve, Badi[dja,] frappée de la beauté calme et digne de Mahomet, l'épousa. Lui[, au] lieu de se précipiter dans les plaisirs faciles que procure la fort[une,] se fit remarquer par sa douceur, sa modestie, la régularité d[e ses] mœurs. Le seul désir ambitieux qu'il laissait parfois transpirer [était] celui d'arracher ses compatriotes à l'idolâtrie pour les amener [à l'a-] doration d'un seul Dieu, auteur des hommes et des choses, e[t les] gouvernant par des lois immortelles comme lui.

Après de longues méditations, vers sa quarantième année, M[aho-] met, obéissant à l'enthousiasme intérieur qui le dévorait, se dé[clara] prophète et appela hautement à lui les hommes qu'il juge[ait ca-] pables de le seconder dans sa mission. Cette révolution, car [c'en] était bien une, puisqu'il s'agissait de changer les rapports de l'ho[mme] avec Dieu, de l'homme avec l'homme, et de modifier ceu[x de] l'homme à la femme, cette révolution échoua d'abord. Le [nou-] veau prophète fut obligé de prendre la fuite; mais le supplice, l[a fuite] la défaite ont été de tout temps les préludes du triomphe d'une [cause] dont l'heure va sonner, et c'est de la fuite (hégire) de Mahom[et à] Médine, en 622, que date l'ère de l'islamisme.

### IV.

Depuis six cents ans qu'il existait, le christianisme n'avait p[u se] saisir de l'Arabie. Le sabéisme, fondé sur l'adoration des astres, [con-] fiait la matière et l'interposait entre l'homme et Dieu. Il aurait [fallu] connaître le judaïsme beaucoup moins profondément que ne le [con-] naissait Mahomet pour ne pas comprendre que si la loi de Moïse, [était] destinée à vivre au cœur de quelques sectateurs fidèles, elle [était] trop étroite, trop exclusive pour devenir la loi du monde. O[r, ce qui] remue d'ailleurs l'esprit humain qu'en le frappant d'étonnement [par] la nouveauté, l'imprévu. Mahomet résolut toutefois de fonder [une] religion qui, se rattachant aux traditions mosaïques et chrétien[nes,] ne laissât pas à l'idolâtrie, qu'il voulait abattre, la ressource d[e lui] reprocher qu'il inventait un Dieu. Il n'inventait qu'un culte.

Ce culte, il le fit aussi simple que possible. Une prière, des a[blu-] tions, quelques jeûnes, le serment de mourir au besoin pour s[outenir] en respectant les lois des nations soumises; car il est dit dans le Cor[an :] *N'employez jamais la violence en matière religieuse;* voilà, en [fait] que culte, à peu près tout le mahométisme. De clergé, ce g[rand] embarras de toutes les religions, Mahomet n'en créa point, et [l'on] verra tout à l'heure, quand nous aurons à parler des ulémas, q[u'ils] sont légistes ou juges, mais non pas prêtres dans l'acception géné[rale] de ce mot.

Les difficultés, les grands revers et les chutes de l'islamisme [ont] leur source commune dans la confusion préméditée par Mahome[t, à] l'exemple de Moïse, de la loi civile, de la loi politique et de la [loi] religieuse. Le Coran est un code complet où tout se trouve form[ulé] depuis la prière à Dieu jusqu'à la manière de faire bon ménage [avec] sa femme ou ses femmes.

Mahomet, qui reconnaissait en Jésus de Nazareth un grand p[ro-] phète, n'ignorait certainement pas que le Christ avait établi la s[épa-] ration du spirituel et du temporel en ces mots : « Rendez à Dieu [ce] qui est à Dieu et à César ce qui est à César. » Soit conviction qu[e le] peuple auquel il s'adressait résisterait à une telle séparation, que [ne] comportait pas l'idolâtrie, soit défaillance de jugement, fréque[nte] chez les hommes de génie quand la passion personnelle les sollic[ite,] le prophète de la Mecque voulut que sa parole réglât tout, déci[dât] de tout, et, pour qu'il y eût sacrilège à douter de son autorité, [il] déclara avoir écrit son livre de la loi sous la dictée de Dieu.

La résistance victorieuse de l'islamisme aux croisades, les conqu[êtes] et les progrès scientifiques des Arabes, le rôle que les Turcs [ont] rempli en Asie et en Europe jusqu'au milieu du dix-septième siè[cle,] disent assez avec quelle profonde habileté Mahomet a combiné s[on] œuvre, malgré les concessions qu'il avait à faire aux mœurs de s[on] pays.

### V.

La société reposant sur la famille, il importe, pour faire compren[dre] le passé, le présent, et aider à préjuger l'avenir de l'islamisme, il i[mporte]

e essentiellement d'exposer les règles auxquelles le Coran a sou-
les époux, les femmes, les enfants.

es Arabes idolâtres avaient le droit d'épouser jusqu'à dix femmes;
ue les filles trop nombreuses devenaient une charge pour les
s, la loi les autorisait à les noyer. A un peuple ainsi dépravé par
ulte des sens, était-il possible de proposer la monogamie et la fa-
e chrétienne? Aucun homme politique, sachant que toute réforme
ale s'opère lentement par la greffe du progrès sur la branche aux
ts caducs, n'oserait ici répondre par l'affirmative. Au lieu de dix
mes, le prophète permit d'en épouser quatre. Si vous craignez
re injustes envers les orphelins, n'épousez que *peu* de femmes,
x, trois ou quatre parmi celles qui vous auront plu. Si vous crai-
z encore d'être injuste, n'en épousez qu'une *seule* ou une esclave.
e conduite vous aidera plus facilement à être justes. Assignez
ement à vos femmes leurs dots. Ainsi parle le Coran.

our juger un législateur, il y a à examiner si la loi qu'il porte est
reinte de tout le progrès actuellement réalisable. Avant de pro-
cer l'anathème sur l'état d'infériorité où le prophète a placé la
me à l'égard de l'homme, on doit donc ne pas oublier que Maho-
t était en face d'une idolâtrie qui, symbolisant la nature sous les
ts d'une femme, lui faisait une véritable impossibilité d'établir
alité légale entre les sexes sans laisser la porte ouverte à des su-
stitions qu'il fallait exclure.

es hommes sont supérieurs aux femmes, dit le Coran, à cause
qualités par lesquelles Dieu a élevé ceux-là au-dessus de celles-
et parce que les hommes emploient leurs biens pour doter les
mes. Mais voyez par combien de sages et tendres prescriptions
te décision dogmatique est rachetée.

l consent à ce que l'on épouse quatre femmes, en laissant voir
rement que mieux vaut n'en épouser qu'une. Ne pensez pas tou-
ois qu'il permette que ces femmes vivent dans la promiscuité :
que femme doit avoir sa maison, ou tout au moins son apparte-
nt et son service séparés. La polygamie est une concession faite à
uxure des riches, qu'il ne veut pas éloigner de la religion nouvelle
une trop grande sévérité de mœurs. Il sanctifie d'ailleurs, autant
il dépend de lui, les rapports des sexes en disant aux hommes :
es femmes sont votre champ, cultivez-le de la manière que vous
ntendrez, en ayant soin de faire auparavant quelque acte de piété. »
considérait si peu les femmes, ainsi qu'on l'a dit et qu'on le croit
néralement, comme de simples instruments de plaisirs, qu'il est
it dans le Coran : « Gardez-vous votre femme, traitez-la honnête-
nt; la renvoyez-vous, renvoyez-la avec générosité. Il ne vous est
s permis de garder ce que vous leur avez donné... Un entretien
nnête est dû aux femmes répudiées; c'est un devoir à la charge de
ux qui craignent Dieu... Les maris ne peuvent pas empêcher leurs
mmes répudiées de se remarier... Si vous craignez une scission
tre deux époux, appelez un arbitre de la famille du mari et un
tre pris dans la famille de la femme. Si les époux désirent la ré-
nciliation, Dieu les fera vivre de bonne intelligence, car il est sant et instruit de tout. »

Ne croyez pas non plus que Mahomet laisse le mari disposer de la
e de la femme en cas d'adultère. Le jugement est domestique, mais
y a jugement : « Si vos femmes commettent l'action infâme, ap-
ez quatre témoins. Si leurs témoignages se réunissent contre elles,
ermez-les dans des maisons jusqu'à ce que la mort les visite ou
e Dieu leur envoie un moyen de salut. »

Et sous le rapport de l'héritage, les femmes et les filles ne sont-
es pas mieux traitées par le Coran qu'elles ne l'ont été par bien
s législations chrétiennes? Qu'on en juge par les prescriptions que
us allons transcrire :

« Respectez les entrailles qui vous ont porté.

» Dieu vous commande, dans le partage de vos biens entre vos en-
nts, de donner au fils mâle la portion de deux filles; s'il n'y a que
s filles et qu'elles soient plus de deux, elles auront les deux tiers
a possession; s'il n'y en a qu'une seule, elle aura la moitié. Les
re et mère du défunt auront chacun le sixième de la possession,
il a laissé un enfant; s'il n'en laisse aucun, et que les ascendants
i survivent, la mère aura un tiers; s'il laisse des frères, la mère
ra un sixième, après que les legs et les dettes du testateur auront
é acquittés. Vous ne savez pas qui de vos parents ou de vos enfants
us sont les plus utiles. Telle est la loi de Dieu. Il est savant et sage.

» La moitié des biens d'une femme morte sans postérité appartient
mari, et un quart seulement, si elle a laissé des enfants, les legs
les dettes prélevés.

» Les femmes auront un quart de la succession des maris morts
ns enfants, et un huitième seulement s'ils en ont laissé, les legs et
s dettes prélevés.

» O croyants! il ne vous est pas permis de vous constituer héritiers
e vos femmes contre leur gré, ni de les empêcher de se marier
quand vous les avez répudiées), afin de leur ravir une portion de ce
ue vous leur avez donné, à moins qu'elles ne soient coupables d'un
rime manifeste. Soyez honnêtes dans vos procédés à leur égard. Si
armi vos femmes il y en a que vous n'aimiez pas, il se peut que
ous n'aimiez pas celles dont Dieu a voulu faire un riche trésor. Mal-
eur à celui qui répudie sa femme pour des raisons de plaisir...

» Il vous est interdit d'épouser vos mères, vos filles, vos sœurs,
vos tantes paternelles et maternelles; vos nièces, filles de vos frères
ou de vos sœurs; vos nourrices, vos sœurs de lait, les mères de vos
femmes, les filles confiées à votre tutelle et issues de femmes avec
lesquelles vous aurez cohabité. N'épousez pas non plus les filles de
vos fils que vous avez engendrés, ni deux sœurs.

» Les hommes doivent avoir une portion des biens laissés par leurs
pères et mères et leurs proches; les femmes doivent avoir aussi une
portion de ce que laissent leurs pères et mères et leurs proches. Que
l'héritage soit considérable ou de peu de valeur, une portion déterminée leur est due. »

Quant aux orphelins, dont Mahomet a déjà parlé en conseillant aux
hommes d'épouser peu de femmes, afin de ne pas se créer des besoins
de fortune qui portent à l'injustice, il dit :

« Restituez aux orphelins leurs biens; ne les confondez pas avec
les vôtres, ne consumez pas leur héritage; c'est un crime énorme. »

N'imaginez pas non plus que si le mari a le droit d'exercer deux
fois la répudiation, la femme n'ait pas celui de demander le divorce;
elle le demande et l'obtient dès qu'elle peut arguer de motifs graves,
et emporte la dot que l'époux lui a reconnue.

Après le divorce demandé par l'épouse, comme après la répudiation exercée par l'époux, la femme a le droit de se remarier.

Ce qui constitue l'infériorité de la femme orientale, c'est l'absence
de relations de société avec l'autre sexe. Proscrire le libre échange
de la pensée et des impressions entre les hommes et les femmes est
une sorte de mutilation morale et intellectuelle. Hâtons-nous de dire
que parmi les Turcs tous les bons esprits ont compris ce mal et que
la réforme n'en est pas reconnue impossible.

La polygamie est une institution qu'on ne saurait approuver, car
l'être humain complet, destiné à se reproduire, c'est l'homme et la
femme, et non un homme et des femmes; mais, sans répéter les motifs
circonstanciels qui ont forcé Mahomet de l'établir, ou plutôt de la
reconnaître, il est étrange que l'on n'ait pas daigné prendre la peine
d'examiner ce qu'elle a été, ce qu'elle est en fait dans l'empire
ottoman.

Le gros du public imagine que chaque Turc a des femmes, des
concubines, des esclaves. Et d'abord dans l'empire ottoman le nombre des femmes ne dépasse celui des hommes que d'un quarantième.
Il est vrai qu'à Constantinople, où il y a beaucoup d'esclaves achetées
en Circassie, le nombre des femmes excède d'un septième celui des
hommes; mais, eu égard aux exigences du service intérieur, qui ne
peut être fait que par des femmes ou des eunuques quand ils étaient
tolérés, il n'y a eu dans aucun temps, entre la population mâle et la
population femelle, une proportion qui permît à la polygamie de se
généraliser. Elle n'a jamais été qu'une exception, et une exception
rare. L'obligation imposée par le prophète au mari de doter sa femme
ou ses femmes, et, s'il en a plusieurs, de les loger et faire servir
dans un appartement séparé, rend la polygamie si dispendieuse,
qu'en fait elle a toujours été une affaire de luxe.

L'oracle de Montesquieu : « La polygamie amènera la dépopulation
de l'Orient, » est, comme tous les oracles, quelque chose n'ayant que
l'apparence de la prévision et de la profondeur. La dépopulation, la
décadence des pays mahométans a une autre cause évidente : la confusion de la loi religieuse, qui est immobile et veut l'être, et de la
loi civile et politique, mobile et progressive de sa nature. Là est la
question la plus grave, la plus difficile; mais avant de l'aborder,
nous avons cru indispensable de montrer que la société turque ne
pèche point par la base, c'est-à-dire par la famille.

C'est sans doute un inconvénient qu'il n'y ait point de différence
entre l'enfant né de la femme et l'enfant né de la concubine; c'est
encore un autre et très-grave inconvénient que la volonté seule du
père décide l'adoption, lors même qu'il y a des enfants; mais ce ne
sont point là, après tout, des obstacles dirimants à l'assiette ferme et
stable de la famille orientale. Dans aucun pays le père n'est plus respecté de ses fils qu'en Turquie, nulle part sur la terre la mère n'est
plus vénérée de ses enfants. Ce sentiment est si profond chez les fils
surtout, qu'il est peu de sultans validé qui n'en abusent pour se livrer
à des intrigues impunies, et qui attireraient sur toute autre personne
un soudain châtiment.

VI.

Mahomet n'a point, nous l'avons déjà dit, institué de sacerdoce;
mais le Coran ayant tout réglé, même, on l'a vu plus haut, la manière de faire bon ménage, un code aussi étendu, aussi compliqué
demandait des interprètes. La société musulmane ne pouvait non
plus se passer de juges; et les uns et les autres devaient nécessairement avoir un caractère religieux, toute autorité, toute législation
émanant du livre sacré. En Turquie, la nécessité d'avoir des interprètes de la loi est devenue d'ailleurs plus impérieuse, plus générale
par ce fait que le Coran est écrit en arabe, et que la parole divine ne
saurait être traduite sans sacrilège.

Bien que l'instruction primaire, au rebours de ce que l'on suppose,
soit fort étendue chez les Turcs, où à peine quatre ou cinq hommes
sur cent n'ont pas fréquenté les écoles dans lesquelles on enseigne la

lecture du Coran et les principes de la religion et de la morale, il est impossible de se passer d'interprètes d'une législation souvent obscure et non moins souvent subtile. Lire le Coran ne signifie pas plus comprendre le Coran, que lire le code ne signifie comprendre le code. Les difficultés résultant de l'existence du corps des ulémas peuvent donc être tournées, mais non pas supprimées.

Ce corps, composé de trente mille individus très-instruits n'arrivant pas au rang d'uléma avant l'âge de trente ans, n'est point aussi opposé aux réformes qu'on veut bien le dire pour excuser un défaut de volonté et d'énergie dans le gouvernement. Ceux qui étudient pour être ulémas ont nom softas, et ne sont pas exempts de la turbulence et de l'exaltation qui caractérisent les étudiants des universités. Le scheik-ul-islam (littéralement, l'ancien sur l'islamisme) est le chef des ulémas. Il est de droit ministre de la justice.

Le scheik-ul-islam a sous lui, pour chaque province, un karaskier, uléma supérieur, qui est le chef provincial de la justice. Tous les karaskiers résident à Constantinople près du scheik-ul-islam, et forment avec lui le conseil auquel, dans les grandes circonstances, le sultan demande un fetva, c'est-à-dire une déclaration que la mesure qui est ordonnée n'est point en opposition avec le Coran. La question ou les questions étant posées par le scheik-ul-islam, les ulémas répondent par oui ou par non comme des jurés, et la décision est ensuite portée au sultan. Les déclarations de guerre sont ordinairement l'objet d'un fetva.

Il y a dans chaque localité un juge ou muphti; il prononce les fetvas qui interviennent entre particuliers, c'est-à-dire les jugements; mais c'est une erreur de croire que le muphti soit égal au scheik-ul-islam. Encore une fois, celui-ci est le chef suprême des ulémas, et son attribution permanente est celle de grand juge ministre de la justice; car dans ce pays, que l'on croit livré à l'arbitraire le plus effréné, le pouvoir, quels que soient d'ailleurs ses abus, a un caractère essentiellement légal.

L'égalité et la légalité sont partout à la base de la société turque. A bien peu d'exceptions près, les ulémas sortent des classes les plus pauvres, et il n'est pas rare de voir des hommes ayant rempli les métiers les plus humbles, d'anciens esclaves même, appelés aux plus hautes fonctions de l'Etat. Jésus, qui avait à faire passer la religion nouvelle à travers toutes les défiances du gouvernement romain si savamment hiérarchisé, a relégué l'égalité dans le ciel, faisant descendre sur la terre la fraternité et la charité seulement. Mahomet, créant une religion et un gouvernement indivis, a installé l'égalité la plus complète dès ce monde entre les fils d'islam. Les priviléges sont inhérents aux fonctions, non aux personnes, et dès que, par la puissance du progrès, il aura été possible de donner des droits égaux aux sujets musulmans et non musulmans de l'empire, la Turquie deviendra une des démocraties les plus libérales du monde, car l'égalité est chez les Turcs un article de foi et un trait de caractère.

Les obstacles qui se dressent devant un tel progrès sont grands, il faut le reconnaître. Mahomet a prescrit la tolérance envers les hommes pratiquant d'autres religions. Juifs, sabéiens, chrétiens peuvent être sauvés : il le déclare expressément, mais entre eux et le mahométan il n'y a pas même d'égalité dans le ciel. Quant à leur position en face des mahométans qui les ont soumis, elle est perpétuellement celle de vaincus obligés chaque année de racheter leur tête. Cependant les choses ont tellement changé depuis la suppression des janissaires, qu'il est visible qu'une génération ne s'écoulera pas sans qu'un pas décisif vers l'égalité entre tous les membres de l'empire ait été accompli.

Les janissaires formaient ce qu'on peut appeler une garde nationale divisée en mobile et sédentaire. Saturés d'idées religieuses exagérées et de tous les préjugés des anciens jours, ils barraient obstinément la route à tout progrès. Destituant, tuant les ministres, parfois les sultans mêmes, les janissaires constituaient une sorte de gouvernement représentatif sans espoir de réforme, et dans lequel le commettant était d'autant plus violent, qu'il se sentait plus en désaccord avec les besoins et les vœux du temps présent. Le janissariat était devenu le tyran des sultans et de l'opinion, et Mahmoud a droit à une éternelle reconnaissance pour avoir brisé cette horrible machine qui traînait la Turquie les pieds dans le sang, à rebours de ses intérêts les plus chers et des sympathies de tous les peuples de l'Europe.

Tous les fondateurs de religion ont accepté l'idée, maintenant visiblement fausse, que l'âge d'or, l'âge d'innocence est en arrière. De là leurs efforts pour retenir l'humanité du côté de son berceau par des lois immuables. Les Etats chrétiens n'échappent à demi à l'étreinte étouffante du prêtre qu'en s'emparant de la parole de Jésus : « Rendez à Dieu ce qui est à Dieu, et à César ce qui est à César. » Ce que font les princes et les peuples catholiques pour s'affranchir des obstacles opposés au progrès par la tradition religieuse, il faut que le sultan l'accomplisse par son autorité d'empereur et de commandeur des croyants. Mais le prophète, qui avait à faire une révolution et à créer ensemble une religion et un empire, a constitué son pouvoir et celui de ses successeurs en vue de ce triple objet, et tout est possible à un sultan par une ferme et consciencieuse interprétation de la loi musulmane.

Si Abdul-Medjid voulait se lancer dans le rationalisme ou le dé pur, il échouerait contre la foi, le bon sens, les lumières du pe turc, profondément attaché à son culte si simple et aux formes nées à la famille musulmane. Le succès, au contraire, est certai cherchant son appui dans les points communs aux trois religions fessées par ses sujets, il leur fait comprendre qu'adorer le m Dieu sous des formes diverses n'est pas un motif d'exclusion q il s'agit de servir une commune patrie. Ne dites pas au musu qu'il n'est pas supérieur au chrétien devant Dieu, il ne pourrait croire sans cesser d'être musulman; ne dites pas au chrétien, au que le musulman est dans la meilleure voie de salut, ils ne vous raient pas davantage. Dites-leur à tous que, laissant leur consci absolument libre, vous ne leur demandez que d'obéir à une loi d' lité toute terrestre, indispensable à leur conservation, et ils croiront, si vous êtes sincères et si vous êtes justes.

La race turque est une bonne et forte race, animée d'un haut timent de justice, de dignité personnelle, d'amour des enfants respect des parents, très-susceptible d'instruction, et qui n'a poussée hors des voies de la civilisation que par des causes qui vent être amoindries jusqu'à cesser d'être des obstacles.

De ces causes, nous en avons déjà indiqué deux :

La première est l'absence des femmes du milieu de la société hommes, car, de même que l'individu humain pour la reproduc est homme et femme, l'esprit humain est homme et femme au l'homme est la logique, la femme le sentiment dans la pensée.

La deuxième est la prétention que, dès la vie terrestre, le mu man est supérieur à tout homme non musulman, prétention, nou saurions trop le redire, qui doit être reléguée dans le ciel.

La troisième, à laquelle jamais, ce nous semble, on n'a accordé suffisante attention, réside dans la défense de reproduire l'image d cun homme, d'aucun animal, défense inspirée à Mahomet par la né sité de distinguer la religion nouvelle de l'idolâtrie, qui procé incessamment par images et par symboles matériels.

Ainsi les peuples musulmans, et plus spécialement le peuple t parce qu'il succédait à des races qui avaient exagéré l'influence l'art, a été destitué du sens artistique, un des grands attributs l'humanité, et n'a porté qu'un génie mutilé dans sa carrière de c quérant. Il y a là une large restitution à faire à l'intelligence mu mane, et quoique cela doive paraître étrange peut-être au pren coup d'œil, l'exposition publique et la vente du portrait du sul et de celui des sultanes seraient un pas immense vers le progrès.

Mais plus nous avancerons dans cette esquisse des institution du caractère des Turcs, plus on s'étonnera de la puissance que p vent acquérir la prévention et le mensonge aux dépens d'un peu marqué par de grands défauts, mais aussi possédant de grandes ver et auquel, pour occuper au profit de la civilisation la place que cimeterre lui a donnée, il n'a manqué que les sympathies et le c cours que lui accordent enfin les deux puissantes et libérales nati de l'Occident.

## L'ÉDUCATION CHEZ LES TURCS.

Le système de l'éducation publique fut remani en 1847. Av cette époque, il n'y avait que deux sortes d'insti tions : les éco élémentaires et les hautes classes, sans lesquelles il était impossi de parvenir aux postes importants de l'uléma ou du gouvernement. n'y avait aucune école transitoire pour le commerce, l'industrie l'agriculture, une des classes moyennes, qui ne pouvaient parvenir a emplois élevés, étaient entièrement privées d'instruction. Aujourd'l l'éducation se divise en trois classes :

Instruction élémentaire, qui comprend la lecture, l'écriture, l rithmétique et la religion. Les parents sont forcés d'envoyer dans écoles leurs enfants dès l'âge de six ans. L'instruction est gratui et si ces établissements ne peuvent se suffire par leurs propres re sources, le gouvernement leur vient en aide.

Les écoles transitoires : il y a aujourd'hui à Constantinople six ces écoles, renfermant, dit M. Ubicini, huit cent soixante-dix élèves, le gouvernement doit en créer huit nouvelles. Les élèves apprenne l'arabe, l'orthographe, la composition, l'histoire religieuse (Islam l'histoire turque et universelle, la géographie et les mathématiqu L'instruction est aussi gratuite, et les frais sont supportés par le go vernement.

Des colléges divisés en plusieurs sections : les deux colléges d mosquées des sultans Achmed et Sélim, pour les jeunes gens qui destinent aux emplois civils; le collége de la sultane mère, fondé e 1850, pour l'étude des plus hautes branches de la diplomatie et d l'administration; une école normale, qui sert de modèle aux écol des provinces; l'école de médecine de Galata-Seraï, fondée par Mal moud II ; le collége militaire impérial, le collége impérial d'artill rie, le collége de marine, le collége des agriculteurs, le collége de vétérinaires.

Il existe à Constantinople quarante bibliothèques publiques. Ceu qui ne sont pas mahométans ont encore beaucoup de peine à y êt admis. En 1848, un violent incendie a détruit, dans l'école de médecin de Galata-Seraï, des musées et des collections de curiosités, un jardi

nique et une collection de préparations anatomiques. Aujour-
ui le dégât est presque réparé, et de nombreuses constructions
ont bientôt achevées. Un musée d'antiquités est ouvert dans l'an-
n sérail près l'arsenal, et depuis le mois de mai 1852 les étrangers
vent admirer une superbe collection d'anciens costumes dans
meidan-Circus.
Constantinople possède trois imprimeries en langues orientales pour
papiers et les gazettes de l'Etat et l'école de médecine. Il y a en
re deux imprimeries européennes permises par l'Etat où s'impri-
at et où se lithographient aussi des manuscrits turcs.
Boulac, près le Caire, en Egypte, il y a une imprimerie pour
te espèce de livres et d'écrits orientaux.

ANTIES ASSURÉES PAR LE CORAN A LA LIBERTÉ INDIVIDUELLE.

Voici en quelques mots de quoi beaucoup surprendre ceux qui, sur
oi des cagots de tous les pays chrétiens et sur les assertions des

nistrateurs convaincus de péculat et autres crimes, la Turquie est
la monarchie définie par Montesquieu : « Le gouvernement d'un seul
d'après des lois fixes et préétablies. »

En droit absolu, le sultan est le propriétaire de tout le sol; certains
ulémas soutiennent que l'iman, le prince, n'est même que l'usufrui-
tier de la propriété générale, et qu'il peut en céder seulement la jouissance sous certaines conditions. A ceux qui trouveront que cela est
monstrueux, nous rappellerons que Louis XIV, dans un édit célèbre,
disait : « Notre droit étant souverain sur les biens tant mobiliers
qu'immobiliers, dont il nous plaît de laisser la jouissance à nos sujets, » etc. C'est dans cet édit qu'un célèbre conventionnel a puisé
sa définition : « La propriété est la portion de nos biens dont la loi
nous garantit la jouissance; » définition qui a fait frissonner tous les
gens comme il faut dès qu'elle ne sortait plus de la bouche du Grand
Roi. Cela soit dit sans prétendre définir la propriété autrement qu'elle
ne l'est dans nos codes, et simplement pour aider à comprendre que
les Turcs ne sont pas dans la barbarie parce qu'avant Mahmoud ils en
étaient encore au point où se sont trouvés nos arrière-grands-pères,

ARMÉE RUSSE. — CORPS RÉGULIERS.

Cosaque de la garde.  Grenadier de la garde de l'empereur Paul.  Cuirassier.  Chasseur de la garde.  Hussard.

usses, se figurent qu'il n'existe aucune espèce de liberté dans l'em-
re ottoman.
Une disposition du livre de la propriété consacre, sous les peines
s plus sévères, l'inviolabilité du domicile, même vis-à-vis des agents
e l'autorité, d'après les propres paroles du Coran : « O croyants!
'entrez pas dans une maison étrangère sans en demander la permis-
on et sans saluer ceux qui l'habitent. » Aucune visite domiciliaire
e peut être faite dans Constantinople sans un ordre autographe du
rand vizir. L'officier ou le magistrat porteur de cet ordre se fait
ccompagner, s'il s'agit d'un Turc, de l'iman du quartier; s'il s'agit
'un Grec ou d'un Arménien, par le supérieur de l'église de sa communion, et par le rabbin, s'il s'agit d'un Juif. Musulmanes ou raïas,
l ne peut pénétrer dans l'appartement des femmes que quand elles
n sont sorties.

## DE LA PROPRIÉTÉ CHEZ LES TURCS.

Contrairement encore à l'opinion générale qui croit que le sultan
st un maître sans frein, parce qu'avant la réforme il faisait mettre
mort, très-conformément aux lois, des pachas rebelles et des admi-

ce qui n'a pas empêché la grande révolution de 1789 d'arriver à son
terme fixe, ni un jour trop tôt ni un jour trop tard.

Comme à peu près tous les conquérants, et notamment comme les
Romains, les Turcs ont partagé les territoires soumis par leurs armes
en trois parts : la première a été donnée aux mosquées pour l'entretien du culte, des écoles et des hospices; l'autre, divisée entre les
vainqueurs et les vaincus sous condition de certaines redevances; la
troisième est réservée au sultan, qui n'en conserve pas moins sur les
deux premières son droit dominant, souverain.

De là trois genres de propriétés, les *vacoufs* ou propriétés des mosquées, les propriétés particulières ou patrimoniales, enfin les propriétés domaniales. — Les propriétés patrimoniales subirent une distinction fondamentale dès l'origine, selon qu'elles furent distribuées
aux vainqueurs mahométans, ou qu'elles restèrent entre les mains des
anciens propriétaires. Les premières furent déclarées terres *dîmières*
ou *décimales*, c'est-à-dire frappées d'une redevance équivalant au
dixième du produit; les autres furent appelées terres *tributaires*, c'est-
à-dire soumises au payement du tribut ou *kharadj*. Le kharadj con-
sistait en une double taxe : la taxe personnelle ou capitation, et la
taxe foncière, établie soit sur le fonds, soit sur les produits de la terre.
Quant aux propriétés domaniales, elles étaient divisées en neuf classes:

1° Les domaines dont les revenus appartiennent au *miri*, ou trésor public;

2° Les terres vaines et vagues;

3° Les domaines privés du sultan;

4° Les biens impériaux, provenant en grande partie de confiscations ou de successions échues au sultan, par suite de décès d'individus qui ne laissaient point d'héritiers légitimes;

5° Les apanages de la sultane mère, des princes et des princesses du sang impérial;

6° Les fiefs affectés aux offices remplis par des vizirs;

7° Les fiefs des pachas à deux queues;

8° Les fiefs assignés à des ministres et à des officiers du palais;

9° Les fiefs militaires accordés à des sipahis et à des employés civils, et même à de simples particuliers.

Ces derniers formaient la classe la plus nombreuse. Leur origine rappelle les bénéfices d'où était sortie la féodalité en France, ils la rappellent même de deux manières, car les possesseurs de fiefs militaires, avant l'avénement de Mahmoud, avaient réussi à faire déclarer héréditaires leurs fiefs ou bénéfices. Le sultan réformateur abra cette féodalité, qui n'avait d'ailleurs plus de raison d'être dans le nouveau système militaire de la Turquie. Toutefois il ne crut pas devoir attaquer les vacoufs proprement dits des mosquées, ni les vacoufs coutumiers, qui rappellent l'institution du précaire, tel qu'il fut longtemps pratiqué en France par les seigneurs et surtout par le clergé.

Voici comment, dans ses *Lettres sur la Turquie*, M. Ubiccini définit un vacouf coutumier :

« Soit Zéïd, possesseur d'un immeuble d'une valeur de cent mille piastres qu'il désire mettre à l'abri de la rapacité du gouvernement (je suppose un temps qui n'est plus, heureusement, en Turquie) et conserver à ses descendants directs. Il en fait l'abandon à la mosquée, qui lui compte, en échange, une somme de dix mille piastres. Mais cet abandon n'est, en quelque sorte, que fictif; Zéïd, moyennant un intérêt de 15 p. 100 de la somme reçue, soit quinze cents piastres par an qu'il paye à la mosquée à titre de loyer, conserve la jouissance à perpétuité de son immeuble, avec la faculté de le transmettre, à sa mort, à ses enfants, ou d'en disposer de son vivant en transportant ses droits sur une autre personne, à peu près comme s'opère chez nous le transfert d'une inscription de rentes, moyennant un droit de mutation de 3 p. 100 perçu par la mosquée. De plus, il a l'avantage d'être à l'abri soit de la confiscation, soit d'une vente forcée, sur poursuites de créanciers ou en vertu du retrait vicinal qu'exerce tout propriétaire sur l'immeuble contigu au sien, pour avoir, en cas de vente, la préférence sur tout autre acquéreur. Mais si Zéïd vient à mourir sans enfants, attendu un fetva, qui exclut même les petits-fils de la succession de leur grand-père, si celui-ci survit au père de ces enfants, l'immeuble passe à la mosquée. La mosquée se trouve donc, de son côté, par l'effet de ce fidéicommis, dans la situation d'un homme qui se rendrait acquéreur, moyennant le dixième de sa valeur, d'un immeuble dont il n'aurait la disposition libre et entière qu'après l'extinction de la descendance linéale et directe du vendeur, et pour lequel il percevrait, en attendant, une redevance annuelle égale aux 15 p. 100 de la somme qu'il aurait déboursée. Il est aisé, dès lors, de comprendre comment les avantages réciproques assurés au propriétaire et à la mosquée dans ces aliénations, dont les inconvénients n'existent que pour les collatéraux et pour l'État, contribuèrent à multiplier anciennement les vacoufs, au point qu'aujourd'hui les trois quarts de la propriété territoriale, en Turquie, se trouvent engagés envers les mosquées, au grand détriment du trésor public. »

Les vacoufs des mosquées ont chacun un régisseur (mutevelly) désigné ordinairement par le fondateur du vacouf dans l'acte même de donation. A sa mort, il est pourvu à son remplacement par les chancelleries des karaskiers de Roumélie ou d'Anatolie. Le mot, ainsi que la fonction, s'est perpétué jusqu'à l'époque actuelle. Le mutevelly, encore aujourd'hui, est une sorte de curateur préposé à l'administration d'un bien-fonds dont le revenu est affecté à une mosquée.

Les mutevellys avaient au-dessus d'eux des *nazirs* ou inspecteurs, auxquels ils étaient tenus de présenter, au moins une fois l'an, les comptes de leur gestion. Les nazirs des mosquées impériales étaient ordinairement les premiers personnages de l'empire. Par exemple, le grand vizir était de droit nazir des mosquées du Conquérant, de Sultan-Selim et de Sultan-Suleïman; le cheik-ul-islam l'était des mosquées de Sultan-Bayezid et de Sultan-Ahmed. Parmi ces mosquées, on citait l'Ahmediiè, la Suleïmaniiè et Sultan-Bayezid, pour leurs revenus de deux cent, de trois cent et de quatre cent mille piastres; ceux de Sainte-Sophie étaient évalués à deux millions, dont le tiers pour le moins restait entre les mains du nazir. Les vacoufs dits *haremeïn* ou *des villes saintes*, étaient placés sous le contrôle du premier eunuque du palais, qui en tirait chaque année des sommes considérables.

Par un hatti-schériff du 30 juin 1826, Mahomet a pris contre les vacoufs coutumiers la meilleure de toutes les mesures quant à l'avenir; il a supprimé le bureau des confiscations. En ce qui concerne les abus de l'administration des mosquées, Mahmoud y mit un terme en

créant l'État nazir suprême, et en établissant une direction gén des vacoufs, dont le titulaire, nommé directement par l'empere le rang de ministre, et, comme tel, fait partie du conseil priv même temps, il rendit une ordonnance d'après laquelle les b ou diplômes de mutevellys, ne pouvaient plus être conférés que directeur général des vacoufs et à la suite d'un examen. Un mo il fut tenté d'aller plus loin, en réunissant les vacoufs au dor public, comme il avait fait pour les timars et les autres fiefs taires. Un scrupule ou la crainte du danger l'arrêtèrent, et sans cher aux revenus des mosquées, il se contenta d'en surveiller e régulariser l'emploi, en les plaçant sous le contrôle direct de l

L'administration des vacoufs des mosquées coûte au tréso peu plus de trois millions de francs par an. M. Ubiccini s'en af nous demanderons la permission de nous en féliciter, car cett pense, si elle ne crée pas un droit pour le gouvernement de r les vacoufs au trésor, établit un précédent pour décider que l' tien des mosquées, des écoles, des hospices, sera une dépense vernementale.

La suppression des vacoufs est, pour la Turquie, une mesure valente en principe à ce que fut, pour la France, la vente des ecclésiastiques, mais beaucoup plus considérable dans ses rés économiques.

Sans entrer dans des détails qui ne sauraient convenir au cad ce petit livre, constatons que le principe que la propriété appa à l'État s'applique aux musulmans comme aux raïas, aux mosc comme aux simples particuliers. Ce droit dominant de l'État pas, après tout, un obstacle à la régularisation de la propriété lit dans nos constitutions, que nul ne pourra être tenu de céd propriété à l'État sans une juste et préalable indemnité. A la du mot propriété, mettez celui de jouissance, de revenu, d'usu la garantie au fond reste la même, et le droit du propriétaire de en Turquie ce qu'il est en France, en Angleterre, aux États-U pour citer les trois pays les plus civilisés du monde.


### LA JUSTICE CHEZ LES TURCS.

Il nous paraît peu nécessaire de nous arrêter à l'organisatio tribunaux turcs en matière civile, ces tribunaux étant évidem destinés à être remplacés par des tribunaux mixtes. Quand nous d remplacés, nous nous servons d'un mot qui n'est pas rigoureuse exact. Les tribunaux musulmans ne sauraient être supprimés, ils rivent trop directement du Coran, mais ils seront peu à peu dé tés pour de nouveaux tribunaux où les Ottomans, quel que soit culte, trouveront plus de gages d'impartialité.

Nous l'avons déjà dit, mais cela vaut d'être répété, aucune sent capitale, qu'elle tombe sur un musulman ou sur un raïa, ne peut exécutée qu'après avoir reçu l'approbation du sultan. C'est là une rantie qui place les chrétiens et les juifs à l'abri des vengeances de ligion ou de secte, et réfute péremptoirement le reproche tant fois adressé au gouvernement turc de faire peu de cas de la vie de sujets.

Il existe en Turquie un grand conseil de justice qui fait à la l'office de cour de cassation et de tribunal connaissant directen des crimes contre l'État, des malversations, des abus de pouvoir agents de l'autorité dans l'exercice de leurs fonctions.

Hassan-Pacha, gouverneur de Koniah, a été, il y a quelques nées, condamné aux galères à perpétuité pour avoir tué un dome que dans un moment de colère. Il subit sa peine dans la ville mê où il a siégé longtemps comme gouverneur. Aurait-on fait plus mieux dans un État chrétien?

On parle beaucoup de responsabilité ministérielle en Europe, Turquie on l'applique.

En 1841, l'ex-grand vizir Khosrew pacha fut accusé devant le gr conseil de justice de corruption et de détournement des deniers blics. Déclaré coupable, il fut condamné au bannissement et au re boursement envers l'État, dépouillé de ses titres et dignités, et échappa à une peine plus grande, c'est parce que les principaux ch sur lesquels il avait été condamné étaient antérieurs à la promul tion du nouveau Code pénal, qu'il avait signé lui-même quelq mois auparavant, en sa qualité de vizir.

Mais, comme par un trait particulier au caractère des Turcs, peines, chez eux, sont afflictives et point infamantes, — grand prés vatif contre les récidives, — Khosrew, ayant été gracié par le sult est redevenu ministre, et, comme ancien vizir, il siège aujourd'h encore dans le grand conseil de l'empire, où, malgré ses quatre-vin dix ans, il déploie beaucoup de sagacité et une grande énergie.

Le peuple ottoman ne trouve ni étrange ni abusif qu'un hom qui a rendu de signalés services à l'État, surtout dans la formati de l'armée nouvelle, ait pu redevenir un des conseillers du sulta après une faute expiée par une ruine à peu près complète et cinq a d'exil. C'est à ce même Khosrew que le prince Menschikoff porta, y a quelques mois, au nom de l'empereur Nicolas, un sabre d'honne dans l'espoir d'allumer un ressentiment peu patriotique dans le cœ

ce vieillard. Khosrew a fait au czar une digne réponse. Dans le
nd conseil de l'empire, dont il est le doyen d'âge, il a demandé
onneur de voter le premier, et il a voté pour la guerre.
Si, dans dix, dans quinze ans, Hassan-Pacha était jugé digne de
rdon, il redeviendrait peut-être gouverneur de quelque province,
ns que l'opinion publique en éprouvât le moindre frémissement.
C'est dans nos pays chrétiens qu'une première condamnation en-
înant un stigmate indélébile, on court de faute en faute, puis de
me en crime, jusqu'à la mort naturelle ou par la main du bour-
au.

### TRIBUNAUX MIXTES.

Les tribunaux mixtes sont de deux sortes :
Les tribunaux mixtes de commerce, qui statuent sur tous les diffé-
nds en matière civile et commerciale entre les indigènes et les
angers établis ou commerçant dans l'empire ;
Les conseils de police correctionnelle, chargés de la poursuite de
s les crimes et délits commis par les étrangers au préjudice des in-
gènes, ou par les indigènes au préjudice des étrangers.

#### TRIBUNAUX MIXTES DE COMMERCE.

L'institution de ces tribunaux date du mois d'avril 1847. L'essai s'en
d'abord à Constantinople par la réorganisation de l'ancienne cham-
e de commerce. Le mémorandum adressé à cette occasion aux lé-
tions à Constantinople portait que celles-ci nommeraient d'un com-
un accord dix notables commerçants, choisis parmi leurs nationaux,
quels rempliraient à tour de rôle l'office de juges. La Porte, de
n côté, désignait dix autres notables pris parmi ses sujets, musul-
ans et raïas, de manière que le tribunal fût composé de juges
omans et européens en nombre égal. Comme ces derniers sont
mmés par le concours de toutes les légations, la partie étran-
re, sous quelque protection qu'elle soit placée, est tenue de choisir
s arbitres parmi les négociants en exercice ; mais le drogman de la
ssion à laquelle elle appartient assiste au procès et surveille la pro-
dure.
L'expérience ne tarda pas à démontrer les avantages de cette insti-
tion. Des tribunaux semblables furent établis successivement à
drinople, à Salonique, à Smyrne, à Beyrout, etc., un firman impé-
al du mois de mars 1850 étendit la même mesure à l'Egypte.
Vers la même époque fut institué à Constantinople un tribunal mixte
commerce maritime pour juger les différends entre les sujets de
Porte et les étrangers en matière de commerce maritime.

#### TRIBUNAUX MIXTES CORRECTIONNELS.

Ces tribunaux, établis à titre d'essai à Constantinople, avec le con-
urs des légations, et placés sous la direction du conseil central
ministère de la police, furent étendus successivement à la plu-
art des grandes villes de l'empire, et, en dernier lieu, au Caire et
Alexandrie.
Les tribunaux mixtes de police sont formés par moitié de membres
digènes et étrangers, les uns permanents, les autres siégeant alter-
ativement suivant la nationalité à laquelle appartiennent les parties
les accusés, et élus parmi les notables de la nation par l'entre-
ise des consulats. Chacun d'eux est exclusivement attaché au tri-
nal ou au conseil dont il fait partie.
Les devoirs et les attributions de ces tribunaux, ainsi que la pro-
édure à suivre dans la conduite et le jugement des procès, sont
acés, dit l'auteur des *Lettres sur la Turquie,* avec beaucoup de
in et de netteté dans le firman d'institution. Ces devoirs et ces
ttributions sont de recueillir les dépositions des témoins avec la
lus grande impartialité ; — de faire prêter, avant de recueillir les
épositions, serment aux témoins, suivant le rite auquel ils ap-
artiennent, de ne rien soustraire ni ajouter à la vérité ; — de
unir sévèrement ceux des témoins qui seront parjures en faisant de
ausses révélations, toutes les fois qu'elles auront été légalement con-
latées ; — d'interroger les témoins en présence de l'accusé, l'un
près l'autre et séparément ; — de recevoir les déclarations secon-
aires, s'il y en a, relatives à la véracité ou à la fausseté des déposi-
ons des témoins principaux, après les avoir soumis au serment voulu
'après le rite qu'ils professent ; — d'entendre avec la même atten-
ion, et sans la moindre distinction ou partialité, tant les dépositions
ontre l'accusé que les révélations en sa faveur ; — de prendre toutes
es mesures qui peuvent être jugées propres à mettre en évidence
innocence ou la culpabilité de l'accusé ; — de recevoir le témoignage
ui pourrait être utile pour éclairer les faits poursuivis, de toute per-
onne privée, sans exception et sans distinction de rang ou de natio-
alité ; — d'obliger les personnes qui seraient appelées à déposer,
ant par la partie que par l'accusé, à se présenter devant le tribunal ;
— de rejeter tous les aveux qui auraient été obtenus par des violences
t des menaces, ou par des promesses, tout en admettant ceux qui

auront eu lieu volontairement et sans violence ; — de n'employer jamais, et pour quelque motif que ce soit, la bastonnade ou toute autre
peine corporelle ; — de faire exécuter, après avoir pris l'approbation
du gouverneur de la localité, les sentences prononcées d'après les lois
et règlements en vigueur dans l'empire ; — de ne pas prononcer définitivement sur les faits qui emportent la peine de mort.
On voit qu'il y a là tous les rudiments d'une bonne justice dans
un prochain avenir. La réforme la plus difficile sera probablement
d'obtenir que les patriarches des communautés chrétiennes et les
rabbins des communautés juives renoncent à leurs fonctions de juges
à l'égard de leurs coreligionnaires.

### LES RAÏAS.

#### I.

C'est sous le nom de raïas ou rajahs que l'on range tous les membres non musulmans de l'empire ottoman.
Nous avons, au commencement de ce livre, établi par des chiffres
incontestés que la race turque est la plus nombreuse des races habi-
tant ce vaste empire, et qu'à elle seule elle compose plus du tiers de
la population générale des Etats du sultan. Si aux Turcs on ajoute
les Arabes, les Albanais, les Kurdes, les Turkomans qui professent
l'islamisme, on arrive à un total de vingt et un millions de mahométans contre deux millions de Grecs, dix à onze millions de Slaves
et Roumains professant le culte grec, et deux millions quatre cent
mille Arméniens, dont un cinquième à peu près est catholique, et le
reste forme une église schismatique n'attribuant à Jésus-Christ qu'une
nature et ne reconnaissant pas l'autorité du pape.
Oui, dit-on, les mahométans sont en majorité dans l'empire, mais
ils ne sont qu'une faible minorité dans la Turquie d'Europe, et de là
on conclut qu'il serait juste de les forcer à replier leur tente et à la
reporter en Asie. Un campement qui a duré quatre cents ans n'est, aux
yeux de certains hommes, qu'une prise de possession toute provisoire.
Avec de tels hommes, on ne discute pas ; ce serait leur faire un honneur que le grand Chatham déclarait qu'on ne devait pas accorder à
quiconque niait que l'existence de l'empire ottoman fût une nécessité pour l'Angleterre et pour l'Europe. Mais sans discuter on peut
redresser des faits, écarter des confusions préméditées pour égarer
les esprits.
Dans la Turquie d'Europe on compte trois grandes provinces chrétiennes, la Valachie, la Moldavie, la Serbie, ayant une existence autochthone. La population exclusivement chrétienne de ces trois provinces s'élève à environ six millions d'habitants, qui n'ont rien à
souffrir de ce qu'on appelle la tyrannie du mahométisme. Ils professent une religion, le sultan, leur suzerain, en professe une autre.
Cela n'est pas, politiquement parlant, plus étrange que de voir en
Saxe une maison régnante catholique et une population protestante.
Du nombre des soi-disant opprimés de l'islamisme dans la Turquie
d'Europe rayons donc d'abord les Roumains et les Serbes se gouvernant par leurs propres lois, ne payant qu'un léger tribut au sultan et
criant : « Vivent les Turcs ! » dès que les Russes s'avancent pour leur
imposer une domination étouffante déguisée sous le nom de protection religieuse.
Dans la Turquie d'Europe, distraction faite des trois principautés
susnommées, il y a deux millions cent mille Turcs et deux millions
quatre cent mille musulmans contre environ six millions de chrétiens,
parmi lesquels les Bulgares et les Arméniens, s'élevant ensemble à
un million et demi, sont loin d'éprouver pour les Turcs aucune ré-
pulsion, les Arméniens surtout. Voilà, d'après les documents et les
témoignages les plus dignes de foi, la vérité sur la proportion des
divers cultes dans la Turquie d'Europe, où les Grecs d'origine ne
comptent que pour un million.

#### II.

Que dans la partie européenne comme dans la partie asiatique de
l'empire ottoman il y ait eu autrefois des excès commis par les Turcs
contre les raïas, cela ne saurait être nié de bonne foi. N'a-t-on pas
vu d'horribles excès commis par l'Angleterre protestante contre l'Irlande catholique ? et peut-on oublier que la France a eu la Saint-
Barthélemy, la révocation de l'édit de Nantes et les dragonnades ? Ce
que savent tous ceux qui ont impartialement étudié l'histoire de la
Turquie, c'est que les excès des musulmans contre les chrétiens ont
été l'œuvre soit de pachas rebelles, soit d'une populace ameutée, qui
presque toujours en ont été punis. De violences systématiques or-
données par les sultans, il n'y en a pas eu, hors les cas d'insurrection
et de guerre.
Les chiffres de la population donnent à eux seuls un démenti écla-
tant à l'ensemble des calomnies débitées contre les Turcs. Les chrétiens sont au nombre de treize à quatorze millions ; les races dont ils
se composent n'ont point dégénéré, et quiconque connaît, même su-

perficiellement, la Turquie, sait que les raïas sont en masse plus riches que les musulmans. Or, comment de tels faits se seraient-ils produits sous une persécution dont les récits ont fait frémir les nations chrétiennes de pitié et d'épouvante?

Si le mensonge, par forme de représailles, pouvait être mis au service de la vérité, au lieu de contester la persécution sous laquelle on dit que les chrétiens ont vécu, nous en chargerions les couleurs, car la question de l'avenir de la Turquie étant dans le succès et l'intensité des réformes, plus les raïas auraient été malheureux il y a trente ans encore, plus nous serions autorisés à conclure de leur situation actuelle qu'il suffit de quelque acte d'énergie et de bonne administration de la part du sultan pour achever la révolution orientale et constituer à nouveau l'empire ottoman. Mais loin, bien loin de nous les artifices de la polémique! Toutes réformes qui réussissent ont été préparées de longue main; avant la venue de Mahmoud, l'esprit de civilisation avait pénétré dans les masses musulmanes, et si les transformations que poursuit Abdul-Medjid avec une persévérance si

### III.

Depuis l'ouverture de la question d'Orient, la lumière s'est [faite] sur bien des points que le fanatisme catholique et l'intrigue [russe] tenaient dans l'obscurité. On peut ne pas avouer, mais on ne [peut] plus ignorer que les sultans ont accordé *ab antiquo* une grande [tolé]rance en principe et une large protection en fait aux cultes [non] musulmans.

Le patriarche de Constantinople, élu par ses coreligionnaires, [n'est] pas seulement le chef des fidèles pratiquant le rite grec, quelle [que] soit d'ailleurs leur origine, il est encore le chef de la communaut[é]; il juge souverainement toutes leurs affaires civiles et religieuses. [Lui] et ses douze métropolitains composent le synode, dont il est le [pré]sident, et tous sont exempts du kharadj ou impôt de capitation. [Les] autorités turques sont tenues de faire exécuter les sentences du [pa-]

ARMÉE RUSSE. — CORPS IRRÉGULIERS.
Cosaque de la ligne du Caucase.   Circassien.   Cosaque du Don.   Lesghin.

calme et si digne sont possibles, assurées même, elles ne sont pourtant ni faciles ni toutes prochaines.

La plus décisive, celle qui consiste dans le droit et l'obligation de porter les armes pour la défense de la patrie, a rencontré de la part des chrétiens une résistance que le sultan n'a pas cru devoir surmonter par la force d'un ordre souverain.

Après la promulgation du hatti-schérif de Gulhane, les non-musulmans, c'est-à-dire les chrétiens de toutes les communions, étant considérés comme citoyens et membres de l'empire, devaient contribuer au contingent pour la formation de l'armée. Ils s'exagérèrent les difficultés qui devaient nécessairement résulter de cette innovation, et demandèrent, en 1850, à rester soumis à l'impôt de capitation kharadj, qu'ils payaient autrefois comme rançon annuelle du vaincu. Cet impôt, dont on aurait dû abolir le nom, qui rappelle des souvenirs d'humiliation, n'est donc plus aujourd'hui qu'un rachat, à termes très-modiques, du service militaire.

Nous ne pensons pas qu'il convienne de blâmer absolument les chrétiens de leur conduite en cette occurrence délicate. Peut-être ont-ils agi prudemment en n'acceptant le service militaire que dans la flotte, où quelques-uns d'entre eux ont commencé à se créer une position modeste ; mais il importe de constater que le sultan leur a demandé de faire un pas de plus vers l'égalité politique, et qu'ils ont hésité, satisfaits qu'ils sont de leur situation présente.

triarche contre les chrétiens du rite grec, et celles des évêques co[ntre] leurs diocésains.

Mais voici bien d'autres priviléges.

Le clergé lève chaque année sur les chefs de famille une con[tri]bution, qui n'est pas légère, pour l'entretien du culte. Il fait les [ma]riages, prononce les divorces, remplit à l'égard des testaments l'of[fice] des notaires, et il ne leur est point interdit de recevoir, c'est-à-d[ire] de dicter aux mourants, des legs pieux.

Dans toute cause qui leur est déférée, le patriarche et les mét[ro]politains prélèvent, pour frais de justice, la dîme sur l'objet contes[té]. Leur droit ne se borne pas d'ailleurs à infliger la peine de l'amen[de] aux délinquants, ils peuvent prononcer celles de la bastonnade, d[e la] prison, de l'exil, et l'autorité turque prête main-forte à l'exécut[ion] de tels jugements.

S'il y a ici oppression, elle vient du clergé, qui use en outre a[ssez] largement du pouvoir d'excommunication.

Le patriarche et ses métropolitains président à la répartition [de] l'impôt dû au gouvernement turc. Ils sont de droit, comme les go[u]verneurs musulmans et comme les muphtis, membres des cons[eils] municipaux.

Et puisque nous avons prononcé le nom de conseils municipa[ux,] disons que, sous le régime du Tanzimat, code administratif pour l'[ap]plication du hatti-schérif de Gulhane, dès qu'il se rencontre mbre suffisant de chrétiens pour former une commune, ils s'assemblent et élisent un délégué qui est chargé de tous leurs intérêts. Le clergé arménien catholique et schismatique, les rabbins juifs jouissent des mêmes droits et priviléges que le clergé du rite grec. Le sultan Mahmoud n'a pas seulement fait disparaître les janissaires, il a supprimé les différences de costumes qui distinguaient les raïas des musulmans. Sauf pour les ulémas, qui ont conservé le turban blanc et la robe flottante, et pour les prêtres des diverses communions chrétiennes, qui ont gardé le vêtement traditionnel, il n'y a plus de costume obligé que pour les militaires et les fonctionnaires publics. Le fez (la calotte rouge) est devenu la coiffure nationale, et par cette égalité qui frappe les yeux un pas des plus significatifs a été fait vers l'égalité légale.

Avant la réforme, un chrétien ne pouvait déposer en justice. Cette loi est si positive, qu'elle ne pouvait être abolie *de jure* et directement. Le gouvernement turc a donc commencé, comme on vient de le voir plus haut, par créer des tribunaux de commerce, puis des

embrassé l'islamisme pour s'assurer plus facilement un asile sont retournés à la religion chrétienne sans être le moins du monde inquiétés. Un non-musulman qui avait des rapports avec une femme musulmane était puni de mort s'il n'embrassait à l'instant le mahométisme. Aujourd'hui on se borne à séparer les amants. L'exil, pour ce fait, n'est même que rarement appliqué.

La loi ne s'oppose pas absolument à ce qu'un musulman épouse une chrétienne sans l'obliger à changer de religion, seulement les enfants des deux sexes sont nécessairement élevés dans celle du père.

Franchement il nous serait impossible de dire comment on arrivera à autoriser une musulmane à épouser un chrétien, mais cela doit être et cela sera un jour, parce qu'il est dans la loi de l'avenir que la liberté de conscience soit étendue des relations du citoyen avec l'Etat aux relations de l'homme et de la femme dans le foyer domestique.

Quant à l'assertion tant de fois répétée que la vie des chrétiens était à la merci des rancunes et du fanatisme des autorités turques,

ARMÉE TURQUE. — Infanterie.

tribunaux correctionnels mixtes, devant lesquels la preuve écrite est mise en première ligne, et la preuve orale faite par des témoins ayant prêté serment selon le rite de la religion à laquelle ils appartiennent, les musulmans comme les autres. Les tribunaux musulmans devant lesquels les mahométans seuls peuvent prêter serment existent toujours, mais ils sont désertés dans toutes les causes entre musulmans et non-musulmans et devant les tribunaux d'appel. La route vers une bonne administration de la justice est désormais ouverte et sera parcourue avec rapidité, nul peuple au monde n'ayant plus au cœur que le peuple turc le sentiment de la justice.

Nous avons très-brièvement exposé les bases sur lesquelles sont organisés les tribunaux mixtes. Il ne s'agit dans un ouvrage de la nature de celui-ci que d'énoncer par masses les faits qui prouvent que les raïas d'Orient ne subissent pas une oppression qu'il soit du devoir des chrétiens d'Occident de briser au nom de la civilisation. Continuons donc de citer des faits qui né puissent être niés que par l'ignorance ou la mauvaise foi.

Un chrétien qui s'étant fait musulman revenait à sa foi première était puni de mort, l'abandon de la loi de Mahomet étant assimilé au crime de désertion, puisque le serment de tout musulman l'oblige à défendre sa religion par les armes et au prix de sa vie. Cette loi a été non pas abolie (elle ne pouvait l'être textuellement), mais tournée de manière à devenir inapplicable. Plusieurs réfugiés qui avaient

elle a toujours été fausse, mais elle est devenue une calomnie depuis la loi qui défend d'exécuter aucune sentence capitale sur un raïa comme sur un musulman, sauf un ordre exprès du sultan. Abdul-Medjid a été jusqu'à contester au vice-roi d'Egypte le droit de faire exécuter les voleurs et assassins de grands chemins sans une autorisation impériale.

Les raïas sont exclus en fait bien plus qu'en droit des hautes fonctions publiques. Nous ne parlons ni de la Servie ni des principautés du Danube. Là ce sont les musulmans qui sont exclus non-seulement de toutes fonctions, mais du droit de propriété et d'établissement commercial permanent. Nous parlons des provinces de l'empire gouvernées directement par le sultan ou par ses grands vassaux musulmans.

Les chrétiens peuvent être revêtus du titre d'ambassadeur, témoins le prince Callimachi, naguère encore ambassadeur en France, et M. Mussurus, aujourd'hui ambassadeur en Angleterre. Ils sont fréquemment employés avec des titres officiels dans les légations à l'étranger, et on en compte un assez bon nombre dans les bureaux de la Porte Ottomane. Bien que par des raisons déjà indiquées ils aient, en 1850, cru devoir décliner l'honneur de prendre part à la défense de la commune patrie, un firman du sultan Abdul-Medjid permet d'élever un non-musulman au rang de pacha (général). Le prince Alexandre de Serbie a commandé pendant quelque temps la forteresse turque de Belgrade, ayant une garnison turque. Le capitaine Slade de la marine anglaise est contre-amiral dans la flotte turque, dont il commande une des divisions.

Tous ces faits ne signifient pas, empressons-nous de le reconnaître, que les chrétiens d'Orient aient dans l'Etat une position convenable, encore moins une position définitive. Ils sont, par rapport aux musulmans, dans une infériorité dont ils se vengent, il est vrai, en acquérant la richesse plus promptement que leurs dominateurs, et en se rendant nécessaires à ceux-ci dans la conduite de presque toutes les affaires; mais cette infériorité, fondée uniquement sur la différence de culte et sur les souvenirs de la conquête, n'en doit pas moins cesser en droit et en fait. La conquête ne se légitime que par l'assimilation dans le progrès des vainqueurs et des vaincus.

Nous ne voudrions pas tracer un parallèle offensant pour les Hellènes; toutefois, s'il n'est pas vrai, comme on l'a prétendu en Angleterre, que les raïas ottomans aient marché depuis vingt-cinq ans d'un pas plus rapide que les sujets du roi Othon dans les voies de la civilisation, il est évident que, considérant les difficultés à vaincre de part et d'autre, les chrétiens de l'empire n'ont pas à se plaindre du gouvernement turc, qui, sauf un tort que nous voulons noter, tient à l'égard des non-musulmans une conduite parfaitement digne d'estime.

La réparation des anciennes églises ne souffre pas de trop grandes difficultés, mais la construction des églises nouvelles, rendues nécessaires par l'accroissement de la population chrétienne, est entravée par toutes sortes de préjugés et d'obstacles contre lesquels il faut employer le mensonge, la ruse, et aussi les séductions pécuniaires. Un tel état de choses ne devrait pas être toléré par un pouvoir qui a eu la force d'accomplir les réformes que nous avons signalées.

Quoi qu'il en soit de ce tort exceptionnel, là où le progrès, fût-il lent, est manifeste, continu, une protection étrangère pour les affaires intérieures de l'Etat n'est ni un acte de vraie religion ni un acte de sage politique. L'esprit humain est d'ailleurs ainsi fait, que la France et l'Angleterre obtiendront plus pour les chrétiens de l'empire ottoman en aidant les Turcs à se défendre contre une agression tentée au nom de la religion chrétienne qu'en formulant des garanties dans un traité. La guerre amène quelques biens parmi les maux qui courent à sa suite. Voilà une légion de Cosaques chrétiens qui se forme sous un pacha chrétien, M. Czaykowski. Des maronites, des montagnards syriens catholiques ont demandé à s'organiser en régiments pour défendre les droits du sultan. Que la Turquie voie combattre pour elle les vaisseaux et les soldats de ses alliés chrétiens, et ne vous inquiétez plus du sort des raïas d'Orient. Ils deviendront citoyens de l'empire ni plus ni moins que les Turcs. Abdul-Medjid aura dégagé la promesse de son père, qui disait :

« Je veux à l'avenir que parmi mes sujets on ne distingue le musulman qu'à la mosquée, le juif qu'à la synagogue, le chrétien qu'à l'église. »

## LES RUSSES SOUS LE RAPPORT RELIGIEUX.

### I.

La Russie, qui est à elle seule plus grande que l'ancien monde romain, a quatorze mille kilomètres en ligne droite de l'est à l'ouest; elle en a cinq mille six cents du nord au sud, et dix-sept mille si l'on tire une ligne du sud-ouest au nord-est. Sa population s'élève à soixante-dix millions d'habitants. C'est contre ce colosse, qui depuis cent cinquante ans emprunte à la civilisation les moyens d'étendre le despotisme, que la Turquie, privée du concours armé des deux cinquièmes de sa population, est aujourd'hui en guerre pour une cause en apparence religieuse.

En 998, Vladimir le Grand introduisit le christianisme parmi les Russes, jusque-là abandonnés au paganisme. Vladimir plaça ses sujets et lui-même sous la direction du patriarche de Constantinople, qui était encore catholique.

Lorsque vers le milieu du onzième siècle (1053) le schisme se fut prononcé, les Russes restèrent sous la direction du patriarche grec, qui les gouvernait par un métropolitain. Cette situation dura jusqu'en 1589, c'est-à-dire pendant cinq cent trente-six ans.

A cette époque, un patriarche de Constantinople, destitué pour ses violences et son inconduite, se réfugia en Russie, y créa un métropolitain qu'il affranchit de l'autorité du patriarche de Constantinople. Ce nouveau métropolitain fut déclaré patriarche de Russie, et investi expressément du patriarcat, dont Rome était destituée à cause de ses hérésies. Ce fut un schisme nouveau dans l'Eglise d'Orient; mais si ce schisme pouvait donner ouverture à un droit, ce serait contre le pape de Rome, et non contre le patriarche d'Orient, dont l'Eglise russe se déclarait indépendante. Mais le patriarcat de Russie, qui n'avait jamais eu l'élection pour base, fut supprimé en 1699 par Pierre 1er, qui réunit dans sa main la puissance spirituelle à la puissance temporelle.

Depuis ce moment, l'Eglise russe, schismatique dans le schisme oriental, est gouvernée par un synode, où le czar commande aussi autocratiquement que dans une caserne. Les membres du synode sont des dignitaires de l'Eglise choisis et nommés par l'empereur. Le commissaire impérial surveille ou, pour parler plus exactement, dirige les opérations du synode, dont les décisions demeurent sans force tant que l'empereur ne les a pas sanctionnées et promulguées. C'est en ce moment un général de cavalerie, aide de camp de l'empereur, qui a la direction du *saint* synode, et qui est chargé de prouver qu'il n'existe aucune différence entre ce qui est au czar et ce qui est à Dieu, dont le czar est l'*alter ego* sur la terre et peut-être dans le ciel.

Les popes sont dressés de manière à ne pas faire dévier un peuple de sa sainte religion. Ne connaissant pas les anciens Pères de l'Eglise, ignorant l'histoire de leur pays, et, pour la plupart, les rudiments de la langue, ils baptisent, ils marient, ils enterrent, ils convertissent comme les Cosaques font l'exercice. Point de chaire dans les églises russes, et point de prédications. Les popes ne prennent pas la peine de catéchiser le peuple, car à quoi bon l'enseignement des principes de la religion et de la morale là où tout mérite réside dans une obéissance abjecte? Le sacerdoce est, en Russie, un métier en quelque sorte manuel. Le prêtre russe n'a qu'un privilége qui l'élève au-dessus des serfs, il ne peut être fouetté ni knouté. Toutefois, lorsqu'il a offensé un seigneur, celui-ci demande sa dégradation, qu'on ne lui refuse guère, et le ci-devant pope est alors fouetté, puis envoyé en Sibérie, sans que l'aventure éveille ni réclamations ni sympathie. Entre le clergé et le peuple russe il n'y a aucun lien moral.

Nous avons dit tout à l'heure que le clergé russe convertissait dans l'ordre. Un homme qui a habité dix ans la Russie, et qui signe ce que j'avance, M. Germain de Lagny, raconte ainsi les procédés des missionnaires :

Ils partent, dit-il, suivis de quelques chariots chargés de tabac et d'eau-de-vie, escortés par quelques Cosaques, et vont chez les Samoyèdes, les Vogouls, les Lapons, les Kamchadales. On pense bien qu'ainsi armés pour la conversion, ce n'est pas l'Evangile que prêchent les missionnaires. Ils montrent à chaque néophyte une livre de tabac, une bouteille d'eau-de-vie, une pièce de monnaie valant deux francs cinquante centimes, en lui disant : « Si tu veux que je te baptise, tout cela est à toi. » Celui-ci n'a garde de refuser, car il aime l'argent, l'eau-de-vie, le tabac. Le premier ruisseau sert à l'immersion baptismale, et un chrétien est fait, un chrétien de l'Eglise thodoxe d'Orient, bien entendu. Ces chrétiens-là prennent un tel goût à leur religion nouvelle, qu'ils se font baptiser, au même prix, autant de fois que cela leur est possible.

L'indignité et l'incapacité du clergé entre dans les vues du gouvernement russe. Ce qu'il faut à ce gouvernement pour accomplir ses projets, ce n'est pas un peuple qui ait de la religion dans le sens moral de ce mot, c'est un peuple ayant assez de superstition pour croire à tous les miracles, à toutes les prophéties qu'il convient au czar de faire répandre, et pour se lever envers et contre tous dès que le souverain maître a parlé. Plus éclairé, plus religieux, le clergé russe deviendrait un embarras pour l'autocratie, qui serait compromise le jour où elle serait, nous ne dirons pas discutée, mais simplement examinée.

### II.

La hiérarchie de l'Eglise russe diffère peu de la hiérarchie catholique. Au-dessous du synode, qui est aux ordres de l'empereur, il y a des archevêques, des évêques, des popes, des protopopes. La mise en scène est assez soignée dans les grandes villes où elle peut être vue par des étrangers. Dans les campagnes, on n'y fait pas tant de façon. L'église est à côté de la maison du boyard, qui n'entend pas se déranger pour remplir ce qu'il appelle ses devoirs religieux. Les paysans franchissent, comme ils peuvent, jusqu'à huit ou dix verstes (la verste vaut environ un kilomètre) pour venir entendre l'office, baptiser leurs enfants, enterrer leurs parents. Qu'importe? Ne sont-ils pas des serfs que l'on peut vendre à merci avec ou sans la terre qu'ils cultivent, et doit-il exister aucune comparaison, même devant Dieu, entre le maître et l'esclave?

Inutile de dire que le pope est ivrogne, crasseux, débauché. Ses habitudes sont si visiblement crapuleuses, que le seigneur ne daigne pas l'admettre à sa table. Quand le pope est mandé chez le boyard pour un service quelconque, s'il n'est pas renvoyé à jeun, il va se gorger à l'office. Toutefois, les femmes des popes sont matériellement assez heureuses. Voici pourquoi:

Pour arriver à la prêtrise il faut être marié. Le pope qui devient veuf ne peut convoler à de secondes noces qu'à la condition de rentrer dans la vie civile, où il est parfaitement incapable de gagner sa vie. Sa seule ressource à peu près, en cas de viduité, c'est de se faire moine, métier fort dur pour un homme qui a eu son chez lui, et usé dans une certaine limite de la liberté de locomotion. De là les soins que les popes prennent pour ne pas perdre leurs femmes. Dès que celles-ci disent, et elles n'en négligent guère l'occasion : « Si vous me refusez cela, si vous faites ceci, j'en serai malade et j'en mourrai, » le mari prend peur et cède. Les filles des petits marchands acceptent donc assez volontiers la recherche matrimoniale des popes.

est exclusivement parmi les religieux des couvents, tous céliba-
s ou veufs, que sont choisis les dignitaires de l'Eglise; mais si
coup sont éligibles, peu sont nommés, et les popes, s'ils prient
, le prient certainement de les préserver d'être moines, quoique
e licencieuse des couvents russes ne soit pas absolument sans
its pour des âmes dégradées.
va sans dire que les archevêques, évêques, et les prêtres que
s fonctions rapprochent de la mitre, sont traités avec des égards
rieurs; mais c'est sous la condition *sine quâ non* d'une servilité
lue. Les prélats, qui ont presque tous été archimandrites (supé-
rs) de couvents, doivent soigneusement se garder de tout ce qui
rrait, de près ou de loin, ressembler à la prétention de se croire
es en quoi que ce soit. Leur office se borne à désigner des popes
bles de chanter la messe d'une voix à faire trembler les vitres de
ise. S'ils ont quelque instruction, ils savent qu'ils doivent la gar-
pour eux, la lumière et la discussion, il faut le redire encore,
t choses diamétralement opposées au but assigné à la religion en
sie.

### III.

erre le Grand voulant attirer les étrangers dans son empire,
rendre plus faciles les conquêtes qu'il méditait, proclama la
té de conscience. On peut être en Russie mahométan, idolâtre,
s il est dangereux d'y être catholique, car le catholicisme est l'en-
i de la prétention du czar à être le chef d'une religion univer-
e. Le boyard qui se convertit, parlons plus exactement, qui se
vertirait à la religion catholique, verrait à l'instant ses serfs affran-
de l'obéissance, ce qui équivaut à peu près à une confiscation,
terre sans ouvriers n'ayant plus de valeur. Il ne faut pas d'ail-
s s'imaginer que l'on s'en tienne aux moyens légaux, si durs qu'ils
nt, envers les convertis. Les coups, la torture, l'exil, la mort leur
vent sans nul prétexte : les évêques russes savent que c'est là un
moyen de plaire au maître.
y a peut-être des inexactitudes dans les récits qu'on a donnés de
ou tels actes particuliers de persécution contre des catholiques,
s la persécution contre le catholicisme est incontestable, spécia-
ent dans les anciennes provinces polonaises et dans le royaume
Pologne. La résistance opposée par les Polonais est générale, ce-
dant on assure que pour les soustraire à des traitements auxquels
se résignent pour eux-mêmes, beaucoup de catholiques se rési-
nt à laisser baptiser leurs enfants selon le rite gréco-russe. Les mu-
nans refusent aux chrétiens la liberté politique qu'ils ne prennent
pour eux-mêmes; ils ont le tort, qui s'amoindrit de jour en jour,
contester l'égalité légale des cultes; mais eux, ces barbares qu'on
de refouler en Asie, ils laissent la conscience pour asile assuré
à liberté. Le triomphe de la Russie dans la lutte aujourd'hui en-
ée aurait pour résultat immédiat l'asservissement de toutes les
sciences chrétiennes en Orient, car, sous quelque forme qu'elle
présente, dans quelque repli du cœur qu'elle se réfugie, la liberté
mortelle au despotisme russe.
Le patriarche de Constantinople ne reconnaît pas, n'a jamais reconnu
la primatie du czar comme représentant d'un des cinq grands patriar-
s de l'Eglise d'Orient. Cette délégation, eût-elle été régulière,
n'impliquerait point la supériorité, ni même l'égalité avec le patriarcat
de Constantinople; et, nous l'avons dit, elle a été faite par un évêque
stitué de ses droits. Dans le royaume de Grèce, un parti a pu vouloir,
r ambition politique, se placer sous la suprématie religieuse de l'em-
reur de Russie; une minorité, parmi les Grecs ottomans, a pu, avant
dernières réformes, chercher un appui du côté du czar; mais ni
patriarche ni aucun synode du rite grec n'ont exprimé la pensée
e, dans le présent ou dans l'avenir, l'autocrate russe pût devenir
chef de l'Eglise d'Orient.
En ce qui concerne les provinces danubiennes, la prétention de la
ssie ne supporte pas une minute d'examen. L'Eglise moldo-valaque
t nationale. Sans se séparer de l'Eglise de Constantinople par la
oyance, elle en est indépendante par l'administration et la hiérar-
e. Le patriarche de Constantinople n'a pas le droit d'officier dans
s principautés danubiennes sans l'autorisation préalable du métro-
litain de ces principautés. La Russie n'est certainement pas sans
ux du clergé serbe, mais cette influence est le produit de la force
de l'intrigue. En droit, l'Eglise russe n'est, par rapport à l'Eglise
Constantinople, de Bucharest, de Yassi, d'Athènes, qu'un schisme
i se pare impudemment du titre d'orthodoxe. L'Eglise russe est l'or-
odoxie comme la mer Noire, véritable lac des tempêtes et des
ouillards, est la douce et bonne mer, ainsi que l'exprime son nom
enteur de Pont-Euxin.

L'ÉTAT CIVIL DES RUSSES.

### I.

Il n'y a point de classe moyenne en Russie; quelques marchands
ui pour la plupart ne veulent pas acheter leur liberté afin de n'a-

voir qu'un seul protecteur à payer, — leur seigneur, — composent ce
qui de loin pourrait ressembler à une bourgeoisie. On est seigneur
ou serf. Au lieu d'une dissertation sur un tel état de choses, il est
plus simple et plus clair de se borner à citer, d'après M. Germain de
Lagny, quelques articles des ukases qui régissent le servage :
Article 948. « Les esclaves, outre qu'ils doivent passivement obéir
à leurs maîtres, sont encore tenus, sous les peines les plus sévères,
à se découvrir devant eux quand ils se trouvent en leur présence; à
les secourir s'ils étaient attaqués ou incendiés, ou qu'on attentât à
'honneur de leur maîtresse. »
Art. 949. « Il est défendu aux seigneurs d'obliger leurs serfs ou
serves à se marier contre leurs désirs, en désignant un prétendu à
une serve, ou une prétendue à un serf, s'ils n'en ont pas fait choix. »
Art. 954. « Il est expressément défendu aux prêtres de marier des
serves ou leurs filles à qui que ce soit *sans la permission* du seigneur dont elles dépendent. »
Art. 964. « Un seigneur est en droit d'imposer à ses serfs toutes
sortes de travaux, de redevances pécuniaires, personnelles ou autres.
Il a droit de le faire passer de la condition de domestique à celle de
laboureur, ou de laboureur à celle de domestique, ou de le mettre
au service chez un étranger.
» Il juge les différends en dernier ressort. Pour tenir ses esclaves
sous l'obéissance la plus passive, il a droit d'employer tous les moyens
de redressement, et les punitions inusitées qu'il jugera à propos; de
les envoyer même en Sibérie accompagnés de leurs femmes et de
leurs enfants au-dessous de six ans pour les mâles, et de dix ans
pour les filles.
» Il a le droit de transporter tout ou partie des esclaves d'une
terre dans une autre, c'est-à-dire du nord dans le sud, de l'est dans
l'ouest, et *vice versâ*. »
Art. 988. « Les esclaves peuvent être vendus avec ou sans la terre,
et par conséquent transportés d'un lieu dans un autre au gré de l'acquéreur; mais la vente ne peut s'opérer qu'entre personnes de *noblesse féodale*. »
Art. 950. « Si un serf, au mépris de l'obéissance qu'il doit à son
seigneur, se permettait d'adresser contre lui une plainte *non autorisée*,
et surtout s'il osait le faire directement à l'empereur, il serait, comme
suppliant et auteur de la plainte, puni selon toute la rigueur des
lois. »
Art. 998. « Il est défendu de publier dans les gazettes la vente
des serfs pris individuellement et sans la terre. »
Art. 1088. « Un esclave reçoit *sa liberté et celle de sa famille s'il
dénonce* son seigneur conspirant contre l'Etat, ou ayant attenté à la
vie de son souverain, ou comme complice d'un attentat de cette
nature.
» Les serfs qui auront, à l'instigation de leurs maîtres, contrevenu
aux lois de l'empire, seront punis comme complices de leurs maîtres,
selon toute la rigueur des lois en vigueur. »
Art. 1071. « Un serf affranchi ne saurait jamais redevenir esclave;
mais il peut être fait soldat pour toute sa vie. »
Le serf ne peut acquérir ni posséder aucun immeuble, ni prêter
son argent sur hypothèque. S'il fait un héritage, cet immeuble est
vendu à son profit et le produit placé à la banque..... quand le seigneur et l'intendant ne se sont pas tout approprié sous des prétextes
qui ne leur manquent que s'ils ne veulent pas les trouver.
L'esclave négociant ne peut faire des emprunts monétaires, ou
prendre des marchandises en nantissement ou à crédit qu'avec l'autorisation de son maître ou de M. l'intendant, qui se la fait payer,
bien entendu.
Il ne peut point se porter caution. Cependant une exception est
faite par la loi, en faveur des serfs du gouvernement de Poltawa qui
jouissent du privilége de répondre jusqu'à concurrence d'une somme
de trente-trois francs.
Tout un village est responsable des impôts que ne peut payer un
des habitants. Si le seigneur refuse de payer ceux qu'il doit à la couronne, ou s'il est notoire qu'il ne peut les acquitter, les serfs sont
obligés par la loi à désintéresser le fisc.
Le boyard peut hypothéquer ses paysans; mais il ne peut ni vendre
ni transporter aucun paysan d'une terre dans une autre avant d'avoir
remboursé l'hypothèque.
Lorsqu'à la suite d'une rixe l'un des deux combattants tue son adversaire, le seigneur, maître de la victime, a le droit d'exiger du maître
du meurtrier 600 roubles d'argent (environ 2,400 fr. de notre monnaie), dont ce dernier boyard se rembourse en extorquant une
amende à ceux des siens qui ont été témoins de la rixe.
Une des dispositions les plus odieuses de la loi qui régit le servage
est celle-ci :
« Il est expressément défendu, interdit aux seigneurs de présenter
au sénat la défense d'un esclave qui y est jugé, ni de faire parvenir
aucune pièce tendant à le justifier, *même s'il était innocent*. »
Jusqu'en 1801 les czars et les boyards avaient conservé la coutume
barbare de donner en cadeau des esclaves, hommes, femmes ou enfants. Les seigneurs pouvaient jouer et perdre dans la même soirée,
au lansquenet, un chef de famille, qui suivait son nouveau maître.
Sa femme et ses enfants étaient joués et perdus de même, et deve-

naient la propriété d'un autre boyard qui les emmenait dans ses terres. La famille était désorganisée, dispersée.

La couronne possède à peu près un tiers des serfs (vingt millions). Nominalement ces serfs sont libres, mais en fait ils sont soumis à un véritable esclavage. La seule liberté à laquelle ils puissent aspirer en sortant de la discipline de fer sous laquelle les intendants les font vivre, c'est la liberté de servir vingt ans sur terre ou sur mer sous une discipline qui briserait les âmes les mieux trempées.

Les terres de la couronne sont des pépinières de soldats, mais non de citoyens; il faudrait presque dire de soldats et non d'hommes.

## II.

Un autocrate, soixante à soixante-dix mille familles nobles, point de bourgeoisie, un peuple de serfs, voilà la Russie !

Est-il nécessaire d'ajouter qu'en un tel empire il n'y a point d'instruction populaire, point de justice réelle, point de moralité publique?

En 1807, celui qui écrit ces lignes voyageait dans une voiture conduite par un postillon russe de douze ans qui avait une femme et déjà trois enfants dont l'aîné comptait à peine huit ans de moins que son père légal.

— C'est que l'empereur est pressé d'avoir des hommes, répondit le petit postillon aux observations qui lui furent faites sur son âge. Quand je serai grand, ajouta-t-il entre ses dents, j'aurai aussi des enfants avec les femmes des autres.

Nous ne saurions garantir qu'un tel état de choses subsiste encore; ce qui est certain, c'est que dans les classes inférieures il existe une véritable promiscuité des sexes.

### Testament de Pierre Ier.

Par l'exposé bref, mais véridique, mais sincère que nous venons de tracer de l'état religieux des Russes, ou voit que clergé, culte, choses saintes de toute nature, ne sont dans les mains des czars que des moyens de gouvernement et de conquête. Toutefois une telle accusation, si nettement appuyée qu'elle soit par les faits présents, pourrait sembler exagérée, et par là calomnieuse, si elle n'était vérifiée par l'aveu du principal coupable. Qu'on lise donc le testament de Pierre Ier, cet homme de génie demi-barbare encore et déjà complétement machiavélique : on retrouvera dans ce document l'explication franche jusqu'au cynisme de tout ce que la Russie entreprend aujourd'hui contre l'empire ottoman.

Pierre trace en ces mots la ligne de conduite à suivre par ses successeurs :

« I. — Entretenir la nation russienne dans un état de guerre continuelle, pour tenir le soldat aguerri et toujours en haleine; ne le laisser reposer que pour améliorer les finances de l'Etat, refaire les armées et choisir les moments opportuns pour l'attaque; faire ainsi servir la paix à la guerre et la guerre à la paix, dans l'intérêt de l'agrandissement et de la prospérité croissante de la Russie.

» II. — Appeler par tous les moyens possibles, de chez les peuples les plus instruits de l'Europe, des capitaines pendant la guerre et des savants pendant la paix, pour faire profiter la nation russe des avantages des autres pays sans lui faire rien perdre des siens propres.

» III. — Prendre part en toute occasion aux affaires et démêlés quelconques de l'Europe, et surtout à ceux de l'Allemagne, qui, plus rapprochée, intéresse plus directement.

» IV. — Diviser la Pologne en y entretenant le trouble et les jalousies continuelles; gagner les puissants à prix d'or, influencer les diètes, les corrompre, afin d'avoir action sur les élections des rois; y faire nommer ses partisans, les protéger, y faire entrer les troupes russiennes et y séjourner jusqu'à l'occasion d'y demeurer tout à fait. Si les puissances voisines opposent des difficultés, les apaiser momentanément en morcelant le pays, jusqu'à ce qu'on puisse reprendre ce qui aura été donné.

» V. — Prendre le plus qu'on pourra à la Suède, et savoir se faire attaquer par elle pour avoir prétexte de la subjuguer. Pour cela, l'isoler du Danemark et le Danemark de la Suède, et entretenir avec soin leurs rivalités.

» VI. — Prendre toujours les épouses des princes russes parmi les princesses d'Allemagne, pour multiplier les alliances de famille, rapprocher les intérêts, et unir d'elle-même l'Allemagne à notre cause en y multipliant notre influence.

» VII. — Rechercher de préférence l'alliance de l'Angleterre pour le commerce, comme étant la puissance qui a le plus besoin de nous pour sa marine, et qui peut être le plus utile au développement de la nôtre. Echanger nos bois et autres productions contre son or, et établir entre ses marchands, ses matelots et les nôtres des rapports continuels, qui formeront ceux de ce pays à la navigation et au commerce.

» VIII. — S'étendre sans relâche vers le nord, le long de la Baltique, ainsi que vers le sud, le long de la mer Noire.

» IX. — Approcher le plus possible de Constantinople et des [...] Celui qui y régnera sera le vrai souverain du monde. En c[onsé]quence, susciter des guerres continuelles tantôt au Turc, tantô[t au] Perse; établir des chantiers sur la mer Noire; s'emparer peu [à peu] de cette mer, ainsi que de la Baltique, ce qui est un double [point] nécessaire à la réussite du projet; hâter la décadence de la P[erse;] pénétrer jusqu'au golfe Persique; rétablir, si c'est possible, p[ar la] Syrie, l'ancien commerce du Levant, et avancer jusqu'aux Inde[s qui] sont l'entrepôt du monde.

» Une fois là, on pourra se passer de l'or de l'Angleterre.

» X. — Rechercher et entretenir avec soin l'alliance de l'A[utri]che; appuyer en apparence ses idées de royauté future sur l'[Alle]magne, et exciter contre elle, par-dessous main, la jalousi[e des] princes. — Tâcher de faire réclamer des secours de la Russie p[ar les] uns ou par les autres, et exercer sur le pays une espèce de p[ro tec]tion qui prépare la domination future.

» XI. — Intéresser la maison d'Autriche à chasser le Tur[c de] l'Europe et neutraliser ses jalousies lors de la conquête de Con[stan]tinople, soit en lui suscitant une guerre avec les anciens Eta[ts de] l'Europe, soit en lui donnant une portion de la conquête qu'o[n lui] reprendra plus tard.

» XII. — S'attacher à réunir autour de soi tous les Grecs sch[isma]tiques qui sont répandus soit dans la Hongrie, soit dans le mi[di de] la Pologne; se faire leur centre, leur appui, et ÉTABLIR D'AVAN[CE UNE] PRÉDOMINANCE UNIVERSELLE PAR UNE SORTE DE ROYAUTÉ OU DE SUPRÉMAT[IE SA]CERDOTALE : ce seront autant d'amis qu'on aura chez chacun d[e nos] ennemis.

» XIII. — La Suède démembrée, la Perse vaincue, la Pologne [sub]juguée, la Turquie conquise, nos armées réunies, la mer Noire [et la] mer Baltique gardées par nos vaisseaux, il faut alors proposer sé[crète]ment et très-secrètement, d'abord à la cour de Versailles, p[uis à] celle de Vienne, de partager avec elles l'empire de l'univers.

» Si l'une des deux accepte, ce qui est immanquable en fla[ttant] leur ambition et leur amour-propre, se servir d'elle pour éc[raser] l'autre; puis écraser à son tour celle qui demeurera, en enga[geant] avec elle une lutte qui ne saurait être douteuse, la Russie poss[édant] déjà en propre tout l'Orient et une grande partie de l'Europe.

» XIV. — Si, ce qui n'est pas probable, chacune d'elles ref[usait] l'offre de la Russie, il faudrait savoir leur susciter des querell[es et] les faire s'épuiser l'une par l'autre. Alors, profitant d'un momen[t dé]cisif, la Russie ferait fondre ses troupes, rassemblées d'avance [dans] l'Allemagne, en même temps que deux flottes considérables p[arti]raient l'une de la mer d'Azof et l'autre du port d'Archangel, c[har]gées de hordes asiatiques, sous le convoi des flottes armées de la [mer] Noire et de la mer Baltique. S'avançant par la Méditerranée et l'O[cé]an, elles inonderaient la France d'un côté, tandis que l'Allem[agne] le serait de l'autre, et, ces deux contrées vaincues, le reste de l'Eu[rope passerait facilement et sans coup férir sous le joug.

» Ainsi peut et doit être subjuguée l'Europe. »

Et maintenant il nous semble permis de dire que celui qu[i ne] comprendra pas le rôle de la Russie dans la question des lieux s[aints] ne devra s'en prendre qu'à lui-même.

### LES PROCÉDÉS DIPLOMATIQUES DE LA RUSSIE.

La corruption à prix d'or, les caresses entremêlées de menace[s] directes, les lettres autographes, les visites personnelles des cza[rs,] au fond, au milieu, au faîte, partout et toujours le contraire de la [vé]rité, tels sont, en résumé, les procédés diplomatiques employés p[ar la] Russie avec une habileté, une finesse, une persévérance dignes d['une] meilleure cause. Ces procédés ont été cent fois mis à découvert, [dénon]cés à jour; ils le sont en ce moment aux yeux du monde en[tier;] n'importe, la Russie ne les changera point; elle ne pourrait les ch[an]ger. Son intérêt, tel qu'elle l'entend, est l'antipode de l'int[érêt] européen. Il faut que la Russie abandonne la direction donnée [par] Pierre le Grand, ou que, à tous risques, par tous les moyens, [elle] rompe, avant que la liberté ait achevé de le cimenter, le faisceau [que] les peuples de l'Occident ont commencé à former pour gara[ntir] leurs droits contre la violence à l'intérieur ou à l'extérieur.

En 1828, lorsque, grâce à l'aveuglement de la politique angl[aise] et à la transformation que Mahmoud imposait à son empire, la R[us]sie pouvait espérer d'arriver à Constantinople pour n'en resso[rtir] qu'à la condition de porter sa frontière sur le Danube, l'empe[reur] Nicolas usa de son grand procédé diplomatique envers Charles X[, il] lui adressa une lettre autographe garantissant sur l'honneur que, d'[une] manière ou d'une autre, il ferait restituer à la France la fronti[ère] du Rhin si la France voulait, par une simple démonstration arm[ée,] favoriser la marche des Russes sur le chemin qui conduit à Byza[nce.] Par une illumination d'esprit qui devait bientôt s'éteindre sous l'[in]fluence de conseillers aveugles, le vieux monarque français vit [le] précipice où le patriotisme sincère, mais peu lucide, d'un de ses [...]

res, M. le comte de la Ferronnays, qui avait été officier au ser-
de la Russie, aurait voulu qu'il se laissât entraîner. « Cologne,
ence, Anvers même dans mes mains, répondit Charles X, ne ba-
eraient pas Constantinople dans celles de l'empereur Nicolas. »
h bien ! la Russie n'a pas renoncé à son système d'offres autogra-
et de compensations territoriales. A l'époque dont nous venons
parler, la maison royale de Prusse avait la fantaisie au moins
nge de vouloir réunir une couronne polonaise à la cou-
ne du grand Frédéric, et le czar présentait en perspective au
x roi, son beau-père, la moitié du royaume de Pologne en
nge de la province rhénane. Ce qu'il est venu offrir il y a trois
s à Potsdam, nous l'ignorons, mais, à coup sûr, une proposition
randissement du côté de la Vistule a été faite et probablement
agréée, car c'est à l'empire d'Allemagne qu'aspire la dynastie des
enzollern. Quant aux cajoleries d'Olmütz, qui avaient précédé
retien de Potsdam, tout le monde les connaît, elles ont été
liques. Ce qu'on ignore, c'est ce que le czar a dit à l'oreille de
nçois-Joseph lorsqu'il le souleva dans ses bras nerveux pour le
er au front comme un enfant aimé. Certainement les noms de la
ie, du Monténégro, de l'Epire, de la Servie ont été prononcés ;
cet empire d'Autriche, composé de tronçons qui crient que leur
ion fait leur supplice, il a été promis quelques tronçons nou-
x avec garantie contre le principe des nationalités, que dans le
bulaire des cours on appelle le principe démagogique. Les mi-
res tudesques, à demi trompés seulement, ont déployé toute
rgie que leur donnait la peur pour contenir leur empereur, sé-
sur la pente où le czar l'a engagé. Cet effort de quelques hommes
tiques qui veulent abriter l'Autriche sous le dais flétri des traités
815 sera probablement vain. Si le czar force la France et l'An-
erre d'abaisser sur lui leur épée depuis trop longtemps levée,
pire des Habsbourg subira sa destinée ; mais c'est un fait signi-
if qu'à Vienne un parti comprenne que pour sauver l'Autriche
udrait la tourner contre la Russie.

usqu'à présent, dans la crainte d'amener un remaniement territo-
de l'Europe, les gouvernements qui adoptent plus ou moins
chement le principe des nationalités et du droit des peuples ont
ré des actes que leur conscience ne pouvait approuver : la sup-
sion du royaume de Pologne, l'effacement de la république de
covie, l'oppression de l'Italie par l'Autriche, et par ses agnats, la
ation des droits constitutionnels de la Hongrie. La même crainte
ége depuis plus de six mois l'agression de la Russie contre le
iment qu'elle appelle. Il y a un terme à tout cependant.

omprenez en effet combien devient grande la difficulté de trom-
quand tout le monde sait que vous êtes un trompeur, et qu'en
re de toutes parts arrive le doute sur la durée du succès de vos
iennes tromperies. Il faut néanmoins que l'empereur de Russie
mphe de cette difficulté par les mêmes procédés que nous avons
rits, ou que, sous le poids d'un échec moral ou matériel, il se
ourne de l'Orient pour rentrer dans le Nord, car il n'est pas,
ces à Dieu, donné à la duplicité de recourir, quand elle est vain-
, aux armes de la bonne foi.

e czar actuel est-il à la hauteur de cette mission de génie du
nsonge et du mal que lui ont léguée ses prédécesseurs ? C'est une
stion trop longue à résoudre autrement que par un portrait. Voici
mme ; dites de quoi il vous semble capable.

L'EMPEREUR NICOLAS.

I.

Un nouvel empereur devait recevoir le serment de l'armée. C'é-
le 26 décembre 1825. On était en plein dans les rigueurs glacia-
 nent brillantes des hivers du Nord. Des rapports, sur l'exactitude
squels il n'était pas permis de se méprendre, avaient fait connaître
une partie de la garnison de Pétersbourg, refusant de croire à la
cérité de la renonciation du second fils de Paul I<sup>er</sup>, allait entrer
flagrante insurrection. Selon l'habitude invariable des Romanoff
mettre la religion en avant dans les affaires politiques, le métro-
itain avait dû, par ordre, essayer son influence sur les masses,
uence évanouie depuis le jour où Pierre I<sup>er</sup>, tenant son poignard
ne main et de l'autre se frappant rudement la poitrine, avait dit
synode terrifié : « Le patriarche de la Russie, c'est moi ! » Le vieil
hevêque fut accueilli ou plutôt repoussé par les cris de : *Vive
nstantin ! vive la constitution !* La conjoncture était devenue dé-
ive.

L'autocratie russe allait crouler, et avec elle cette déplorable or-
nisation sociale où le noble conspire en permanence l'assassinat du
r et la mise à rançon du marchand ayant l'insolence de s'enrichir
ndant que le boyard se ruine ; où le serf ne rêve que le meurtre
son seigneur, le soldat que l'anéantissement de ses chefs.

Un officier, qu'aucun signe apparent ne distingue des autres offi-
ers supérieurs, arrive au galop sur le vaste terrain compris entre
palais du sénat, les bâtiments de l'amirauté, l'église d'Isaac, le
ai de la Néva et le palais impérial d'hiver. Cet homme est l'em-
reur Nicolas. Il est dans l'âge (trente ans à peine) où la jeunesse

se marie splendidement à l'âge mûr qui se lève. Tout en lui décèle la
volonté du commandement. La manière dont il manie son cheval
ferait croire à la fable des centaures. Un courage sombre plisse son
front ; son œil est allumé comme un creuset où doit venir se fondre
toute résistance.

A peine est-il assuré de la fidélité de quelques chevaliers gardes,
d'un ou deux bataillons de grenadiers et d'une batterie d'artillerie ;
cependant il s'avance hardiment, et, de cette voix saccadée qui lui
était déjà familière, il envoie à la troupe le salut des czars : « Bonjour,
mes enfants ! » A ce salut impérial, une foule confuse de voix répond
par les mots : *Vive Constantin ! vive la constitution !* L'heure du
triomphe ou de la mort avait sonné ! Nicolas se retourne vers les
troupes qu'il croit ou qu'il feint de croire disposées à lui obéir, et
leur crie : « Ces insensés n'écoutent ni leur métropolitain ni leur
empereur ; c'est au canon de leur parler ! »

A cet ordre, accompagné d'un geste suprême, le canon tonne à
mitraille sur la troupe insurgée et sur la foule accourue pour voir
comment on tue un empereur. La cavalerie, pareille à un ouragan
de fer, se précipite sur cette masse, qui chancelle et bientôt s'enfuit,
laissant derrière elle une longue traînée de sang et de cadavres. Les
perfides généreux, ainsi que parle notre grand Corneille, qui avaient
conspiré pendant dix ans sur des idées apportées de France afin d'obtenir pour eux un peu de liberté et pour le peuple un rudiment de
civilisation, sont tués sur place, ou, moins heureux, ils sont réservés
au gibet ou au supplice, plus long et plus cruel, de l'exil dans les
mines. A la nuit, l'ordre était rétabli à Pétersbourg, comme il le fut
cinq ans plus tard à Varsovie, et le czar, avec un soupir arraché
par son premier pas dans l'autocratie, disait en rentrant au palais :
« Quel commencement de règne ! »

II.

Ce soupir, né du doute de la légitimité du triomphe de la force
érigée en droit absolu, ne s'est pas renouvelé. Fermant sa conscience
comme un chasseur ferme un œil pour mieux tirer, l'empereur
Nicolas, au milieu des conspirations renaissantes, des embûches, des
menaces d'assassinat, marche toujours au but visé par Pierre I<sup>er</sup>, ne
se souciant ni du vrai, ni du juste, ni de l'injuste, dé-
moralisé qu'il est par l'idée qu'il s'est faite de sa mission politique et
par sa croyance en la fatalité. Tout ce qu'il décide dans un premier
mouvement, même le rejet d'une requête non examinée, il le considère comme arrêt du destin.

Née de la série des événements par lesquels il a été appelé au
trône, lui, troisième fils de Paul I<sup>er</sup>, cette croyance s'est développée
chez le czar par les mille dangers restés ignorés des masses européennes, qui ont encombré et traversent encore sa route, et par les
succès si souvent immérités qui ont couronné ses entreprises. Il n'est
pas jusqu'aux triomphes que sa robuste constitution a remportés sur
les fatigues d'une vie sans cesse agitée et sur les atteintes de l'âge
qui n'aient fortifié sa foi dans la prédestination et le fatalisme. Lui,
qui à cinquante-sept ans fatigue tous ses ministres au travail, et peut
lutter avec ses plus vigoureux serviteurs de privation de sommeil
et d'infatigabilité dans les courses et les voyages, n'admet pas que
la nature l'ait taillé sur un tel modèle pour le faire entrer dans les
émotions de la pitié humaine et le plier aux règles de la probité commune.

Lorsqu'en 1814 le grand-duc Nicolas vint en France, sa stature
avait atteint à peu près toute sa hauteur (un mètre quatre-vingt-dix
centimètres), mais il avait quelque chose d'efflanqué dans la taille,
de sec dans les traits. Ces imperfections ont disparu. On dirait même
que l'âge n'est venu que pour donner plus d'ampleur à la beauté du
czar, dont les grands yeux paraissent plus brillants et moins durs
sous un front légèrement dégarni vers le sommet. Un soir donc, selon son habitude, — les despotes aiment à se délasser par des familia-
rités sans conséquences, — étant descendu, pendant un entr'acte,
dans les coulisses du Théâtre-Français de Saint-Pétersbourg, il adressa
quelques mots flatteurs à une actrice qui venait de débuter. Celle-ci,
qui ne l'avait pas encore vu, lui demanda à qui elle devait un si
aimable compliment.

— Je suis l'empereur, répondit-il avec un sourire.

— Eh bien, sire, repartit la spirituelle comédienne, compliment
pour compliment ; vous avez parfaitement le physique de votre emploi.

Et il y a quelque chose de vrai au fond de cette appréciation de
coulisses. De la duplicité, de l'adresse, beaucoup de résolution, ont
marqué certains actes de l'empereur Nicolas. Toutefois, dans les
quelques scènes où il convient de faire mouvoir encore ce personnage
extraordinaire pour qu'on l'ait aperçu sous ses divers aspects, on
verra qu'il remplit son emploi plutôt par le côté physique, matériel,
que par le côté intellectuel et moral.

III.

N'imaginez pas que si le grand-duc Nicolas a hésité pendant trois
semaines à accepter l'empire, c'est qu'il fût surpris par la renonciation
de son frère Constantin ou qu'il n'éprouvât qu'un médiocre désir de

ceindre la couronne : il voulait que son avénement fût marqué par une exagération de respect pour le droit d'un frère qu'il n'aimait pas, et surtout il voulait produire un de ces grands effets de théâtre qui seuls impressionnent ses nerfs de cuivre.

A la nouvelle que le 30 novembre 1825 l'empereur Alexandre était mort subitement à Taganrog dans toute la force de l'âge, le sénat s'assemble, et le président brise le sceau impérial apposé sur un paquet mystérieux portant pour suscription : « A garder au conseil de l'empire jusqu'à ce que j'en ordonne autrement, ou à ouvrir en séance extraordinaire si je viens à mourir. » Ce paquet contenait une lettre en date du 26 janvier 1822 par laquelle le grand-duc Constantin renonçait à l'empire, et un ukase en date du 28 janvier 1823 qui déférait la couronne au grand-duc Nicolas, conformément à l'ordre de succession établi par la pragmatique de 1797, actes parfaitement connus de celui qu'ils intéressaient. Il les avait lus avant qu'ils fussent scellés, et en aurait revendiqué l'exécution si on eût voulu la contester.

Ce qu'il cherchait, c'était de paraître obéir à la voix de Dieu, et non à l'ambition, en prenant ce sceptre qu'il abaisse si rudement sur les épaules de ses peuples et de ses voisins moins puissants que lui. Il y a réussi. Constantin n'a pas seulement renouvelé par écrit sa renonciation, il est venu spontanément à Moscou, et le 3 septembre 1826 le czar Nicolas était couronné en présence de son frère aîné, qui lui baisait la main en signe d'obéissance; spectacle qui, cette fois, ne manqua pas de grandeur réelle, car il y avait là un homme longtemps abandonné à des passions de Tartare, et à qui l'amour avait fait entrevoir la vertu et comprendre le désintéressement.

Constantin avait épousé dans sa jeunesse une princesse de Saxe-Cobourg-Saalfeld, dont il vivait séparé depuis dix-huit ans, lorsqu'il connut, en 1816, Jeanne Krudzinska. Il pria l'empereur Alexandre de lui accorder le divorce, et, en septembre 1817, le vice-roi de Pologne épousait la comtesse Jeanne Krudzinska, créée princesse de Lowicz. Ne pouvant faire asseoir sa femme sur le trône des czars, Constantin ne voulut plus de ce trône. Il était resté farouche, bizarre, mais il éprouvait une sorte d'affection involontaire pour les compatriotes de sa Jeanne adorée. La grâce et la bonté de cette femme l'avaient à demi dompté, et dans son palais, en présence de la princesse Lowicz, il était comme le tigre dans sa cage sous l'influence secrète de Van Hamburg.

Une armée de cinquante mille hommes à faire manœuvrer, des arrêts à imposer, des éloges à distribuer, quelques conversations où il pût montrer qu'il connaissait les arts et les lettres d'une civilisation qu'il méprisait ou feignait de mépriser comme une dégénérescence de la vie sociale, il ne fallait rien de plus à l'ambition de Constantin depuis qu'il avait rencontré le bonheur d'un bon ménage. Le nouveau czar, connaissant les goûts de son frère, n'avait donc jamais craint sérieusement de le rencontrer sur sa route; et dès 1826, à l'époque de son couronnement, il afficha devant les ambassadeurs de France et d'Angleterre, le maréchal Marmont et le duc de Wellington, les insolentes prétentions dont il n'a cessé de poursuivre la réalisation en Orient.

Constantin l'eût embarrassé pourtant lorsque vint l'heure de supprimer la nationalité polonaise, mais celui-ci fut emporté en 1831 par le choléra quelques jours après avoir dit : « Jamais les Russes ne vaincront mes Polonais. »

Il y a toujours quelque chose d'étrange dans le genre de mort ou dans l'heure de la mort des empereurs et des grands-ducs de Russie.

Libre de donner cours à sa haine contre la Pologne, l'empereur Nicolas, qui avait répondu aux députés de 1830 : « Votre Pologne, je la roulerai, » a tenu parole. Il ne l'a pas seulement terrassée, grâce à la neutralité menteuse des puissances allemandes, il est venu l'insulter en face. « Vous voyez, a-t-il dit aux habitants de Varsovie, cette citadelle que j'ai fait élever : si votre ville ose bouger encore, elle la brûlera, et ce n'est pas moi qui la rebâtirai, » ajouta-t-il avec un sourire sinistre. Un dernier vestige de la Pologne restait debout, c'était la république de Cracovie; le czar la supprima, et au lieu de la garder pour lui, il donna à l'Autriche la cité des tombeaux de Jagellon, de Kosciusko, de Poniatowski, poussant du pied hors de son empire jusqu'aux cendres de ceux qui ont vécu et sont morts pour la liberté.

C'était là d'ailleurs une insulte aux protestations de la France et de l'Angleterre, et l'occasion était trop belle pour la laisser échapper. L'affectation du mépris pour tout gouvernement qui reconnaît des droits politiques aux peuples est un des traits saillants du caractère de l'empereur Nicolas.

#### IV.

L'empereur Nicolas n'a pas toujours l'esprit fermé à l'indulgence. Avez-vous volé le prêt de votre compagnie, la caisse de votre régiment? avez-vous nui à la santé des soldats en rognant sur leurs rations dans les casernes, ou même compromis leur vie par des rapines sur le traitement qui leur est dû dans les hôpitaux? vous pouvez être pardonné. « Tout le monde me vole donc? » s'écriera l'autocrate avec colère; puis il ajoutera : « Puisqu'ils sont tous ainsi, autant garder ceux-là que d'en prendre d'autres. » Seulement, comme il fau[t] Majesté la comédie quand elle ne se donne pas la tragédie, le cz[ar] parfois : « Ne me nommez pas le misérable qui me vole ainsi, [je se]rais forcé de le punir; comblez le déficit dans la caisse, envoy[ez] médicaments aux hôpitaux, de doubles rations aux soldats ama[lades,] et que les coupables n'y reviennent plus. » Mais si vous vous [mêlez] de politique, si vous en parlez seulement, malheur à vous! l'e[xil, la] confiscation, la mort tomberont impitoyablement sur votre tête.

On est doublement criminel en Russie quand on exprime la p[lainte] ou le désir d'une réforme. C'est témoigner, premier crime, [qu'on] n'est point parfaitement heureux de vivre sous le gouvernem[ent pa]ternel du czar; puis, et ce second crime est le plus grand, c'e[st té]moigner qu'on se soupçonne capable d'exécuter quelque chos[e que] ne veut ou ne sait pas faire S. M. l'empereur de toutes les Ru[ssies.] Amour-propre d'auteur et colère de maître s'unissent en Russi[e pour] châtier les réformateurs.

Ce n'étaient pas des hommes d'une bien grande habileté pr[atique] que les conspirateurs de 1825. Ils avaient rêvé de partager la [Russie] en grandes provinces reliées entre elles par un contrat fédéral, c[omme] les Etats-Unis. Un gouvernement provisoire devait être ins[titué;] puis, la transition étant accomplie, la constitution remettait l[e gou]vernement définitif à deux cents délégués des provinces, lesque[ls dé]légués élisaient entre eux un conseil de dix membres nomma[nt un] président, dont les actes demeuraient soumis au contrôle de s[es] commettants. Le gouvernement aristocratique de Venise gref[fé sur] une fédération à l'américaine. La seule chose vraiment bonne [dans] l'utopie des conjurés était un projet d'émancipation progressi[ve des] serfs, qui devaient, avec le temps, être élevés à la dignité de cit[oyens.] Cette utopie, le czar Nicolas aurait voulu la réaliser au profi[t de la] couronne sans donner aucun droit à l'aristocratie, et la tenta[tive a] raté honteusement.

En Russie, le serf est une chose. L'empereur Nicolas avait [pensé] qu'il serait avantageux à sa propre autorité de faire du serf un [indi]vidu, et par un ukase en date de 1839 il avait autorisé les seig[neurs] à passer certains contrats avec leurs paysans. La passation d[e ces] contrats dépendait absolument de la volonté des seigneurs, ma[is une] fois signés, ils acquéraient une valeur réelle. Il y avait là un [com]mencement de liberté civile pour les paysans, tandis que la no[blesse] demeurait dans sa dépendance première envers la couronne. [D'un] bout à l'autre de l'empire, avant de s'être concertés, les boyar[ds é]taient entendus. Nicolas était voué au sort de Paul I$^{er}$. C'é[tait le] moment de montrer du génie. L'empereur ne montra que du co[urage] contre les périls matériels qui l'entourèrent tout à coup, périls [d'au]tant plus redoutables qu'ils ne résultaient pas d'une conspiratio[n qu'il] fût possible d'écraser sous des boulets. En tuant un czar qui [n'é]tait à leurs droits, les seigneurs ne s'écartaient ni de la politiq[ue ni] des mœurs de la Russie.

#### V.

Non-seulement l'ukase relatif à l'amélioration progressive [de la] condition des serfs rentra inexécuté dans les cartons du sénat, [l'em]pereur publia une apologie de ses intentions, une véritable rét[rac]tion de ses velléités réformatrices.

Ce qu'il y a de remarquable ici comme coïncidence, c'est [qu'au] même moment à peu près où l'empereur Nicolas manquait la [seule] mesure qui eût pu donner à son règne une empreinte de civilis[ation,] le sultan Mahmoud payait prématurément tribut à la nature [pour] avoir, par un effort terrible, déraciné la routine dans l'esprit d[e ses] sujets musulmans et lancé son empire dans la réforme, comm[e on] lancé de nouveau à la mer un vaisseau radoubé pour recevo[ir les] gréements, les apparaux et l'armement perfectionnés par la sci[ence.] Il était beau aussi, le sultan Mahmoud; grand, fort, résolu, il [avait] une voix tonnante qui lançait des ordres pareils aux boulets de [la cham]bre des Dardanelles, écrasant tout ce qu'ils atteignent. Mais il [pos]sédait plus et mieux que les magnificences de la taille, du gest[e et de] l'organe : il avait la foi dans le progrès.

De combien d'obstacles cette foi sainte n'a-t-elle pas dû triom[pher!] Au moment où il venait de briser son ancienne armée et n'ava[it pu] encore former ses bataillons à l'européenne, il est attaqué p[ar la] Russie et forcé de subir le traité d'Andrinople. Cloué à sa cap[itale,] où le vieux parti des janissaires est toujours à la veille de provo[quer] une contre-révolution, il voit ses troupes battues par un glo[rieux] vassal qui, agissant sur des populations à demi défanatisées par [l'ex]pédition française en Egypte et en Syrie, est en mesure de dis[puter] à son suzerain une portion de son empire, le titre de réformate[ur et] les sympathies de l'Europe. Il faut qu'il accepte la protection pe[rfide] de la Russie et signe, en 1833, le détestable traité d'Unkiar-Ske[lessi] qui le fait l'allié du czar contre ceux qui veulent sauver l'e[mpire] ottoman. Rien ne le décourage, pas même la nouvelle de la per[te de] la bataille de Nezib, qu'il apprend à son lit de mort. « Que [mon] fils marche dans ma voie, dit-il en fermant les yeux pour ja[mais,] et la Turquie va renaître à la prospérité et à l'estime du m[onde] civilisé. »

Du jour où le czar Nicolas a rétracté son ukase sur les serfs

définitivement classé. Tuteur impuissant de ses peuples, tyran et
ave de sa noblesse, il n'est que l'instrument de la passion qui
sse les hordes du Nord du côté où brille un ciel plus clément.
. côté du czar Nicolas on voit, modeste et fière, son épouse, la
cesse Charlotte de Prusse, qui a reçu avec le baptême grec les
s d'Alexandra Fœdorovna, plus belle encore par la résigna-
et la douceur que par les traits. De cette douce femme sont nés
tre fils et trois filles, légitime orgueil de leur père. Le czarévitch
xandre, âgé aujourd'hui de trente-cinq ans, a dans la physionomie
lque chose de timide et de hautain qui explique à la fois l'appré-
sion qu'il éprouve en pensant qu'à son tour il portera la couronne
a bravoure chevaleresque qu'il a fait éclater sur les champs de
ille du Caucase. Le grand amiral de Russie, Constantin, plus
e de neuf ans que son frère, montre du zèle pour l'étude, du
t pour la marine. Les grands-ducs Nicolas et Michel, nés en 1831
832, promettent de n'être pas inférieurs à leurs aînés. Quant aux
des-duchesses, la première est morte, il y a quelques années, dans
ravail de l'enfantement; la seconde, Marie, est veuve du prince
ène de Beauharnais, duc de Leuchtenberg; la dernière, Olga,
l'épouse d'un prince de Wurtemberg. Superbe et noble famille,
nt parfaitement le physique de l'emploi, comme disait la duègne
Théâtre-Français de Pétersbourg, mais où n'a jamais brillé un de
rayons annonçant que la lumière va descendre du trône sur le
ple.
epuis vingt-huit ans que règne l'empereur Nicolas, la Russie
tinue de marcher dans les voies d'une civilisation apparente. Les
mes y sont comme les maisons des villes : coquettes propres au
ors et bien alignées; au dedans noires, infectes, en désordre. A
érieur, les expéditions russes sont ce qu'elles ont été, bruyantes,
res, mais vides de toute haute pensée.
jouter des territoires à des territoires sans y semer les germes de
oralité qui vivifie, c'est voler, ce n'est pas conquérir. Accabler
s le nombre ou frapper par derrière tout peuple en lutte pour la
endication de ses droits, ce n'est pas servir un principe politique,
t abuser de la force brutale contre l'intelligence humaine.

## VI.

ntre la Russie, qui ne veut et ne sait se délivrer ni du servage,
le l'ignorance populaire, ni des préjugés païens, ni de la démo-
sation aristocratique, et l'empire ottoman, qui depuis trente ans
nte d'un pas lent mais ferme la rampe difficile des réformes ci-
s, politiques, religieuses, les nations de l'Occident ont prononcé.
venir, un avenir prochain, montrera comment les gouvernements
exécuté le jugement porté par les peuples. Ce qui est visible dès
résent, c'est qu'il n'y a rien de vraiment raisonnable et de vrai-
nt politique à attendre de l'empereur Nicolas. L'autocratie, quand
aiguillon est neuf encore, peut éveiller, même dans une âme vul-
re, des désirs de grandeur et de progrès relatifs; quand par le
ps et l'usage l'autocratie n'est qu'une massue de fer, elle écrase
ui qui la porte et ceux sur qui elle retombe.
ardon, sire, mais cette prophétie que vous foulez si fièrement
pieds et qui veut qu'aucun czar ne règne jamais plus de vingt-
q ans, ne serait-ce pas une simple et sage prévision des vertiges
rgueil que peut causer un trop long exercice du pouvoir absolu ?

### LES LIEUX SAINTS.

#### I.

ord John Russell, alors ministre des relations extérieures, ayant
dans la chambre des communes : « L'Angleterre est complète-
nt d'accord en Orient avec la France sur toutes les questions, ex-
té sur celle des lieux saints, que nous regrettons d'avoir vu sou-
er, » l'empereur Nicolas se crut certain que le gouvernement
nçais, qui avait besoin de se concilier le clergé catholique, s'obs-
erait dans les réclamations qu'il avait entamées ou plutôt suivies,
elles datent du règne de Louis-Philippe, et qu'avec de l'adresse
beaucoup de vigueur on rétablirait contre notre pays la malheu-
se situation de 1840.
Le czar a été trompé dans son attente. L'habileté de trois ministres
cs, Reschid, Aali et Fuad, et, pourquoi ne pas le dire? celle de
Drouyn de l'Huys, a rapidement mené à une solution acceptable
te affaire embrouillée par le temps, par les rivalités inextinguibles
Latins et des Grecs et par une foule d'exigences plus ou moins
urdes. Celui qui voulait isoler la France est menacé aujourd'hui
solement s'il ne réussit pas à entraîner l'Autriche dans sa cause,
à remettre ainsi en question les traités de 1815, par lesquels les
nces se sont partagé les peuples comme un bétail humain.

#### II.

On sait que, depuis un temps presque immémorial, les Latins et
Grecs se disputent les sanctuaires de Jérusalem, de Bethléhem, de
Nazareth et autres lieux consacrés par la présence de Jésus-Christ.
Le premier traité passé entre la France et la Porte, sous les règnes
de François Ier et de Soleyman, reconnut aux Latins la possession des
lieux d'adoration, qu'ils occupaient *ab antiquo*. Cette clause fut ra-
tifiée dans un nouveau traité conclu en 1740; mais aucun de ces
actes diplomatiques ne détermina d'une manière précise les sanctuaires qui devaient appartenir aux catholiques. De là de perpétuelles
discussions, que la Porte Ottomane, par une partialité facile à concevoir, réglait assez habituellement en faveur de ses sujets du rite
grec.

#### III.

L'origine de la question résolue dernièrement remonte à 1846. La
partie de la grotte de Bethléhem où est né Jésus-Christ appartenait
aux Grecs; mais les Latins, qui prétendaient l'avoir antérieurement
possédée, y avaient placé une étoile d'argent avec une inscription
latine. Un jour cette étoile fut enlevée. Les Latins réclamèrent contre
sa disparition en accusant les Grecs, et, pour obtenir justice, invo-
quèrent le protectorat de la France. Le gouvernement de Louis-
Philippe, par l'organe de son ambassadeur, M. de Bourquency, demanda que l'étoile fût remise en place, que l'on restituât au clergé
latin douze sanctuaires qu'il revendiquait, entre autres la grande
coupole du Saint-Sépulcre, la grande église de Bethléhem, le tombeau de la Vierge, une partie du jardin attenant à l'église de
Bethléhem.
Les négociations, commencées par Louis-Philippe, n'avaient pas
obtenu de résultat quand la monarchie de juillet fut renversée. Le
général Lahitte, ministre des affaires étrangères, poursuivit active-
ment l'affaire, et adressa des circulaires à toutes les puissances catholiques pour les inviter à seconder la France. Les Grecs protes-
taient de leur côté; la Porte hésitait, et cherchait à maintenir le
*statu quo*. Le général Aupick, envoyé extraordinaire de la république
française, demanda la formation d'une commission mixte pour examiner la situation respective des deux rites.
Le gouvernement du sultan adhéra à la proposition; mais, voulant
donner à ses sujets du rite grec une preuve de sa sympathie, il dési-
gna, parmi les membres de la commission, M. Aristarchi, logothète
ou conseiller du patriarche grec. Ce choix eut lieu en dépit des protestations de l'ambassadeur français, qui objectait que M. Aristarchi
se trouverait juge et partie dans sa propre cause.

#### IV.

Pendant que la commission examinait les documents que les deux
partis avaient remis entre ses mains, pendant qu'elle pesait les titres
des Latins et des Grecs, l'empereur Nicolas, pour faire pencher la
balance, adressa au sultan une lettre autographe. Dans cette lettre,
le czar reprochait aux ministres ottomans, Reschid-Pacha, grand
vizir, Fuad-Effendi, son conseiller, et Aali-Pacha, ministre des
affaires étrangères, d'avoir reconnu le traité de 1740, reproche ab-
surde. Cependant par déférence pour l'empereur de Russie, qui se
posait en protecteur de la religion grecque, le sultan prononça la
dissolution de la commission mixte, à laquelle il en substitua une
autre composée d'ulémas et de fonctionnaires ottomans.
Ce n'était pas là ce que désirait le czar : il cherchait à se faire accepter comme chef de l'Eglise grecque en Orient; aussi proposa-t-il
au gouvernement français (ceci est bien digne de remarque) de s'entendre avec lui sur l'affaire des lieux saints et d'imposer leur décision au
sultan. La France devina le piège, et déclara qu'elle ne reconnaissait
que la Porte comme partie dans la question. Et, sans rien hasarder,
on peut dire que c'est cette proposition du czar qui ouvrit les yeux
du gouvernement français sur les intentions réelles de la Russie à
l'égard du sultan.

#### V.

Avant la réunion des nouveaux commissaires nommés par le gouvernement turc, la Porte tenta un accommodement : elle proposa
de rendre communs à toutes les communions les sanctuaires partagés
entre elles. Ce parti fut rejeté, et il fallut s'en rapporter au travail
de la commission, qui, après de longues délibérations, présenta au
conseil des ministres un rapport signé de tous ses membres. Aux
termes de ce document, la grande coupole du Saint-Sépulcre devenait commune; la petite coupole, adjugée aux Grecs par d'anciens
firmans, restait en leur possession. Les Latins étaient admis à officier
dans le sanctuaire du tombeau de la Vierge, d'où ils avaient été
bannis jusqu'alors, quoiqu'on y admît les Grecs, les Arméniens et
même les musulmans. La commission décida que, pour ne pas trop
exciter la susceptibilité des Grecs, aucun changement ne serait apporté à l'intérieur de ce sanctuaire, et que les catholiques, après
avoir officié, enlèveraient tous les objets de leur culte.
La commission reconnaissait que l'église de Bethléhem avait pu être
bâtie par les Latins, mais qu'appartenant depuis des siècles au rite

grec, elle devait lui être conservée. Toutefois, comme la grotte de la Nativité est placée sous l'autel de ce sanctuaire, il fut décidé qu'on remettrait aux catholiques une clef de l'église et deux clefs de l'autel.

## VI.

Le conseil des ministres admit ces conclusions, et arrêta les termes d'une réponse à la lettre autographe du czar. Le sultan y disait qu'un souverain loyal n'aurait pas dû reprocher à un gouvernement d'avoir reconnu ses stipulations avec une autre puissance; que la Turquie ne pouvait laisser révoquer en doute la loyauté qu'elle apportait toujours dans l'exécution de ses engagements. Il lui annonçait en même temps les décisions récemment prises.

Bientôt elles furent validées par un firman, et le beylikdji (vice-chancelier du divan) partit pour la terre sainte afin de les faire exécuter; mais il éprouva de la part des Grecs une résistance qu'il lui

droits d'une manière générale, en rappelant les anciennes capi tions, et règle les droits civils et commerciaux de nos nationa les juridictions dont ils relèvent. Ceci est la partie positive du de 1740 dont la Porte n'a jamais cherché à nier ou à méconn l'existence. La Porte ne nie pas non plus les droits des Latins, à-dire des catholiques, mais elle dit que ces droits, énoncés manière générale, mais vague, ont été modifiés par les év ments, par les usages, et qu'il faut transiger, en n'oubliant pas les chrétiens du rite grec sont sujets du sultan et que les Latins des étrangers.

Si la raison avait quelque empire sur les différends religieux lui-ci s'arrangerait bien vite. On ne partagerait pas les sanctu entre les Grecs et les Latins, comme le proposait la commission on en mettrait la jouissance en commun entre les chrétiens de les rites, puisque là est le berceau de la chrétienté, et pour co court aux rivalités, aux préférences, on laisserait la garde des tuaires aux Ottomans, qui, seuls, sont ici capables de quelque in

Nicolas Iᵉʳ, empereur de Russie.

fut impossible de vaincre. Il fallut en référer au gouvernement turc; Fuad-Effendi fut obligé de convoquer de nouveau le conseil des ministres, en y appelant les ulémas membres de la commission. On décida que, malgré l'opposition des Grecs, une clef de la grande porte de l'église de Bethléhem serait remise aux Latins, et qu'on mettrait à la place de l'étoile disparue une nouvelle étoile fabriquée par les soins du gouvernement ottoman.

## VII.

La transaction n'avait satisfait personne.

Bien que la France eût expressément réservé tous droits résultant des capitulations antérieures, les Latins trouvaient qu'elle avait sacrifié leurs intérêts. Les Grecs réclamaient, et sollicitaient l'appui du czar. Ce fut alors que la Russie résolut d'envoyer à Constantinople, en qualité d'ambassadeur extraordinaire, l'amiral prince Menschikoff; car, telle quelle, la solution donnée à la question des lieux saints est de nature à être acceptée, après réflexions, par toutes les parties intéressées, c'est ce que ne veut pas la Russie.

Nous l'avons déjà fait remarquer, les traités dont excipe la France, celui de 1740, pas plus que ceux qui lui sont antérieurs, ne désignent les sanctuaires sur lesquels les Latins ont des droits. Il invoque ces

tialité, puisque Jésus-Christ est pour eux un grand et saint prop s'il n'est pas Dieu lui-même. Cette solution ne serait pas seule rationnelle, elle trancherait par la base les prétentions de la Ru fussent-elles mieux fondées qu'elles ne le sont et ne le seront jar

La question dite des lieux saints est, comme le schisme même rient, une affaire de passions cléricales bien plus que de dogme. glise de Rome et l'Eglise d'Orient sont demeurées unies pendan siècles, quoique celle-ci, par dérogation au symbole de Nicée reconnût pas que le Saint-Esprit procédât et du Père et du Fils, seulement du Père. On avait eu la sagesse de laisser cette différ sous le voile; mais l'ambition d'être le premier animant les chef deux Eglises, la séparation fut prononcée. Depuis lors elle s'est gie, envenimée par les différences existant entre l'esprit et le ca tère latin, l'esprit et le caractère grec. Il n'est qu'un rapproche intime de l'Occident et de l'Orient qui puisse mettre un frein, s un terme à ces rivalités. Et sous ce rapport ni la politique ni la ligion ne doivent perdre à la guerre que la Russie intente à l'em ottoman.

Déjà éclate aux yeux des chrétiens de l'empire cette vérité longtemps et si habilement déguisée, que le czar Nicolas, fidèle leçon du czar Pierre, ne veut s'attribuer en Orient une ROYAUTÉ CERDOTALE que pour arriver à une autocratie politique, qui ne la rait aucune liberté ni aux corps, ni aux esprits, ni aux conscie

# L'AMBASSADE DU PRINCE MENSCHIKOFF.

### I.

Le 28 février 1853, arrive à Constantinople un ambassadeur extraordinaire de l'empereur Nicolas. Cet ambassadeur est un des plus grands personnages de l'empire moscovite. C'est l'amiral prince Menschikoff, ministre de la marine. Sa venue était annoncée, préparée de manière à produire une sorte de coup de théâtre. Il est monté sur le vapeur de guerre le Foudroyant ; tout le personnel de la légation russe va le recevoir à Top-Hané, et sept ou huit mille Grecs protégés de la Russie sont accourus pour lui faire cortége jusqu'à son hôtel, car la mise en scène est un des talents de la diplomatie russe, qui, certes, n'en manque pas.

A Paris et à Londres, où elle sait bien qu'elle n'imposerait à personne en faisant du fracas, elle procède avec une grande convenance extérieure. Rien de mieux élevé, de plus aimable, de plus comme il faut qu'un diplomate russe dans les deux capitales de la civilisation. Il faudrait lui enlever toute la première peau pour retrouver en lui le Tartare. A Constantinople, c'est autre chose. Les représentants ordinaires du czar y affectent devant les chrétiens les plus grands airs de supériorité sur les Turcs, et quand arrive un ambassadeur extraordinaire, on dirait d'un des généraux de Gengis-Khan venant signifier la volonté du maître à quelque tributaire qui a oublié la subordination.

Le prince Menschikoff semble taillé exprès pour un tel rôle. Haut placé par sa naissance, — il est petit-fils du célèbre Danilowitch Menschikoff, qui, sous Pierre Ier, s'éleva de la boutique d'un pâtissier jusqu'au faîte des grandeurs, d'où il tomba dans la disgrâce et dans l'exil, — le prince Menschikoff actuel est revêtu des plus grandes dignités ; et comme personne n'est moins indépendant au fond de l'âme, on lui pardonne certaines libertés de langage qui ne sont pas tolérées en Russie. Ce privilége de l'insolence, qu'il exerce parfois avec esprit, lui a donné de son importance personnelle une idée exagérée, et qui s'est accrue encore avec l'âge. Bien que septuagénaire, il a toujours la parole prompte, le geste impétueux, les mouvements brusques. Sa taille est moyenne et un peu épaisse ; sa démarche est roulante, par suite d'une étrange blessure reçue en 1829 au siége de Varna, où un boulet lui passa entre les jambes au moment qu'il les écartait pour mieux aspirer une prise de tabac ; mais, malgré ce double manque de distinction, il y a dans son front osseux et découvert, dans ses cheveux gris, dans ses traits anguleux, dans la vivacité de son regard, quelque chose qui révèle en lui le grand seigneur, l'homme qui se sent né pour le commandement.

Le czar, qui connaît de longue main le prince Menschikoff et lui sait gré des efforts qu'il a faits, comme gouverneur général de la Finlande, pour briser la nationalité de cette province arrachée à la Suède, le choisit entre tous pour remplir une mission par laquelle il espérait ravir au sultan la moitié de sa souveraineté. La mission eût réussi en effet si, pour en déterminer le succès, il n'eût fallu que de l'audace, de la dissimulation, de l'esprit, de l'intrigue, de l'insolence, et l'art de préparer de loin l'intimidation et de la poursuivre de près.

On a vu avec quel fracas le prince Menschikoff est arrivé à Constantinople, où il s'était fait précéder par le récit d'une grande revue qu'il venait de passer de la grande flotte de Sébastopol, et du grand corps d'armée de débarquement que depuis 1833 la Russie entretient dans ce port. Maintenant on va le voir agir sur le ministère ottoman et avec le sultan lui-même, dont il ne soupçonnait pas l'énergie, voilée par une sorte de langueur de physionomie et de regard.

### II.

Le 2 mars, en paletot, en chapeau rond, sans décoration, moins bien couvert, à dessein, qu'un simple particulier allant chez ses fournisseurs habituels, le prince Menschikoff se rendit à la Porte, où il eut une conférence avec le grand vizir. En sortant, il fut invité, conformément aux traditions diplomatiques, à faire une visite à Fuad-Effendi, ministre des affaires étrangères ; mais comme ce ministre avait constamment résisté aux prétentions de la Russie, le prince Menschikoff répondit dédaigneusement, en présence de nombreux témoins : « Je ne veux pas voir Fuad-Effendi, à qui mon gouvernement, et surtout M. d'Ozeroff, ont à reprocher plusieurs manques de foi. » Ces paroles eurent l'effet qu'en attendait le prince Menschikoff. Fuad donna immédiatement sa démission de ministre des affaires étrangères, et aucune instance de ses collègues ne put le décider à accepter un autre portefeuille.

### III.

Le prince Menschikoff et ses adhérents étaient triomphants, et en vérité ce n'était pas sans sujet, car Fuad, qui venait d'être écarté, est certainement un des hommes les plus distingués de la Turquie.

Fils du célèbre uléma et poëte Izzet-Mola, qui fut exilé, puis mis à mort par l'ordre de Mahmoud, auquel il avait fait une opposition violente pendant la guerre de 1828, Fuad est doué lui-même d'un remarquable talent poétique. Sa taille assez haute et élancée, ses manières gracieuses, et le goût avec lequel il est vêtu, lui donnent, à quarante-deux ans, les apparences de la jeunesse. Son œil très-doux et très-fin est maintenant abrité derrière des lunettes dont sa vue, fatiguée par le travail, ne peut plus guère se passer. Unissant l'imagination au jugement, Fuad connaît à fond les institutions de son pays et les sentiments des divers peuples de l'empire. Il a des idées fort générales, et l'expérience qu'il a acquise dans ses missions à l'étranger ont fait de lui l'homme d'Etat le plus philosophique de la Turquie.

Premier drogman de la Porte en 1845, il charma tellement le duc de Montpensier, que ce prince demanda et obtint pour Fuad le collier de commandeur de la Légion d'honneur. En 1846-47, il fut envoyé en mission en Espagne ; c'est lui qui a été chargé d'aller traiter avec le vice-roi d'Egypte Abbas-Pacha de la soumission de ce prince aux prescriptions du Tanzimat. Il sait très-couramment l'anglais, et parle le français avec une rare élégance. Fuad, en sa qualité de conseiller du ministre des affaires étrangères, position qui répond à celle de chef de la division politique en France, a exercé une influence décisive sur la négociation relative aux lieux saints. C'était là un des griefs du prince Menschikoff contre lui, mais ce n'était pas le principal.

En 1849, Fuad a été envoyé extraordinaire de la Sublime Porte à Saint-Pétersbourg pour les affaires des principautés danubiennes. Il connaît la vérité sur la Russie, et c'est là ce que les Russes ne pardonnent pas, leur puissance, qui est pourtant réelle comme nation militaire, tenant pour plus de moitié à l'idée exagérée qu'ils ont réussi à en donner à l'Europe.

Débarrassé de Fuad-Effendi, qui avait été remplacé par Rifaat-Pacha, homme de mérite, mais n'ayant pas une idée parfaitement juste du caractère du czar et des effronteries de la politique moscovite, le prince Menschikoff se crut maître de la situation, armé qu'il était comme tous les ambassadeurs extraordinaires d'une lettre autographe qui lui fournissait le prétexte de considérer comme une insulte personnelle faite à son maître tout refus des propositions qu'il était chargé de remettre au sultan.

### IV.

La solution donnée à la question des lieux saints avait été sage, quoique modeste, puisqu'en obtenant quelque chose d'acceptable pour le présent, la France avait réservé pour l'avenir tous les droits résultant pour elle des anciens traités, et notamment de celui de 1740. Il avait été, à la vérité, accordé aux Grecs un firman dont les termes pouvaient motiver d'assez justes réclamations de la part des Latins ; mais le sultan ayant déclaré que ce firman était un acte d'administration intérieure dont la Porte n'était en aucun cas en droit de se prévaloir contre des engagements contractés avec une puissance étrangère, la France eut le bon esprit de passer outre, malgré les criailleries du parti religieux, et de clore ainsi une discussion qui traînait depuis 1846 et menaçait de renouveler pour nous la fâcheuse position de 1840.

Le prince Menschikoff fut un moment déconcerté en apprenant ce dénoûment ; mais il ne perdit pas courage, sachant qu'il trouverait des alliés en France dans des salons plus ou moins aristocratiques où il est de bon ton de dire que c'est une profanation de laisser les sanctuaires, berceau du christianisme, sous la garde des Turcs, et dans une certaine presse qui a pour marotte politique la dissolution de l'empire ottoman, et pour espoir l'isolement de la France au milieu de l'Europe. Ces deux espèces d'alliés ne manquèrent point à la Russie. Les premiers ne sachant pas que si les sanctuaires n'étaient pas aux mains des musulmans, qui les révèrent, il y aurait chaque jour des coups et du sang versé peut-être en ces lieux où naquit celui qui est venu prêcher aux hommes la paix et la fraternité, Latins, Grecs, Coptes, Maronites, se détestant plus entre eux qu'ils ne haïssent les Turcs. Les seconds oubliant que, les formes de gouvernement n'étant après tout qu'accidentelles et la souveraineté du peuple ayant en elle-même le moyen de réparer les erreurs qu'elle peut commettre, il faut rester du côté de son pays, qu'il se trompe ou qu'il ait raison.

Les agents du czar en France obéissaient d'ailleurs à une grave illusion. Ne vivant pas dans l'intimité de la démocratie, ils la jugeaient sur quelques paroles violentes, et restaient persuadés que les républicains, par exemple, voudraient à tout prix prendre dans la vengeance de leur défaite. Il y a chez les républicains, comme dans tous les grands partis, des divergences d'opinion, des fantaisies, des r[…] de l'impossible, en un mot des hommes non pratiques. Parmi ceu[…] quelques-uns, n'admettant ni retards ni tempéraments, deman[…] tout et tout de suite ; d'autres, et pour la plupart ceux-là n'ont fait de leur vie que manier une plume, ne conçoivent pas qu[…] France puisse être gouvernée s'ils ne sont au gouvernail ou tout [...] du gouvernail, glosant à leur aise sur la manœuvre ; il y a aussi désespérés, qui, à les prendre au mot, sembleraient prêts à tout[…]bir, l'invasion étrangère, la ruine, la mort, pour sortir d'une si[…] tion produite par des exagérations qu'ils reconnaissent. Cepend[…] ce ne sont là que des faiblesses, des travers à peu près inévitab[…] mais ne dépassant guère l'épiderme. Arrivez au cœur, et là v[…] trouvez une force immense, car il y a là un patriotisme prêt à [...] les sacrifices, excepté peut-être à celui du sarcasme et du murm[…]

Un journal, organe de ce patriotisme qui a les défauts et les q[…]lités du caractère français, s'est posé carrément en travers des [...] tentions, des espérances de l'étranger ; et le public, reconnaissant propres sentiments dans ceux de quelques écrivains plus ou m[…] obscurs, a remonté résolûment le courant que des hommes sans a[…] amour que celui de l'argent s'employaient à creuser du côté de la [...] à tout prix.

A Londres, la diplomatie russe a obéi à une illusion à peu [...] semblable. Ne fréquentant que les cercles aristocratiques, elle [...] pas vu que depuis 1831 il s'est formé en Angleterre une cl[…] moyenne qui grandit chaque jour, et dont l'influence balance au mo[…] quand elle ne la domine pas, l'influence des hauts barons. Le Ti[…] parle contre la Turquie ; lord Aberdeen, quoique libéral en cert[…] points, reste imbu des bons principes de 1815. On a dit ceci ou cel[…] lever de la reine ou à celui du prince Albert. Jamais la Grande-[…]tagne ne tirera le canon contre la Russie. Tels étaient les rapp[…] sincères du reste, des agents du czar. Et quand on leur demand[…] « Que dit le *Morning-Advertiser ?* — Qu'importe ? répondaient-[…] l'*Advertiser* est le journal des bouchers, des petits marchands, [...] tavernes. » Ils ne voyaient pas, ces boyards ordinairement si f[…] mais aveuglés ici par la passion, que ce monde de boutiques, de[…] vernes, forme la majorité électorale, et commande en définitiv[…] toute situation pour laquelle il se passione.

Pressé par le désir de frapper un coup qui raffermît son tr[…] ébranlé depuis 1839, confiant dans les rapports qu'il recevait de [...] ambassadeurs, et dans l'audace du prince Menschikoff, le czar a[…] donc résolu de brusquer le dénoûment, s'en remettant à l'habi[…] éprouvée de son chancelier pour écarter par l'astuce et la menace [...] obstacles qui viendraient traverser un projet depuis si longter[…] médité et si près, pensait-il, de sa réalisation.

L'arrivée du prince Menschikoff à Constantinople et la destitu[…] de Fuad-Effendi ne formaient qu'un prologue, voici le drame [...] s'engage.

### V.

Pour la complète intelligence de ce qui va se passer, quelques f[…] sont encore à noter.

M. de Lavalette, qui avait pris et poussé l'affaire des lieux sai[…] avec une chaleur peu politique, était parti le 25 février de Const[…]tinople en congé, et c'est en route seulement qu'il apprit son rap[…] Tenu parfaitement au courant de tous les incidents par M. Ozer[…] chargé d'affaires de Russie, et par M. Aristarchi, logothète, consei[…] du patriarche de la communauté des raïas du rite grec, le pri[…] Menschikoff profita du moment où la France était sans ambassad[…] en Turquie pour abuser le gouvernement anglais sur les intenti[…] réelles de l'empereur Nicolas. Il y réussit au delà de ce qui lui é[…] permis d'espérer, et quand M. de Lacour arriva le 6 avril à Const[…] tinople, la Russie avait à peu près séparé l'Angleterre de la Fran[…] en Turquie. Une dernière difficulté restait toutefois : il fallait que [...] prince Menschikoff démasquât ses batteries sans que l'Angleterre [...] connût qu'elle avait été dupe des faux semblants et des faux signa[…] d'un pirate. Le vieil amiral tenta résolûment la manœuvre en fais[…] remettre au ministre des affaires étrangères de la Porte la note v[…] bale qu'on va lire.

« Péra, 19 avril 1853.

» Son Excellence le ministre des relations extérieures, en pren[…] connaissance, à son entrée aux affaires, des négociations qui ont [...] lieu, a vu la *duplicité* de ses prédécesseurs : il doit s'être persua[…] combien on a manqué aux égards dus à l'empereur de Russie, et co[…] bien est grande sa magnanimité, en offrant à la Porte les moyens [...] sortir des embarras que lui a créés la *mauvaise foi* de ses ministr[…] Ils ont *abusé de la religion de leur souverain* en le mettant en op[…] sition avec ses propres paroles, et le plaçant envers son allié et s[…] ami dans une position que ne peuvent admettre ni de hautes conv[…] nances ni la dignité souveraine.

» Tout en voulant être oublieux du passé, et n'exigeant pour ré[…] ration que le renvoi d'un *ministre fallacieux* et l'exécution pate[…] de promesses solennelles, l'empereur se trouvait obligé de demand[…] des garanties solides pour l'avenir.

» Il les veut formelles, positives, et assurant l'inviolabilité du cu[…]

ssé par la majorité des sujets chrétiens, tant de la Sublime Porte
de la Russie, et enfin par l'empereur lui-même.

Il ne peut en vouloir d'autres que celles qu'il trouvera désormais un acte équivalent à un traité, ou un traité, et à l'abri des interprétations d'un mandataire mal avisé et peu consciencieux.

Les délais qu'on a apportés jusqu'ici à prendre une décision finale es propositions de l'empereur de Russie l'obligent à demander à la Porte une réponse catégorique et qu'il ne pourrait attendre plus longtemps. Il demande par conséquent :

1° Un firman explicatif, et dont la rédaction serait convenue, concernant la clef de l'église de Bethléhem, l'étoile en argent, placée à l'autel de la Nativité, dans le souterrain de ce même sanctuaire;

La possession de la grotte de Gethsemani par les Grecs, avec l'admission des Latins à y exercer leur culte, mais tout en conservant la séance des orthodoxes et leur priorité pour la célébration du service divin dans ce sanctuaire;

Et enfin, concernant la possession commune des Grecs avec les Latins des jardins de Bethléhem;

Le tout d'après les bases discutées entre Son Excellence Rifaat-Pacha et l'ambassadeur;

2° Un ordre suprême pour la réparation immédiate, par le gouvernement ottoman, de la coupole du temple du Saint-Sépulcre, avec participation du patriarche grec, sans ingérence d'un délégué d'un autre culte;

Pour la clôture murée des lucarnes ayant vue dans ce sanctuaire, pour la démolition des harems attenant à la coupole, si la possibilité de cette démolition était prouvée;

L'ambassadeur est chargé d'obtenir sur ces points une assurance ou une notification formelles.

3° Un *sened*, ou convention, pour la garantie du *statu quo strict* des priviléges du culte catholique greco-russe, de l'Eglise d'Occident, des sanctuaires qui se trouvent en possession de ce culte exclusivement ou en participation avec d'autres rites à Jérusalem.

L'ambassadeur doit répéter ici à M. le ministre des relations extérieures ce qu'il a déjà été dans le cas de lui exprimer plusieurs fois, que la Russie ne demande pas à la Porte des concessions politiques; son désir est de calmer les consciences religieuses par la certitude du maintien de ce qui est et de ce qui a toujours été pratiqué jusqu'à nos temps.

C'est donc à la suite des tendances hostiles qui se sont manifestées depuis quelques années envers tout ce qui touche à la Russie, qu'elle requiert, dans l'intérêt des communautés religieuses du culte orthodoxe, un acte explicatif et positif des garanties, acte qui n'affecterait en rien ni les autres cultes ni les relations de la Porte avec les autres puissances.

Le cabinet ottoman voudra bien aussi peser dans sa sagesse la gravité de l'OFFENSE commise en la comparant à la modération des demandes de réparation et de garantie que le sentiment de légitime défense aurait pu poser dans un sens plus étendu et plus péremptoire.

La réponse de M. le ministre des relations extérieures indiquera à l'ambassadeur les devoirs ultérieurs qu'il aura à remplir, et qui ne pourront être que conformes au maintien de la dignité du gouvernement qu'il représente et de la religion que professe son empereur.

» *Signé* MENSCHIKOFF. »

Cette note, véritable chef-d'œuvre d'insolence et de mauvaise foi, avait un défaut capital: elle indiquait trop clairement, à force de le nier, tout où tend la Russie. Ni les ambassadeurs de France et d'Angleterre ni les ministres du sultan ne pouvaient s'y tromper. Ils ne s'y trompèrent pas. Le ministre des affaires étrangères Rifaat-Pacha adressa donc quelques jours après la note suivante au prince Menschikoff en réponse à l'espèce d'ultimatum que nous avons mis sous les yeux du public :

Sublime Porte (vers la fin d'avril).

« La Porte est constamment animée du désir de fortifier les liens de paix et de bonne harmonie qui existent entre elle et la Russie, et le sultan n'a pas de plus grand désir que de fortifier les liens d'amitié et d'alliance qui l'attachent personnellement à l'empereur de Russie. Disposée qu'elle est à accueillir favorablement les demandes du prince Menschikoff qui ne mettent pas en péril sa dignité et son indépendance, la Porte est prête à accorder, après négociation complète à ce sujet avec l'ambassadeur russe, l'érection à Jérusalem d'une église et d'un hospice russes, se réservant le privilége de donner plus tard, s'il est nécessaire, une réponse définitive au prince Menschikoff sur les propositions contenues dans la note annexée.

» La Porte prie, en attendant, le prince de prêter son attention aux considérations suivantes : les priviléges religieux accordés par les sultans à toutes les communautés chrétiennes sont et demeurent en pleine vigueur, et il n'est jamais entré dans l'esprit du sultan de les changer en la moindre des choses. La Russie cependant paraît avoir conçu des doutes à cet égard.

» La Porte s'empresse de lui donner toute assurance, en déclarant solennellement, en face du monde entier, que les priviléges religieux des sujets ottomans chrétiens, et particulièrement de ceux appartenant à l'Église grecque, seront à jamais scrupuleusement observés et garantis de toute injure. Quant à conclure avec la Russie un traité à ce sujet, la Porte ne pourrait jamais y consentir sans compromettre les principes fondamentaux de son indépendance et de sa souveraineté. Et quels que soient les liens d'amitié qui existent entre les deux gouvernements, cette amitié ne peut jamais lui imposer un aussi grand sacrifice. Elle se trouve ainsi obligée à décliner la proposition qui lui a été faite par l'empereur de Russie de conclure avec lui une convention qui la lierait de cette manière.

» La Porte s'en remet à l'opinion publique du monde entier, qui ne pourrait jamais permettre une telle violation de son indépendance et de ses droits nationaux, et en appelle à la justice et à la loyauté de l'empereur lui-même.

» *Signé* RIFAAT-PACHA. »

La question était, comme on voit, nettement, loyalement posée. La Porte ne refusait aucune des garanties religieuses que les chrétiens du rite grec pouvaient être en droit de demander, mais elle ne voulait pas, en faisant de ces garanties l'objet d'un traité avec la Russie, créer au profit de cette puissance un moyen assuré d'ingérence dans les affaires intérieures de l'empire ottoman, en un mot donner au czar la moitié de la souveraineté du sultan.

Il ne pouvait pas non plus entrer dans la pensée de la Porte de revenir sur la solution de la question des lieux saints et de fausser ainsi sa parole envers la France, qui, en définitive, avait montré dans une affaire si délicate une modération dont la Turquie devait être reconnaissante, bien que cette modération se trouvât après tout conforme à nos propres intérêts. Des firmans furent donc préparés avec plus de promptitude que n'en mettent habituellement les Turcs en ces sortes d'affaires, et le 5 mai 1853 ces firmans furent adressés à toutes les parties intéressées, qui par là demeuraient prévenues que la question était close.

Informé par ses agents de la préparation des firmans, le prince Menschikoff, le jour même qu'ils lui furent connus, adressa à la Porte une note et un projet de convention ou traité (sened) évidemment rédigés à l'avance. Les prétentions de la Russie y sont mises si crûment à nu, que c'est merveille, en vérité, qu'en plein dix-neuvième siècle on ose jusque-là insulter à la moralité politique de l'Europe.

Voici ces deux documents :

*Note adressée par l'ambassadeur de Russie au ministère des affaires*
*étrangères de la Sublime Porte.*

« Péra, le 5 mai 1852.

« Le soussigné, ambassadeur de Russie, a eu l'honneur de remettre à S. Exc. le ministre des affaires étrangères de la Sublime Porte communication confidentielle d'un projet d'acte devant offrir au gouvernement de S. M. l'empereur des garanties solides et inviolables pour l'avenir, dans l'intérêt de l'Église orthodoxe d'Orient.

» L'ambassadeur croyait pouvoir s'attendre à rencontrer de la part du gouvernement de la Sublime Porte un désir empressé à renouer sur cette base des relations de bonne et franche amitié avec la Russie. Il doit l'avouer avec un profond regret, il a été ébranlé dans cette conviction qui, dès son début, lui avait été inspirée par l'accueil gracieux de S. M. le sultan.

» Animé néanmoins de cet esprit de conciliation et de bienveillance qui forme le fond de la politique de son auguste maître, l'ambassadeur ne rejeta point les observations préalables qui lui furent faites par Rifaat-Pacha, tant sur la forme de l'acte précité que sur la teneur de quelques articles qui devaient en faire partie.

» Quant à la forme, l'ambassadeur maintint la déclaration, qu'une longue et pénible expérience du passé exige, pour prévenir toute froideur et méfiance entre les deux gouvernements dans l'avenir, un engagement solennel ayant force de traité.

» Pour le contenu et la rédaction des articles de cet acte, il demandait une entente préalable, et, voyant avec une peine profonde les retards qu'y apportait le cabinet ottoman et son désir évident d'éluder la discussion, il se crut obligé, par sa note verbale du 17-19 avril, de récapituler ses demandes et de les formuler de la manière la plus pressante.

» Ce n'est qu'aujourd'hui que la note de S. Exc. le ministre des affaires étrangères, accompagnant les copies des deux ordres souverains sur les sanctuaires de Jérusalem et la coupole du Saint-Sépulcre, est parvenue à l'ambassadeur. Il considère cette communication comme une suite donnée aux deux premières demandes contenues dans sa note du 17-19 avril, et se fera un devoir de placer ces documents sous les yeux de son gouvernement.

» Mais n'ayant obtenu jusqu'ici aucune réponse au troisième et plus important point qui réclame des garanties pour l'avenir, et ayant tout récemment reçu l'ordre de redoubler d'insistance pour arriver à la solution immédiate de la question qui forme le principal objet de la sollicitude de S. M. l'empereur, l'ambassadeur se voit dans l'obligation de s'adresser aujourd'hui à S. Exc. le ministre des affaires étrangères, en renfermant cette fois-ci ses réclamations dans les dernières limites des directions supérieures.

» Les bases de l'arrangement qu'il est chargé d'obtenir restent dans le fond les mêmes.

» Le culte orthodoxe d'Orient, son clergé et ses possessions jouiront dans l'avenir, sans aucune atteinte, sous l'égide de S. M. le sultan, des priviléges et immunités qui leur sont assurés *ab antiquo*, et, dans un principe de haute équité, participeront aux avantages accordés aux rites chrétiens.

» Le nouveau firman explicatif sur les lieux saints de Jérusalem aura la valeur d'un engagement formel envers le gouvernement impérial.

» A Jérusalem, les religieux et les pèlerins russes seront assimilés, quant aux prérogatives, aux autres nations étrangères.

» Ces points, indiqués ici sommairement, formeront l'objet d'un *sened* qui attestera de la confiance réciproque des deux gouvernements.

» Dans cet acte, les objections et difficultés exprimées à plusieurs reprises par S. Exc. Rifaat-Pacha et quelques-uns de ses collègues ont été prises en considération, comme S. Exc. le verra par la minute d'un *sened* que l'ambassadeur a l'honneur de joindre à la présente note.

» L'ambassadeur se flatte de l'espoir que désormais la juste attente de son auguste maître ne sera pas trompée, et que, mettant de côté toute hésitation et toute défiance dont sa dignité et ses sentiments généreux auraient à souffrir, la Sublime Porte ne tardera pas à transmettre à l'ambassadeur impérial les décisions souveraines de S. M. le sultan en réponse à la présente notification.

» C'est dans cette espérance que l'ambassadeur prie S. Exc. Rifaat-Pacha de vouloir bien lui faire parvenir cette réponse jusqu'à mardi prochain le 28 avril (10 mai). *Il ne pourrait considérer un plus long délai que comme un* MANQUE DE PROCÉDÉS *envers son gouvernement, ce qui lui imposerait les* PLUS PÉNIBLES OBLIGATIONS.

» L'ambassadeur de Russie offre à S. Exc. l'assurance réitérée et sincère de sa haute considération.

> » *Signé* MENSCHIKOFF. »

*Projet de sened.*

« S. M. l'empereur et padischa des Ottomans, et S. M. l'empereur de toutes les Russies, dans le désir commun de maintenir la stabilité du culte orthodoxe greco-russe, professé par la majorité de leurs sujets chrétiens, et de garantir ce culte de tout empiétement à l'avenir, ont désigné :

» S. M. l'empereur des Ottomans... et S. M. l'empereur de toutes les Russies... lesquels, après s'être expliqués, sont convenus de ce qui suit :

» I. — Il ne sera apporté aucun changement aux droits, priviléges et immunités dont ont joui ou sont en possession *ab antiquo* les églises, les institutions pieuses et le clergé orthodoxe dans les Etats de la Sublime Porte Ottomane, qui se plaît à les leur assurer, à tout jamais, sur la base du *statu quo* strict existant aujourd'hui.

» II. — Les droits et avantages concédés par le gouvernement ottoman, qui le seront à l'avenir aux autres cultes chrétiens par traités, conventions ou dispositions particulières, seront considérés comme appartenant aussi au culte orthodoxe.

» III. — Etant reconnu et constaté par les traditions historiques et par de nombreux documents, que l'Eglise grecque orthodoxe de Jérusalem, que son patriarcat et les laïques qui lui sont subordonnés ont été, de tout temps, depuis l'époque des califes, et sous les règnes successsifs de tous les empereurs ottomans, particulièrement protégés, honorés et confirmés dans leurs anciens droits et leurs immunités, la Sublime Porte, dans sa sollicitude pour la conscience et les convictions religieuses de ses sujets de ce culte, ainsi que de tous les chrétiens qui le professent, et dont la piété a été alarmée par divers événements, promet de maintenir et de faire respecter ces droits et ces immunités, tant dans la ville de Jérusalem qu'au dehors, sans préjudice aucun pour les autres communautés chrétiennes d'indigènes, raïas ou étrangers, admis à l'adoration du Saint-Sépulcre et des autres sanctuaires, soit en commun avec les Grecs, soit dans leurs oratoires séparés.

» IV. — S. H. le sultan aujourd'hui glorieusement régnant, ayant jugé nécessaire et équitable de corroborer et d'expliquer son firman souverain revêtu du hatti-humayum, au milieu de la lune de rebiul-akhir 1268 (fin de janvier v. l. 1852), par son firman souverain de....., et d'ordonner en sus, par un autre firman en date....., la réparation de la grande coupole du temple du Saint-Sépulcre, ces deux firmans seront textuellement exécutés et fidèlement observés pour maintenir à jamais le *statu quo* strict des sanctuaires possédés par les Grecs exclusivement ou en commun avec d'autres cultes.

» Il est convenu que l'on s'entendra ultérieurement sur la régularisation de quelques points de détail qui n'ont pas trouvé place dans les firmans précités.

» V. — Les sujets de l'empire de Russie, tant séculiers qu'ecclésiastiques, auxquels il est permis, suivant les traités, de visiter la sainte ville de Jérusalem et autres lieux de dévotion, devant être trai-

tés et considérés à l'égal des sujets des nations les plus favo[risées], et celles-ci, tant catholiques que protestantes, ayant leurs pré[...] leurs établissements ecclésiastiques particuliers, la Sublime [Porte] s'engage, pour le cas où la cour impériale de Russie lui en [...] demande, d'assigner une localité convenable dans la ville de J[érusa-] lem ou dans les environs pour la construction d'une église con[...] à la célébration du service divin par les ecclésiastiques russ[es, et] d'un hospice pour les pèlerins indigents ou malades, lesquelle[s fon-] dations seront sous la surveillance du consul général de Rus[sie en] Syrie et en Palestine.

» VI. — Il est entendu que, par le présent acte motivé par d[es cir-] constances exceptionnelles, il n'est dérogé à aucune des stipul[ations] existantes entre les deux cours, et que tous les traités anté[rieurs] corroborés par l'acte séparé du traité d'Andrinople, conserven[t] leur force et valeur.

» Les cinq articles qui précèdent ayant été arrêtés et conclus, [la] signature et le cachet de nos armes ont été apposés au présen[t acte] qui est remis à la Sublime Porte Ottomane en échange de cel[ui qui] nous est remis par..... précités.

» Fait à....., le..... 1853 et de l'hégire.....

> » *Signé*.....
>
> » Ambassadeur extraordinaire et plénipotentiaire de S. M. l'em[pereur]
> de toutes les Russies près la Sublime Porte Ottomane. »

Un délai de cinq jours, on vient de le lire en toutes lettre[s est] assigné au gouvernement turc. A l'expiration de ce délai, sous [peine] de commettre une irrévérence envers son puissant ami, allié e[t voi-] sin, le sultan doit se dépouiller en réalité de ses droits souv[erains] sur plusieurs millions de ses sujets. On sait en effet que les pa[triar-] ches et le clergé des communautés, ou, comme on parle en Tu[rquie,] les nations chrétiennes ou juive, exercent sur leurs coreligion[naires] une véritable autorité civile administrative, et même politiqu[e sous] certains rapports. Donner à l'empereur de Russie le protector[at des] chrétiens du rite grec, — qu'il ne faut pas confondre avec les [Grecs] d'origine, au nombre de deux millions à peine dans l'empi[re, et] dont on emploie le nom pour réveiller des souvenirs philosoph[iques,] artistiques et littéraires toujours chers à l'Europe, — c'est a[ttri-] lui attribuer le gouvernement de ces populations, c'est parta[ger la] Turquie d'une manière subreptice, et, par là, d'autant plus d[ange-] reuse.

Dans une telle conjoncture, aggravée par l'aveuglement du go[uver-] nement anglais en face des manœuvres de la Russie, le sulta[n crut] devoir former un nouveau cabinet, dont les principaux me[mbres] vont être l'objet d'une rapide esquisse, une situation étant tou[jours] mieux comprise lorsque l'on sait quels hommes sont chargés [de la] dénouer.

## VI.

Le 13 mai, Mustapha-Pacha fut nommé grand vizir en remp[lace-] ment de Méhémet-Ali-Pacha, qui devint ministre de la gu[erre, ou] séraskier, et Réchid-Pacha fut chargé du portefeuille des af[faires] étrangères, dont le poids réclamait une main non pas plus loyale[, mais] plus habile que celle de Rifaat.

Le nouveau grand vizir Mustapha-Pacha, qui occupait dans le [mi-] nistère le poste de président du conseil d'administration, e[st un] Turc de la grande race. Il a gouverné longtemps pour Méhémet[-Ali,] vice-roi d'Egypte, l'île de Candie, où il s'était fait aimer et resp[ecter] des chrétiens et des musulmans par une administration d'une [dou-] ceur et d'une fermeté vraiment paternelles. Le crédit de Mus[tapha] était tel, que, après les événements de 1840, lorsque Candie (o[u, si] que c'est l'ancienne Crète) fut ramenée sous l'autorité directe [de la] Porte Ottomane, on traita en quelque sorte avec l'habile gouver[neur,] qui fut maintenu dans son poste jusqu'en 1847. Il y serait enco[re si] l'on n'eût consulté que les vœux des Candiotes, mais autour de to[utes] les fortunes, de toutes les réputations, il y a des envieux.

Candie est de fait, disait-on, le royaume de Mustapha. On n'y [pro-] nonce le nom du sultan, on n'y invoque l'autorité impériale [que] pour la forme. Cela n'était pas vrai, mais cela semblait vrai ta[nt la] justice et la bonté de Mustapha avaient donné d'importance à la [vo-] lonté du gouverneur. L'envie trouva enfin pour arriver à son [but] un moyen contre lequel Mustapha lui-même ne pouvait élever [aucune] des objections attribuées à sa modestie. Les talents d'un tel a[dmi-] nistrateur, allait-on répétant chaque jour, ne doivent pas être [ab-] sorbés au profit exclusif de Candie. Le sultan appela Mustap[ha à] Constantinople, et lui confia le poste de président du conseil, [fonc-] tion équivalente à peu près à celle du président du conseil roy[al en] Espagne ou du vice-président du conseil d'Etat en France.

Par les services qu'il a rendus, Mustapha a justifié la confi[ance] que le sultan avait placée dans l'ancien ami de Méhémet-Ali, q[ui] connaissait en hommes, comme tous les ambitieux capables. Le g[rand] vizir n'est pas doué de cet esprit qui étonne ou éblouit par [des] éclairs soudains. C'est le bon sens incarné, se proposant un but [qui] puisse être atteint, puis y marchant tranquillement sans que [rien] l'en fasse dévier. Il administre la chose publique comme il admin[istre]

rande fortune et sa nombreuse famille, avec un amour sans ca-
es, avec un ordre exempt de minutie.

ustapha est père de Véli-Pacha, ambassadeur de Turquie à Paris,
e Méhémed-Bey, premier secrétaire d'ambassade; mais ce n'est
it lui qui les a nommés. Tous deux étaient depuis plusieurs mois
urs postes quand éclata la crise qui a appelé leur père à la tête du
vernement ottoman, où il se montre tel qu'il a été partout : ne
ant jamais de résolutions précipitées, mais ne déviant jamais
e résolution prise; attaché à son culte, mais tolérant par con-
ion religieuse, et, par conséquent, résolu à défendre au prix de
les sacrifices l'intégrité de l'empire et la liberté de conscience
chrétiens d'Orient, liberté si manifestement menacée par le des-
sme politique et clérical de la Russie.

n dernier trait à noter, c'est que Mustapha, sans être opposé à la
rme dont il pratiquait les principes à Candie avant qu'ils fussent
ts dans le hatti-schérif de Gulhané, est resté un Turc de la
lle roche, et qu'avec lui le gouvernement ne court pas risque de
quer l'orthodoxie musulmane, point essentiel dans la situation où
rouve aujourd'hui l'empire ottoman.

## VII.

l est peu d'hommes aussi connus et peut-être aussi incomplète-
t connus en Europe que Réchid-Pacha.

ans doute Réchid aime le pouvoir, les grandeurs; c'est même là
trait saisissable au premier coup d'œil de son caractère. On se
mpe toutefois profondément sur cet homme d'Etat si l'on présume
l a embrassé le parti de la réforme par calcul d'ambition et seu-
ent pour s'assurer les sympathies des gouvernements européens.
e dédaigne certainement pas ces sympathies; il en est fier, il en
heureux, mais sa conduite a un mobile plus profond. Les prin-
es libéraux sont pour lui une véritable religion. Réchid croit en
iberté, en l'égalité légale aussi fermement que le prophète croyait
Dieu.

n a vu souvent ce ministre d'un empereur musulman en butte
sourires, aux sarcasmes des hommes politiques européens à cause
sa foi dans les doctrines de la responsabilité ministérielle et dans
idées générales de notre première révolution. Mais ni sarcasmes
sourires ne l'ont corrigé de la duperie — c'est ainsi que l'on
le dans un certain monde — de prendre la réforme trop au sé-
ix. Il n'a pas davantage été ébranlé dans sa conviction par un
tacle grave qu'elle soulevait devant lui. On l'a accusé de s'être
ationalisé dans les trois ambassades qu'il a remplies en France
en Angleterre. De là pour lui des difficultés réelles qu'il n'a pas
tes vaincues encore, quoique personne n'ait fait plus que lui pour
ver, en la généralisant, l'autorité du sultan et pour doubler la
ce de l'empire en effaçant en partie la profonde tranchée politi-
creusée par les prédécesseurs de Mahmoud entre les Turcs et les
étiens. Il a donc dû advenir au moins une fois en Turquie ce qui
ient presque toujours en Angleterre, où les tories exécutent les
ormes préparées de longue main par les whigs. Riza-Pacha, grâce
a réputation de fervent musulman, a pu accomplir pendant son
istère (de 1841 à 1845) bien des mesures essayées par Réchid, et
t l'honneur lui revient en partage.

Doué d'une mémoire prodigieuse, d'une facilité presque sans égale
isir les affaires, Réchid est d'une fertilité d'expédients qui, dans
entreprises gouvernementales, l'a plus d'une fois porté à compter
s sur la dextérité que sur la résolution, et à changer non pas de
, mais d'amis et de voies. Avec l'honnêteté, les talents qui le dis-
guent, et son zèle sincère pour le bien public, Réchid eût triom-
é de toutes les rivalités s'il lui eût été donné de mieux comprendre
en politique on va plus loin, plus haut et plus vite en définitive
le caractère que par l'esprit. Là est si évidemment sa faiblesse,
e, malgré la fermeté un peu haineuse peut-être qu'il a montrée en
39 et 1840 contre le vice-roi d'Egypte, et sa noble et brave attitude,
ans plus tard, dans la question des réfugiés hongrois, Réchid n'est
nt absolument à l'abri du soupçon d'une faiblesse diplomatique.

La situation de la Turquie est nette : tomber martyre de son droit,
à force d'héroïsme et de justice le faire triompher par le concours
s nations occidentales. Et cependant, qui n'a entendu dire et qui
entend encore répéter à Constantinople et ailleurs que Réchid
est point incapable de donner dans un biais inventé par quelque
nférence pour échapper à ce dilemme que l'honneur a tracé si
roit et si précis? C'est là une injustice, une calomnie envers le mi-
stre des affaires étrangères du sultan; il n'en est pas moins vrai
c dans les soupçons qui s'éveillent sur notre fermeté dans les in-
ccès qui se rencontrent sur notre route, il y a toujours un peu de
tre faute.

L'esprit et la finesse qui surabondent chez Réchid se peignent sur
figure aux traits réguliers et fins; on les lisait il y a quelques
nées dans ses yeux maintenant affaiblis par le travail. Sa taille, un
u trop courte, s'est beaucoup épaissie depuis quelques années, et
fine barbe châtaine est aujourd'hui grisonnante. Il n'a toutefois
s perdu la distinction extérieure qui caractérisait son abord. Elle
seulement chang de formes. Aujourd'hui elle se manifeste par la

confiance de l'homme d'Etat qui se sent digne ou du respect ou de
l'estime de tous ceux qui l'approchent; car, bien qu'il soit arrivé de
bonne heure (il est âgé de cinquante-deux ans à peine), Réchid a conquis toutes ses dignités par de réels services.

Neveu de Sélim Pacha, qui a commandé en Morée et dans la
guerre contre la Russie, mais fils d'un père qui n'a joué aucun rôle
dans l'Etat, Réchid eut à se faire remarquer par ses talents. Bien
jeune encore, il composa quelques vers heureux qui, deux ans plus
tard, en 1828, lui valurent un emploi dans la chancellerie à la suite
de l'armée. Il passa, en 1830, au ministère des affaires étrangères, et
prit part, en 1833, au traité qui fut conclu avec l'Egypte après la
bataille de Konia. Nommé chef de bureau, puis de division, il reçut,
en 1835, le titre de ministre plénipotentiaire en France. A la fin de
sa mission, il fut nommé grand-croix de la Légion d'honneur et devint, en 1837, ministre des affaires étrangères. En 1838 et 39, le sultan le chargea d'une ambassade extraordinaire en Angleterre et en
France. Réchid se trouvait à Paris lorsque Mahmoud mourut prématurément, en juillet 1839. Il repartit immédiatement pour la Turquie,
et redevenu ministre des relations extérieures, il proposa au jeune
sultan les bases du hatti-schériff de Gulhané, qui fut proclamé le 3
novembre de la même année, et restera dans la postérité comme le
titre d'honneur de cet homme d'Etat.

Après diverses alternatives, Réchid fut nommé grand vizir en 1846.
Nous avons dit le rôle honorable qu'il a rempli dans la négociation
devant laquelle échouèrent, en 1850, les prétentions de la Russie et
de l'Autriche à l'égard des réfugiés. A la fin de 1852, par suite de
quelques difficultés relatives aux lieux saints, Réchid sortit du vizi-
rat, où il fut remplacé par Méhémet-Ali-Pacha. Il a repris, le 13 mai
dernier, le poste de ministre des affaires étrangères, où, ,jusqu'à
présent, en dépit d'insinuations déjà suffisamment qualifiées, il s'est
montré digne de la confiance de ses compatriotes de toutes les communions religieuses et des sympathies de tous ceux qui, en Europe et
en Amérique, pensent que si la force est la sanction naturelle du
droit, elle devient la chose du monde la plus odieuse lorsqu'elle prétend se substituer au droit ou le dominer par les armes et par le
mensonge.

## VIII.

Il y a dans tout cabinet ottoman un ministre de la justice préposé
à la direction des tribunaux mixtes, et chargé de veiller à ce que les
décisions judiciaires, de quelque part qu'elles viennent, ne blessent
pas les droits du sultan, mais le scheik-ul-islam est le grand juge et
le ministre de la justice musulmane. On conçoit de quelle importance est cette dignité, si l'on n'oublie pas que, la loi de Mahomet ne
pouvant être ni changée ni abrogée, il faut que toutes les réformes
s'opèrent par interprétation du Coran, et que toute interprétation,
pour ne pas rencontrer une opposition formidable dans la population
musulmane, a besoin d'être revêtue de l'approbation du conseil des
ulémas, dont le scheik-ul-islam est le chef naturel.

A la rigueur, le sultan peut se passer de l'approbation des ulémas.
Commandeur des croyants, interprète suprême de la loi, lorsqu'il
commande tout doit obéir. Seulement, comme la Turquie, contrairement à l'opinion commune, est le pays par excellence de la résistance légale, les décisions impériales non homologuées par le conseil
des ulémas courent risque de ne pouvoir être exécutées que par la force
venant d'en haut, éventualité toujours pénible et même périlleuse
pour un gouvernement.

Le terrible sultan Mahmoud, qui ne s'arrêtait guère aux usages lui
paraissant en opposition avec son pouvoir, ne crut pas devoir se dispenser de prendre, en 1839, un fetva contre Méhémet. Voici les
questions posées par le sultan, et les réponses données par le haut
conseil des ulémas.

*Demande.* — L'extermination des provocateurs et fauteurs d'in-
surrections étant prescrite comme un devoir, et la démarche de
*Amr*, exposée ci-dessus, ayant pour but la révolte et la provocation
à ce crime, dans le cas où il ne serait pas possible d'étouffer la révolte d'aucune autre manière que par l'extermination jusqu'à disper-
sion de leur rassemblement, la mort de *Amr* et de ses complices devient-elle légale?

*Réponse.* — Ils sont rebelles, et leur extermination devient un devoir sacré au sultan des musulmans et à tous les croyants.

*Demande.* — Ainsi, ceux qui, ayant de leur propre et pleine volonté embrassé le parti de la révolte de *Amr*, ont osé engager le combat,
devant être considérés comme des rebelles, et ceux qui proclame-
raient qu'il ne serait pas juste de soumettre par l'épée les auteurs de
la révolte devant être regardés comme des impies qui bravent les
prescriptions de l'Alcoran, la mort de ces deux partis devient-elle
légale?

*Réponse.* — Oui.

*Demande.* — Ainsi, pour étouffer la révolte, si le sultan des musulmans donne l'ordre de les combattre, ceux qui reçoivent cet ordre
sont-ils dans l'obligation sacrée de s'y soumettre?

*Réponse.* — Oui.

*Demande.* — Ainsi, les troupes impériales ayant été envoyées pour
combattre les rebelles, ceux qui tuent des rebelles sont-ils considé-

rés comme légitimes vengeurs? et ceux qui sont tués par les rebelles sont-ils considérés comme des martyrs ?

*Réponse.* — Oui.

Les signatures apposées à ce présent fetva, rédigé et présenté par le scheik-ul-islam, sont au nombre de quarante, ce sont celles de :

    3 scheiks-ul-islam émérites.

    14 kasi-askers.

    12 mollas.

    9 professeurs du séraï et des écoles impériales.

    2 scheiks des mosquées de Sainte-Sophie et de Sultan-Ahmed.

Une tradition si ancienne et si respectée ne pouvant être ni abolie ni même modifiée brusquement, c'est donc dans les circonstances actuelles un événement des plus heureux que le scheik-ul-islam soit un homme aussi éminent, aussi sage, aussi universellement respecté que Arif-Hikmet-Bey. D'une figure douce, mais fine, et révélant, quand on l'examine de près, les signes d'une rare fermeté, le scheik-ul-islam, sous son turban blanc et sa robe flottante, car Mahmoud a laissé aux ulémas leur costume traditionnel, impose et attire tout à la fois. Ses soixante-cinq ans ne semblent guère peser à son activité. Debout de très-bonne heure, il commence sa journée par une fervente prière; puis il se fait lire les journaux européens, ceux de France et d'Angleterre particulièrement. Arif-Hikmet-Bey ne croit pas compromettre sa gravité en prêtant l'oreille aux feuilletons et aux revues des théâtres. Là, dit-il, se peignent les mœurs, et il faut connaître celles des peuples amis et ennemis, afin de se les approprier dans ce qu'elles ont de bon, et les fuir dans ce qu'elles ont de mauvais ou d'inapplicable au caractère national.

Le reste de la journée est consacré au travail entremêlé de courtes prières, car cinq prières sont prescrites par le Coran, à savoir : Prière de l'aube du jour, quarante-cinq minutes avant le lever du soleil ; la prière de midi, quarante minutes après que le soleil a passé au méridien; la troisième, au moment qui sépare en deux parties égales l'intervalle de midi au coucher du soleil; la quatrième, vingt minutes après le coucher du soleil ; la cinquième prière, deux heures environ après la précédente.

Les ulémas, sauf de très-rares exceptions, sont fort savants et d'une remarquable distinction de tenue et de manières, mais la longueur des études théologiques auxquelles on les oblige les façonne à une subtilité d'argumentation qui s'oppose souvent à la généralisation des idées. Le scheik-ul-islam est personnellement au-dessus de toutes les étroitesses de la scolastique, mais il sait tenir compte des résistances que soulèverait la réforme si elle dépassait la moyenne du progrès accompli par la majorité du corps des ulémas, qui sont au nombre de trente mille dans l'empire. C'est ainsi que, laissant de côté les questions d'avenir, et s'appuyant sur la lettre du Coran, Arif-Hikmet-Bey a obtenu des musulmans de s'engager à protéger, à défendre les chrétiens contre tous les dangers, toutes les vexations que pourrait amener l'état de guerre, et qu'il a ruiné le calcul sur lequel la Russie fondait ses plus vives espérances.

Si, comme on avait réussi à le faire craindre aux alliés du sultan, les chrétiens avaient eu besoin d'une protection étrangère contre les musulmans, c'en était fait, sous une forme ou sous une autre, de l'indépendance de la Turquie. Les ulémas ont fait ce que le canon des flottes, les baïonnettes des soldats ne pourraient accomplir. Ils ont élevé le principe de la tolérance religieuse au-dessus de leurs propres passions et des préjugés presque toujours féroces des masses. Gratitude aux ulémas! honneur au scheik-ul-islam !

## IX.

Sous l'ancienne monarchie française, quand tombait un premier ministre, il était envoyé en exil dans ses terres. Les grands vizirs, sous l'ancien gouvernement ottoman, en sortant du pouvoir se seraient tenus trop heureux d'être simplement exilés. Les sultans leur envoyaient presque toujours le cordon, qu'ils devaient baiser respectueusement avant d'en être étranglés. Il n'y a pas plus d'Achmat maintenant en Turquie que de surintendant Fouquet en France. Les procédés d'Abd-ul-Medjid à l'égard de ses ministres sont, on peut le dire, constitutionnels. Les cabinets n'étant en général modifiés que lorsqu'ils ont perdu la majorité dans le grand conseil de l'empire, composé de tous les hauts fonctionnaires en exercice ou hors d'exercice, les grands vizirs vont attendre chez eux le retour du pouvoir, ou rentrent dans un autre ministère en qualité de simples ministres à portefeuille. Le cabinet actuel compte parmi ses membres deux anciens grands vizirs : Réchid, qui occupe le département des affaires étrangères, et Méhémet-Ali-Pacha celui de la guerre.

Ce dernier est presque encore un jeune homme. Ancien page du sultan Mahmoud et beau-frère d'Abd-ul-Medjid, il a parcouru vite la carrière. Avant d'être grand vizir, il avait été capitan pacha, grand amiral, et séraskier ministre de la guerre. Jusqu'en ces derniers temps Méhémet-Ali avait été considéré comme *un beau*, s'engageant témérairement dans les affaires sans en considérer assez la fin. Maintenant, sa réputation d'homme capable, actif, sérieux, est établie par le talent et la suite d'idées qu'il a déployés dans l'organisation des moyens de défense de la Turquie. Peut-être n'est-il pas exact de qualifier Méhémet-

Ali du titre de chef du parti de la résistance; d'autres ministr[es] aussi dévoués que lui à la dignité de l'empire, et le véritable c[hef du] parti de la résistance, c'est le sulan. Ce qui est vrai, c'est que [le mi-] nistre de la guerre a vaillamment contribué à rendre la défense d'un peuple qui veut remonter à son rang dans l'estime du mo[nde].

Le séraskier n'a pas quitté ses manières de *bel homme*, mais [ce qui] constituait presque un travers est devenu un contraste qui rel[ève] le ferme et profond dévouement de Méhémet-Ali à l'indépen[dance] de sa patrie.

Pour montrer combien est grande encore l'importance att[achée] aux fonctions de grand vizir depuis qu'on peut les quitter pour [occu-] per un simple ministère, nous reproduisons ici le hatti-schérif [d'in-] vestiture qui fut accordé à Réchid-Pacha lorsqu'il fut appelé [pour] la première fois à cette dignité :

« MON FIDÈLE VIZIR,

» Quoique Réouf-Pacha, qui occupait depuis longtemps les [fonc-] tions de lieutenant général de l'empire, se distingue parmi no[s mi-] nistres par la pureté et la droiture de ses intentions, et qu'à ce [que] je sois personnellement satisfait de lui sous tous les rapports, c[epen-] dant, malgré les recommandations que je n'ai cessé de lui ad[resser,] ainsi qu'aux autres ministres, je n'ai pas rencontré l'attention et [la] sévérité nécessaires à l'exécution des mesures que, dans une p[ensée] bienveillante, nous avons sans cesse publiquement recommandé[es] qui ont pour objet de faire jouir toutes les classes de nos sujets [de la] justice impartiale, et d'assurer la prospérité de nos États par le [main-] tien du bon ordre et de la tranquillité. On n'a pas apporté le s[oin et] le zèle que réclamait l'exécution de ces mesures pour que les r[ésul-] tats en fussent aussi satisfaisants que je l'aurais désiré. L'applic[ation] de ces mesures importantes et de celles qui pourraient être j[ugées] nécessaires par la plus grande attention et la vive sollicitude, il est indispensable de confier ce poste à un pe[rson-] nage qui en comprenne toute l'importance, qui connaisse par[faite-] ment la situation des affaires, qui possède au plus haut degré l'[habi-] leté et l'intelligence nécessaires pour se concerter avec les min[istres] dans la direction des affaires de l'État qui leur sont commun[es, qui soit] capable de stimuler et d'encourager le zèle des fonctionnaires e[t des] employés dans le fidèle accomplissement de leurs devoirs. Mon [fidèle] vizir, toi qui, entre tous les fidèles vizirs de mon empire, réun[is ces] qualités, par la destitution de Réouf-Pacha, ces hautes fonction[s sont] confiées à ton zèle et à ta capacité.

» Par suite de la nouvelle dignité dont tu viens d'être inves[ti, le] ministère des affaires étrangères, que tu dirigeais, se trouvan[t va-] cant, doit être confié à un autre personnage. Or, la continuatio[n des] rapports, des liens d'amitié qui existent entre ma Sublime Po[rte et] toutes les puissances amies, ainsi que l'accroissement et la cons[olida-] tion de ces bonnes relations, faisant l'objet de nos désirs, le cons[eiller] d'État A'ali-Effendi, qui réunit toutes les conditions de capacit[é, de] désintéressement et de fidélité, pour s'acquitter, selon mes vœu[x, de] ces fonctions, et mener à bonne fin toutes les autres affaires qui [res-] sortissent à cet important département, a été élevé par nous au [poste] de ministre des affaires étrangères.

» Par suite de ta nomination à la lieutenance générale de [l'] empire, la haute direction de toutes les affaires de l'État, sans e[xcep-] tion, se trouve naturellement placée entre tes mains; le grand [vizi-] rat étant le centre de direction de tous les fonctionnaires de [notre] empire, avec l'aide de Dieu et l'inspiration de notre saint Prop[hète,] tu t'appliqueras à réaliser notre vœu le plus cher, la prospéri[té de] l'empire, le repos et le bien-être de nos sujets. A [cet] effet, tu veilleras à l'exécution de toutes les mesures utiles et co[nçues] dans un but d'intérêt général; tu pourvoiras à l'expédition pro[mpte] et régulière de toutes les affaires courantes; tu veilleras avec le [plus] grand soin à ce que tous les fonctionnaires règlent les affaire[s qui] leur seront déférées, sans jamais s'écarter des principes d'équité [dé-] crits par la loi divine; tu veilleras aussi au maintien des institu[tions] militaires qu'il nous a été donné d'établir depuis la réorganisa[tion] de l'armée. Tu prodigueras surtout ta sollicitude à l'établisse[ment] de l'université et à l'exécution de toutes les mesures concer[nant] l'instruction publique, qui sont en ce moment en voie d'applica[tion] et forment l'objet de mes préoccupations les plus vives. Sur tou[s ces] points, d'accord avec mon fidèle séraskier Mohammed-Khosrew-[Pa-] cha, et tous les autres ministres et fonctionnaires de notre emp[ire,] tu emploieras tous tes soins, tous les efforts de ton zèle à réalise[r mes] désirs.

» Que le Très-Haut étende sa protection divine sur toi et sur [tous] ceux qui, d'accord avec toi, n'auront rien tant à cœur que de ve[iller] avec zèle et sollicitude aux intérêts de nos peuples!

« Le 7 de la lune de chewal 1262 (27 septembre 1846). »

## X.

Le 10 expirait le délai fixé par le prince Menschikoff pour a[voir] une réponse à sa note du 5 mai. Le nouveau cabinet ayant été c[on-] stitué le 13, deux jours après, le 15, Réchid-Pacha adressa la le[ttre] suivante à l'ambassadeur extraordinaire du czar :

La Sublime Porte a pris connaissance de la dernière note de
M. le prince Menschikoff. Ainsi que S. A. le prince Menschikoff
a été déjà informé, tant en personne que par intermédiaire, il est
possible, par suite des changements dans le ministère, de donner
réponse explicite sur une question aussi délicate que celle des
priléges religieux avant de les examiner avec soin.

Mais comme le maintien des relations amicales avec l'auguste
czar de Russie est l'objet de la plus vive sollicitude de S. M. le sultan, il s'ensuit que la Sublime-Porte désire sincèrement trouver un
moyen de garantie de nature à satisfaire les deux parties.

En informant S. A. le prince Menschikoff qu'un délai de cinq
jours suffira et que l'on s'efforcera d'arriver, s'il est possible, à une
prompte solution dans la question, j'ai l'honneur d'être, etc.

» *Signé* RÉCHID-PACHA. »

Sans laisser au gouvernement turc le court délai qu'il demandait
pour délibérer, le prince Menschikoff répondit, le 18 mai, en ces
termes à Réchid-Pacha :

« Buyukdéré, 18 mai 1853.

Le soussigné, ambassadeur extraordinaire de S. M. l'empereur
de toutes les Russies, a eu l'honneur de recevoir la notification de la
Sublime Porte en date du 15 mai. Elle est loin de répondre aux espérances que lui avaient fait concevoir la gracieuse réception et le
gage de S. M. le sultan.

En réponse aux notes consécutives que le soussigné a eu l'honneur d'adresser au cabinet ottoman, et qui, appuyées par ses explications verbales données aux ministres de la Sublime Porte, n'ont
dû laisser de doute sur les vues désintéressées de son auguste
maître, il n'a reçu que des assurances évasives et illusoires.

Les deux firmans destinés à clore la discussion sur les lieux
saints de Jérusalem ne pouvaient pas, en présence des anciens, offrir
les garanties désirées par l'empereur.

La promesse isolée d'étendre à nos sujets les priviléges dont
jouissent à Jérusalem les pèlerins et établissements d'autres nations
fait que confirmer un droit incontestable, qui, pour être exercé,
n'avait besoin que de la sanction souveraine.

La Sublime Porte, en rejetant avec suspicion les vœux de l'empereur en faveur de la foi gréco-russe orthodoxe, a manqué de considération vis-à-vis d'un auguste et ancien allié. L'identité du culte, le lien séculaire cimenté par les besoins et les intérêts réciproques des deux pays
par leur position géographique, au lieu d'être des gages de solide
amitié, deviennent ainsi, par un déplorable égarement des pensées
du gouvernement ottoman, la cause permanente d'une attitude in-
quiétante pour la Russie.

S. Exc. le ministre des affaires étrangères s'est encore fait l'organe vis-à-vis le soussigné de propositions que celui-ci peut d'autant
moins accepter, avec les réserves y annexées, qu'elles sont simplement la reproduction de celles précédemment rejetées, et que le procédé de séparer et de classer dans leur forme les actes qui les contiennent impliquerait évidemment l'idée de ne rendre obligatoire que
ce concernant l'établissement d'un hôpital russe à Jérusalem.

S. Exc. Réchid-Pacha donnant à entendre qu'une note en réponse devra être discutée en conseil sur la base des mêmes propositions, et déclinant en même temps de préciser les termes, le soussigné
voit là qu'un nouveau moyen dilatoire qui ne peut en aucune
manière modifier sa détermination. L'ensemble des communications
de la Sublime Porte ayant ainsi convaincu le soussigné de la futilité
de ses efforts pour atteindre une solution satisfaisante de ses réclamations conforme à la dignité de son auguste maître, il se trouve
appelé à déclarer qu'il considère sa mission comme terminée ;

» Que la cour impériale de Russie ne pourrait pas, sans déroger à
sa dignité et sans s'exposer à de nouvelles insultes, continuer à conserver une légation à Constantinople et maintenir sur l'ancien pied
ses relations politiques avec le gouvernement turc ;

» Qu'en conséquence, et en vertu des pleins pouvoirs dont le soussigné est porteur, il quittera Constantinople, emmenant avec lui tout
le personnel de la légation impériale, à l'exception du directeur de
la chancellerie commerciale, qui, avec ses employés, continuera
d'administrer les affaires de commerce et de navigation et de protéger les intérêts des sujets russes et leur marine marchande ;

» Qu'il regrette profondément d'être contraint à prendre cette détermination ; mais qu'après avoir fidèlement exécuté les ordres de
l'empereur en soumettant à la délibération de la Sublime Porte les
propositions les plus conciliantes, les plus équitables et les plus conformes aux vrais intérêts de l'empire ottoman, et ayant acquis la
pénible conviction que le cabinet de S. M. le sultan n'est pas disposé
à le reconnaître et à y répondre, il s'acquitte d'un dernier devoir en
repoussant toute la responsabilité des conséquences qui pourraient
résulter pour le cabinet ottoman, qui paraît avoir pour objet de créer
une sérieuse mésintelligence entre les deux empires ;

» Que le refus de garantie pour le culte gréco-russe orthodoxe
doit à l'avenir imposer au gouvernement impérial la nécessité de
chercher cette garantie dans son propre pouvoir ;

» Qu'ainsi toute tentative contre le *statu quo* de l'Eglise d'Orient
et son intégrité sera regardée par l'empereur comme équivalant à
une infraction à l'esprit et à la lettre des stipulations existantes, et
comme un acte d'hostilité vis à vis de la Russie, imposant à S. M. I.
l'obligation d'avoir recours à des moyens que, dans sa constante sollicitude pour la stabilité de l'empire ottoman, et par suite de sa sincère amitié pour S. M. le sultan et de celle qu'elle portait à son
auguste frère, l'empereur a toujours eu à cœur d'éviter.

» Le soussigné a l'honneur, etc.

» *Signé* MENSCHIKOFF. »

Cette menace de rupture, ces termes péremptoires amers ne pro-
duisirent pas l'effet qu'en attendait le prince Menschikoff. Non-seulement la Russie mettait trop à découvert cette fois tout ce que ses
prétentions ont d'insultant, d'intolérable ; mais l'affaire des réfugiés
avait prouvé en 1850 que la Russie unie à l'Autriche reculait au besoin devant la Turquie soutenue par l'Angleterre unie à la France.
La question était de savoir si cette grande alliance protectrice se re-
produirait avec la même bonne foi de la part des deux puissances
maritimes. La Russie en voulait douter, mais il fut permis d'y croire
en lisant, le 17 mai, la déclaration suivante dans le *Moniteur* :

## XI.

« Paris, le 17 mai 1853.

» On avait pu craindre, au moment où M. le prince Menschikoff
se rendait à Constantinople en qualité d'ambassadeur extraordinaire
de S. M. l'empereur de toutes les Russies, que l'un des effets de sa
mission ne fût d'annuler en partie les concessions obtenues par M. de
la Valette au profit des pères latins de la Terre-Sainte dans le courant de 1852. On se rappelle que, sur la demande de la légation de
France, le gouvernement de Sa Hautesse avait consenti à restituer au
patriarche de Jérusalem, délégué du saint-siége, *la clef de la grande
porte de l'église de Bethléhem*, à donner l'ordre de replacer dans la
grotte de la Nativité une étoile ornée d'une inscription latine et qui
avait disparu en 1847, et enfin à accorder à la communion catholique
le droit de célébrer son culte dans un sanctuaire vénéré, l'église dite
du Tombeau de la Vierge.

» Le gouvernement de S. M. I. ne pouvait admettre qu'aucun de
ces avantages fût retiré aux Latins. Le cabinet de Saint-Pétersbourg,
du reste, transmit bientôt au cabinet des Tuileries l'assurance que
son intention n'était pas de contraindre la Porte à revenir sur les
concessions qui nous avaient été faites.

» Les dernières nouvelles de Constantinople apportées par l'aviso
à vapeur *le Chaptal*, en date du 7 mai, nous permettent d'affirmer
que le maintien du *statu quo* à Jérusalem, réclamé par M. le prince
Menschikoff, n'implique, dans l'état de possession des Latins, aucune modification susceptible d'affecter l'arrangement convenu avec
M. le marquis de la Valette. C'était là, pour nous, le point essentiel,
celui qui ne pouvait être, de notre part, l'objet d'aucune transaction. Quant à nos anciens traités avec la Turquie, nul acte diplomatique, nulle résolution de la Porte ne saurait les invalider sans le
consentement de la France.

» M. le prince Menschikoff demande encore au divan la conclusion d'un traité qui placerait sous la garantie de la Russie les droits
et les immunités de l'Eglise et du clergé du rite grec. Cette question,
complètement différente de celle des lieux saints, touche à des intérêts dont la Turquie doit, la première, apprécier la valeur. Si elle
amenait quelques complications, elle deviendrait une question de
politique européenne, dans laquelle la France se trouverait engagée
au même titre que les autres puissances signataires du traité du
13 juillet 1841. »

La publication de cette note fut un véritable soulagement pour les
hommes politiques ayant conscience des embarras au milieu desquels
la question des lieux saints, qui se trouvait ainsi close, pouvait jeter
la France.

François 1er étant le premier prince chrétien qui ait contracté une
alliance régulière avec la Turquie, il était tout naturel qu'à cette
époque il prît toutes les précautions nécessaires pour protéger les religieux latins de la Terre-Sainte et tous les catholiques non sujets du
sultan, et pour leur assurer la jouissance des sanctuaires qui furent
le berceau du christianisme. De ce que les Français étaient seuls protégés par des traités spéciaux, il advint que tous les chrétiens étrangers reçurent le nom de *Francs*, et que notre pavillon et notre protection furent empruntés par le commerce de toutes les nations
chrétiennes. Naturellement ce fut une époque de gloire et de prospérité pour la France dans le Levant, où elle exerçait un véritable
monopole, eu égard aux autres nations de la chrétienté. Mais cet état
de choses devait se modifier au fur et à mesure que ces nations en-
traient en rapports directs avec la Turquie, et le traité de 1740, en
ce qui concerne notre protectorat religieux, devenir une source de

dangers pour nous et pour notre allié le sultan. C'est pourtant ce qui ne fut pas aperçu par les gouvernements qui se sont succédé en France depuis plus d'un siècle.

La Russie, dès qu'elle a eu pris pied en Orient, s'est autorisée de la protection exercée par la France sur les catholiques pour réclamer une protection analogue sur les Grecs. Cette espèce de parallélisme n'offrit d'abord rien de choquant. L'article 4 du traité de Kaïnardji (1774), qui accorde au czar un droit de protection sur certaines églises grecques, ne souleva point d'objections de notre part. Puis vinrent les traités relatifs à la Moldo-Valachie, à la Serbie. N'était-il pas naturel que les Russes réclamassent des garanties religieuses pour leurs coreligionnaires ? Et de proche en proche le czar se posait en protecteur de tous les chrétiens du rite grec, en laissant la France aux prises avec les ressentiments de cette communion à propos des sanctuaires de Jérusalem et de Bethléhem.

Si nous n'avons pas perdu et notre influence en Orient et la Turquie elle-même, ce n'est certainement pas la faute de ceux qui poussaient incessamment notre pays à exciper de notre vieux protectorat catholique et à nous mettre toujours à deux doigts d'une rupture avec la Porte au sujet des lieux saints. La convention de 1841, dictée par l'esprit pratique de sir Robert Peel, et qui tend à supprimer toutes les protections individuelles pour y substituer une protection collective, convention évidemment dirigée contre les tendances de la Russie, ne nous ouvrit point les yeux. Nous la subîmes, au contraire, comme un échec porté à notre influence, tant il est vrai qu'un peuple, si intelligent qu'il puisse être, se laisse difficilement arracher à une voie dans laquelle il est accoutumé à marcher, lors même que cette voie ne mène plus au but qu'il se propose !

Il n'a fallu rien moins que l'insolente demande du prince Menschikoff de placer, par un traité, douze à treize millions de chrétiens du rite grec, tous sujets du sultan, sous le protectorat religieux de l'empereur de Russie pour nous éclairer sur le rôle que nous avions accepté en Orient. Le bandeau n'est tombé de nos yeux que lorsque les liens en ont été coupés par l'épée d'un arrogant envahisseur. Espérons toutefois que notre aveuglement est dissipé pour jamais.

Mais revenons aux actes diplomatiques de l'ambassade extraordinaire du prince Menschikoff.

## XII.

Le 26 mai, la Sublime Porte Ottomane adressa aux représentants de France, d'Angleterre, d'Autriche et de Prusse une note explicative de la situation faite au gouvernement turc par les exigences de la Russie. Voici cette note :

« Bien que la question des lieux saints, qui formait un des objets de la mission de S. A. le prince Menschikoff, ambassadeur extraordinaire de Russie, ait été résolue à la satisfaction de toutes les parties, le prince a mis en avant relativement au culte et au clergé grecs des prétentions qui sont d'une tout autre nature.

» Il est de l'honneur de la Sublime Porte de préserver, dans le présent et dans l'avenir, de toute atteinte les immunités religieuses ainsi que les droits et priviléges accordés sous les règnes précédents et confirmés par S. M. le sultan régnant, au clergé, aux églises et monastères des sujets ottomans qui professent la religion grecque ; de même que l'on n'a jamais songé à y apporter la moindre restriction, l'on n'a jamais, non plus, mis en doute les intentions amicales et loyales de S. M. l'empereur de Russie envers la Sublime Porte. Mais stipuler avec un gouvernement étranger par un sened (acte obligatoire), sous forme de convention, ou par une note ou déclaration ayant la même force et valeur, les droits, priviléges et immunités (quand même ce ne serait que pour la religion, le culte, l'église), en faveur d'une communauté nombreuse sujette du gouvernement, cela touche aux droits d'indépendance et aux bases gouvernementales de la puissance qui s'engage, et cela n'est nullement à comparer à quelques concessions faites par d'anciens traités.

» Cependant les faits ont été exposés au prince Menschikoff avec toute franchise et loyauté, et, en outre, on s'est montré parfaitement disposé à donner les assurances propres à dissiper les craintes conçues à l'égard des immunités de toutes sortes du culte que professe personnellement S. M. l'empereur de toutes les Russies. Mais malheureusement cela n'a pas mené à une entente entre les deux parties, et la Sublime Porte regrette vivement que le prince ait eu les choses jusqu'à rompre les rapports officiels et quitter son poste.

» La Sublime Porte ne nourrit aucune intention hostile envers l'auguste cour de Russie ; son vœu le plus ardent, au contraire, est de resserrer encore plus que par le passé les liens d'amitié qui sont chers et précieux, par la reprise des rapports officiels. Elle espère donc que S. M. l'empereur, vu son caractère d'équité bien connu, ne voudra pas ouvrir, sans motif, la voie des hostilités, que les principes constants de S. M. Impériale, dont l'univers entier est témoin, ne lui permettront pas des démarches en opposition avec les assurances positives qu'elle a données aux augustes cours de l'Europe.

Asie. — Arménie. — Tribu Kurde.

Mais comme il est de fait que le prince a rompu ses rapports et quitté son poste; comme, dans cet intervalle, la Sublime Porte n'a nullement été assurée que la guerre n'aurait pas lieu, tandis que l'on voit les grands préparatifs militaires, de terre et de mer, faits par la Russie dans les endroits rapprochés de l'empire ottoman, la Sublime Porte, tout en n'ayant aucune intention hostile, se voit obligée, cependant, par prudence et par précaution, d'aviser aussi à quelques préparatifs, et il a été résolu qu'à partir de ce jour des dispositions militaires et de défense seront prises, et le gouvernement ottoman espère que les hautes cours, signataires du traité de 1841, lui donneront raison à cet égard.

En m'acquittant par ordre souverain de cette communication, je suis, etc.

» Signé Réchid. »

Cette note, qui n'a certes pas besoin de commentaire, ne prit au dépourvu ni le gouvernement français ni le gouvernement britanni-

la religion catholique en Levant; mais elle est illusoire, et sert à égarer ceux qui n'approfondissent pas la chose. Jamais les sultans n'ont eu seulement l'idée que les monarques français se crussent autorisés à s'immiscer à la religion des sujets de la Porte. — « Il » n'y a point de prince, dit fort sagement un de mes prédécesseurs, » M. le marquis de Bonnat, dans un mémoire sur cette matière, » quelque étroite union qu'il ait avec un autre souverain, qui lui » permette de se mêler de la religion de ses sujets. Les Turcs sont » aussi délicats que d'autres là-dessus. »

» Il est aisé de comprendre que la France, n'ayant jamais traité avec la Porte qu'à titre d'amitié, n'a pu lui imposer des obligations odieuses de leur nature. Aussi le premier point de mes instructions me prescrivait d'éviter tout ce qui pourrait causer de l'ombrage à la Porte, en donnant trop d'extension aux capitulations en matière de religion. »

» Cette importante citation nous dispense de tout commentaire. Nous ajouterons seulement que tous les faits s'accordent avec la doc-

Bulgares des bords du Danube.

e. Ils étaient informés de son contenu par les dépêches de leurs ambassadeurs. Ils savaient que le grand conseil de l'empire s'était réuni le 17 mai, et avait décidé qu'on adresserait au prince Menschikoff une note exprimant le regret de ne pouvoir accéder aux désirs de l'empereur de Russie, et que le 18 Réchid-Pacha s'était présenté chez le prince pour lui faire pressentir les termes d'un refus qui serait adouci par la forme et par toutes les concessions de détail auxquelles le sultan pouvait consentir sans aliéner sa souveraineté. Ils savaient enfin que tous les efforts de Réchid-Pacha avaient été stériles, et que l'ambassadeur extraordinaire de S. M. l'autocrate de toutes les Russies avait annoncé sa résolution de quitter Constantinople le 21 mai, si, sous une forme ou sous une autre, car M. de Menschikoff daignait renoncer à la forme de sened ou convention diplomatique, les justes demandes de son maître n'étaient point satisfaites.

Les cabinets de Paris et de Londres, sachant de quoi il s'agissait, durent dès lors se concerter sur des éventualités qu'il était facile de prévoir. Le cabinet français s'exécuta même de bonne grâce en publiant, dans le Moniteur du 2 juin, un article ou note où l'on remarque l'aveu suivant :

« Voici comment, c'est le journal officiel qui parle, M. le comte de Saint-Priest, éclairé par une pratique de dix-sept années, caractérise le protectorat des rois de France sur les catholiques du Levant: « On a décoré le zèle de nos rois de l'expression de protection de

trine exposée par M. le comte de Saint-Priest, et qu'il n'existe dans les capitulations de la France avec la Turquie aucun article qui ait trait à la protection des sujets mêmes de la Porte. »

Cela était vrai, était raisonnable, aussi cela paraît-il étrange; et si c'eût été un autre qu'un ambassadeur de l'ancienne monarchie qui eût jeté ce trait de lumière, il y aurait eu dans ce monde où l'on fait du bon ton et de la routine en pensant faire de la politique un tolle qui eût fini par ébranler l'opinion publique, fort mal éclairée, comme nous l'avons montré, il y a un moment, sur tout ce qui touche au protectorat religieux de la France en Orient et aux lieux saints. Heureusement la Russie ayant résolu de procéder par intimidation, les événements se précipitaient, et il fallut bien laisser là les difficultés soulevées par l'ignorance de certains diplomates et envenimées par le fanatisme étroit de nos consuls à Jérusalem. Une guerre, une grande guerre commençait de lever au loin sa crête rouge au-dessus des arrangements de 1815, dont les puissances du Nord n'ont jamais hésité à s'affranchir dès qu'elles y ont rencontré un obstacle à leurs projets sur la Pologne, par exemple.

### XIII.

Pendant que l'on appréciait ainsi la situation à Paris et que l'on y rendait possible par là un rapprochement sérieux avec l'Angleterre, le prince Menschikoff, se roidissant contre la résistance imprévue qu'il rencontrait, déployait une activité, montrait une fertilité d'expédients dignes d'une cause plus juste. Parfaitement secondé par M. Ozeroff, chargé d'affaires de Russie, et par le logothète Aristarchi, le vieil ambassadeur extraordinaire frappait partout où il croyait entrevoir une crainte, une faiblesse ou une imprévoyance.

La Porte n'avait pas voulu d'un traité; le prince avait proposé un sened ou convention emportant un engagement synallagmatique. Ayant rencontré encore un refus de ce côté, il se rejeta sur un projet de note qui, paraissant laisser au sultan l'initiative des mesures à prendre pour consolider les garanties accordées aux divers cultes chrétiens, lui enlevait de fait ses droits souverains sur tous ses sujets du rite grec. Ce projet de note est certainement libellé avec beaucoup d'art; toutefois il est difficile de comprendre comment le prince Menschikoff a pu imaginer que ses artifices de langage feraient illusion au gouvernement turc, ou tromperaient la clairvoyance, si épaisse qu'il voulût bien la supposer, des ambassadeurs de France et d'Angleterre.

Voici, au reste, ce document, que l'histoire conservera comme un monument d'audace et d'astuce :

*Projet de note.*

« La Sublime Porte, après l'examen le plus attentif et le plus sérieux des demandes qui forment l'objet de la mission extraordinaire confiée à l'ambassadeur de Russie prince Menschikoff, et après avoir soumis le résultat de cet examen à S. M. le sultan, se fait un devoir empressé de notifier par la présente à S. A. l'ambassadeur la décision impériale émanée à ce sujet par un iradé suprême en date du... (date musulmane et chrétienne).

» S. M. le sultan, voulant donner à son auguste allié et ami l'empereur de Russie un nouveau témoignage de son amitié la plus sincère et de son désir intime de consolider les anciennes relations de bon voisinage et de parfaite entente qui existent entre les deux Etats; plaçant en même temps une entière confiance dans les intentions constamment bienveillantes de S. M. I. pour le maintien de l'intégrité et de l'indépendance de l'empire ottoman, a daigné apprécier et prendre en sérieuse considération les représentations franches et cordiales dont l'ambassadeur de Russie s'est rendu l'organe en faveur du culte orthodoxe d'Orient professé par son auguste allié ainsi que par la majorité de leurs sujets respectifs.

» Le soussigné a reçu en conséquence l'ordre de donner, par la présente note, l'assurance la plus solennelle au gouvernement impérial de Russie, que représente, auprès de S. M. le sultan, S. A. le prince Menschikoff, sur la sollicitude invariable et les sentiments généreux et tolérants qui animent S. M. le sultan pour la sécurité et la prospérité dans ses Etats du clergé, des églises et des établissements religieux du culte chrétien d'Orient.

» Afin de rendre ces assurances plus explicites; préciser d'une manière formelle les objets principaux de cette haute sollicitude; corroborer, par des éclaircissements supplémentaires que nécessite la marche du temps, le sens des articles qui, dans les traités antérieurs conclus entre les deux puissances, ont trait aux questions religieuses, et prévenir enfin à jamais toute nuance de mésentendu et de désaccord à ce sujet entre les deux gouvernements, le soussigné est autorisé par S. M. le sultan à faire les déclarations suivantes :

» 1° Le culte orthodoxe d'Orient, son clergé, ses églises, ses possessions, ainsi que ses établissements religieux, jouiront dans l'avenir, sans aucune atteinte, sous l'égide de S. M. le sultan, des priviléges et immunités qui leur sont assurés *ab antiquo*, ou qui leur ont été accordés à différentes reprises par la faveur impériale, et, — dans un principe de haute équité, — participeront *aux avantages accordés aux autres rites chrétiens, ainsi qu'aux légations étrangères accréditées, par la Sublime Porte par convention ou disposition particulière.*

» 2° S. M. le sultan ayant jugé nécessaire et équitable de corroborer et d'expliquer son firman souverain revêtu du hatti-houmayoun, le 15 de la June de rébiul-akhir 1268 (16 février 1852), par son firman souverain du...... et d'ordonner en sus, par un autre firman en date du..... la réparation de la coupole du Saint-Sépulcre, ces deux firmans seront textuellement exécutés et fidèlement observés, pour maintenir à jamais le *statu quo* actuel des sanctuaires possédés par les Grecs exclusivement ou en commun avec d'autres cultes.

» Il est entendu que cette promesse s'étend également au maintien de tous les droits et immunités dont jouissent *ab antiquo* l'Eglise orthodoxe et son clergé, tant dans la ville de Jérusalem qu'en dehors, sans préjudice aucun pour les autres communautés chrétiennes.

» 3° Pour le cas où la cour impériale de Russie en ferait la demande, il sera assigné une localité convenable, dans la ville de Jérusalem ou dans les environs, pour la construction d'une église consacrée à la célébration du service divin par les ecclésiastiques russes, et d'un hospice pour les pèlerins indigents ou malades, lesquelles fondations seront sous la surveillance du consulat général de Russie en Syrie et en Palestine;

» 4° On donnera les firmans et les ordres nécessaires à qui de droit et aux patriarches grecs pour l'exécution de ces décisions souverai-

nes, et on s'entendra ultérieurement sur la régularisation des p[oints] de détail qui n'auront pas trouvé place tant dans les firmans con[cer]nant les lieux saints de Jérusalem que dans la présente notifica[tion].

» Le soussigné, etc., etc. »

C'était, d'une part, rouvrir la question des lieux saints, qui[close depuis le 5 mai par les firmans adressés à toutes les partie[s in]téressées; c'était, d'un autre côté, assimiler des communautés ou[légations étrangères aux grandes communautés sujettes de la P[orte] Ottomane et mettre par là un gouvernement dans le gouverne[ment] du sultan. Il n'y eut pas, nous devons le constater, un moment[d'hé]sitation dans le divan. Tous les ministres, tous les hauts fonc[tion]naires dont l'opinion fut consultée, déclarèrent d'une voix una[nime] qu'au lieu de rétracter ou d'obscurcir les engagements pris av[ec la] France, il convenait de les confirmer et de les élucider par de[s nou]veaux firmans qui furent à l'instant rédigés.

Le prince Menschikoff, informé que telle était la résolution du[gou]vernement ottoman, ne mit plus de bornes à son insolence; ca[r de] quel autre mot se servir pour qualifier la note suivante qu'ava[nt de] partir il adressa à la Sublime Porte ?

« Buyukdéré, 21 mai 1853.

» Au moment de quitter Constantinople, le soussigné, ambassa[deur] extraordinaire de S. M. l'empereur de toutes les Russies, a appri[s que] la Sublime Porte manifestait l'intention de proclamer une gar[antie] pour l'exercice des droits spirituels dont se trouve investi le c[hef] de l'Eglise d'Orient, ce qui de fait rendait douteux le maintie[n des] autres priviléges dont il jouit.

» Quel que puisse être le motif de cette détermination, le sous[signé] se trouve dans l'obligation de faire connaître à S. Exc. le min[istre] des affaires étrangères qu'une déclaration ou tel autre acte qui[ten]drait, tout en maintenant l'intégrité des droits purement spiri[tuels] de l'Eglise orthodoxe d'Orient, à invalider les autres droits, p[rivi]léges et immunités accordés au culte orthodoxe et à son clergé d[ès] les temps les plus anciens et dont ils jouissent encore actuelle[ment] serait considérée par le cabinet impérial comme un acte hostile[à la] Russie et à sa religion.

» *Signé* Menschikoff. »

L'ambassadeur extraordinaire du czar se tenant pour supéri[eur à] tous les usages de la politesse et même à tous les égards dus[aux] chefs des Etats, exigea d'une manière impérieuse, insolite, un[e au]dience du sultan. Il passa à toute vapeur devant la résidence d'ét[at des] ministres, avec lesquels il devait conférer, et ne s'arrêta que d[evant] le palais impérial. Abd-ul-Medjid hésita d'abord sur l'accueil[qu'il] devait faire à une exigence si mal d'accord avec le cérémonial[et le] respect usité en de telles occasions; puis il se décida à receve[oir le] prince en disant : « Il est bon qu'il sache de ma bouche que me[s mi]nistres ne sont que les organes fidèles de mes inébranlables ré[solu]tions. »

C'est en sortant de l'audience impériale que M. l'ambassadeu[r ex]traordinaire se résolut sérieusement à partir, en laissant derrièr[e lui] la menace formulée dans la note que nous venons de transcrire.

## XIV.

Le prince Menschikoff avait-il outre-passé ses pouvoirs? ava[it-il] dans ses procédés manqué aux égards que se doivent des gouve[rne]ments en rapports de paix et d'amitié politique? Ces menaces à[l'air de partir d'un suzerain à un vassal oublieux de ses de[voirs] étaient-elles l'expression de la pensée et de la volonté du czar? To[utes] ces questions que, dans leur simplicité, voulaient bien encore[se] dresser certains hommes politiques, furent résolues par la le[ttre] adressée de Pétersbourg, 31 mai, à Réchid-Pacha, par M. de Ne[ssel]rode, chancelier de l'empire de Russie. Le prince Menschikof[f fut] approuvé par l'empereur et dans le fond et dans la forme de[ ses] actes. Le projet de note laissé par le prince Menschikoff n'est[pas] un simple projet, c'est une note qu'il faut signer *sans varia[ntes*,] sinon, dans quelques semaines, les troupes de S. M. I. franchiro[nt la] frontière, non pour faire la guerre, qu'il répugne à l'empereur N[ico]las d'entreprendre contre un souverain qu'il considère comme[un] allié sincère, mais pour prendre des garanties matérielles jusqu['à ce] que la Russie ait obtenu les sûretés morales qu'elle réclame en[vain] depuis deux ans.

Dans les actes du prince Menschikoff on sentait à travers les d[oubles] précautions diplomatiques la colère chaude du sanglier s'efforçan[t de] rompre les rets qui le retiennent; dans les notes de M. de Nessel[rode] on va sentir le venin et le sang-froid du boa moscovite.

*Lettre adressée par le comte de Nesselrode à Réchid-Pacha, ministre des affaires étrangères.*

« Saint-Pétersbourg, le 19-31 mai 1853.

» Monsieur,

» L'empereur, mon auguste maître, vient d'être informé que[son] ambassadeur a dû quitter Constantinople à la suite du refus pére[m]

de la Porte de prendre vis-à-vis de la cour impériale de Russie
oindre engagement propre à la rassurer sur les intentions pro-
rices du gouvernement ottoman à l'égard du culte et des Églises
odoxes en Turquie.

C'est après un séjour infructueux de trois mois; après avoir
sé de vive voix et par écrit tout ce que la vérité, la bienveillance
sprit de conciliation pouvaient lui dicter; c'est enfin après avoir
ché à ménager tous les scrupules de la Porte par les modifica-
s successives auxquelles il avait consenti, dans les termes et la
ne des garanties qu'il était chargé de demander, que le prince
schikoff a dû prendre la détermination que l'empereur apprend
peine, *mais que Sa Majesté n'a pu qu'approuver pleinement.*

Votre Excellence est trop éclairée pour ne pas prévoir les consé-
nces de l'interruption de nos relations avec le gouvernement de
Hautesse. Elle est trop dévouée aux intérêts véritables et perma-
s de son souverain et de son empire, pour ne pas éprouver un
ond regret en prévision des événements qui peuvent éclater, et
la responsabilité pèsera tout entière sur ceux qui les provoquent.

Aussi, en adressant aujourd'hui cette lettre à Votre Excellence,
ai d'autre but que de la mettre à même, tant qu'elle le peut en-
, de rendre un très important service à son souverain. Mettez
ore une fois, monsieur, sous les yeux de S. H. la situation réelle
choses; la modération et la justice des demandes de la Russie,
rès-grande offense que l'on fait à l'empereur en opposant à ses
ntions si constamment amicales et généreuses une méfiance sans
ifs et des refus sans excuses.

La dignité de S. M., les intérêts de son empire, la voix de sa
science, ne lui permettent pas d'accepter des procédés pareils en
ur de tous ceux qu'elle a eus et qu'elle désire encore avoir pour
Turquie. Elle doit chercher à en obtenir la réparation et à se
munir contre leur renouvellement à l'avenir.

Dans quelques semaines, les troupes recevront l'ordre de passer
frontières de l'empire, non pas pour faire la guerre, qu'il répugne
M. d'entreprendre contre un souverain qu'elle s'est toujours
à considérer comme un allié sincère, mais pour avoir des garan-
matérielles jusqu'au moment où, ramené à des sentiments plus
itables, le gouvernement ottoman donnera à la Russie les sûretés
rales qu'elle a demandées en vain depuis deux ans par ses repré-
tants à Constantinople, et en dernier lieu par son ambassadeur.
projet de note que le prince Menschikoff vous a remis se trouve
re vos mains; que Votre Excellence se hâte, après avoir obtenu
sentiment de S. H. le sultan, de signer cette note *sans variantes,*
le la tansmettre, au plus tôt, à notre ambassadeur à Odessa, où
oit se trouver encore.

Je souhaite vivement que, dans ce moment décisif, le conseil
e j'adresse à Votre Excellence avec la confiance que ses lumières
son patriotisme m'inspirent, soit apprécié par elle comme par ses
lègues du divan, et que dans l'intérêt de la paix, que nous devons
e tous également désireux de conserver, il soit suivi sans hésita-
n ni retard.

» Je prie Votre Excellence, etc., etc., etc.

» *Signé* Nesselrode. »

## XV.

Pendant que cette lettre court sur la route de Pétersbourg à Con-
ntinople, où elle rencontrera une réponse modeste mais ferme, il
nvient de faire quelques pas en arrière pour constater l'effet en
parence semblable et au fond très-différent produit d'abord sur les
uvernements de France et d'Angleterre par la mission du prince
enschikoff.

Lorsque cet ambassadeur extraordinaire du czar arriva à Constan-
nople avec un fracas, une pompe, un cortége de clients, faisant
sez présager les intentions finales de l'autocrate, quelques mem-
es du divan s'adressèrent au colonel Rose, chargé d'affaires d'An-
eterre en l'absence de lord Strafford de Redcliffe, et le prièrent
appeler la flotte anglaise dans les eaux de la Turquie. Le colonel
ose communiqua ce vœu du gouvernement turc à l'amiral Dundas,
i ne crut pas devoir y déférer. La réserve de l'amiral fut approu-
e par le cabinet de Londres, dont le chef, lord Aberdeen, aveugle
lontaire, s'obstinait à ne voir que la question des lieux saints dans
question d'Orient, c'est-à-dire le prétexte et non la cause.

La flotte française de la Méditerranée reçut toutefois, le 20 mars,
ordre de se rendre dans l'archipel grec, afin de se trouver à portée
es événements. Mais l'escadre anglaise resta immobile à Malte, et
ors commencèrent les ricanements de ceux qui déclaraient impos-
ble une alliance ou du moins une action commune de guerre entre
Angleterre et la France. Les ricanements ont cessé, l'incrédulité
bsiste encore à demi. Nous regrettons cette défiance que rien n'a
u complètement abattre, car elle enlève aux deux grandes nations
Lérales de l'Europe une certaine partie de la force morale qui ré-
alterait de la foi publique en la sincérité de leur alliance. Mais
our être vrai, il faut reconnaître que les torts sont ici du côté du
ouvernement britannique. Ce gouvernement n'a consenti qu'à des
imulacres et à des parades tant qu'il n'a pas eu la main forcée par le
peuple anglais, qui, depuis que la lutte est imminente en Orient, a
montré qu'il savait être l'ami de la France après avoir été son plus
ardent ennemi.

Rien devant l'histoire ne pourra justifier les combinaisons de 1815,
fruit de la violence et de la plus vaste tromperie dont jamais les peuples aient été victimes. Toutefois, l'amertume de ce ressouvenir est
adoucie par ce fait qu'à travers les mailles d'un congrès de princes
réunis pour emprisonner les droits des nations il est sorti une liberté
de presse et de tribune qui a noyé dans des flots de lumière les préjugés, les haines, les malentendus au moyen desquels on avait pu
durant des siècles maintenir dans un état de lutte furieuse l'Angleterre et la France, dont l'union est un gage assuré pour l'Europe du
progrès continu de la civilisation, soit par la paix, soit par la guerre
L'épée du soldat est comme le scalpel du chirurgien, un instrument
de douleur et de salut; il ne faut que savoir l'employer à propos et
sans hésitation.

On va voir si cette double règle a été suivie dans la guerre d'O-
rient, car c'était bien la guerre à dater de la lettre de M. de Nesselrode, la menace et le geste d'une injure valant cette injure reçue.

Le 9 mars, lord Redcliffe retournant à son poste d'ambassadeur à
Constantinople, avait été reçu en audience aux Tuileries. Dès les
premiers jours d'avril il avait été reçu par le sultan. M. de la Valette,
parti le 25 février en vertu d'un congé, avait été remplacé par M. de
Lacour, dont la république de 1848 a eu la fantaisie de faire la fortune. Les indécences diplomatiques du prince Menschikoff n'avaient
donc point manqué de témoins officiels. Il y a plus, les prétentions
de la Russie avaient paru telles aux cabinets de Paris et de Londres,
que le 4 juin, à peu près en même temps que le chancelier de l'empire russe demandait, sous peine de saisie des principautés du Danube, l'adoption sans variantes de la note laissée par le prince
Menschikoff, les flottes anglaise et française recevaient l'ordre de se
rendre dans la baie de Besika, à l'entrée des châteaux des Dardanelles, où elles devaient être arrivées le 13 ou le 14 du même mois.

L'amiral français Lassusse, par des motifs restés ignorés du public, s'étant laissé distancer d'un jour par l'amiral anglais Dundas,
eut presque immédiatement pour successeur l'amiral Hamelin, qui
ne le cède à personne en courage, en talent, en ferme et calme résolution. Mais ce ne fut là qu'un incident sans portée politique, le
commandement de l'escadre française n'ayant pas cessé une heure
d'être en des mains dignes de conduire nos matelots au combat.

Tout était donc prêt pour soutenir efficacement la Turquie dans
son droit, si lord Aberdeen n'eût pas été résolu à limiter l'intervention de l'Angleterre à des semblants d'action et de dignité.

Dans la suite de ce livre viendra le moment d'indiquer les causes
qui ont permis à un ministre, qui n'est au premier rang ni pour la capacité ni pour le caractère, de tenir l'opinion de son pays en échec et
de garder le pouvoir, bien que se trouvant à tout moment en minorité
dans le cabinet dont il est le chef nominal. Avant cette élucidation
d'une situation dont heureusement les périls sont passés, nous avons
à enregistrer des actes dont la connaissance est indispensable au public pour prononcer en connaissance de cause sur le mérite comparé
de la politique de la France et de la politique de l'Angleterre en
Orient.

## XVI.

Afin de prouver, par un acte qui ne pût laisser aucun doute dans
l'esprit et la conscience des hommes de bonne foi, que les chrétiens
du rite grec n'éprouvaient aucun besoin de protection extérieure, le
sultan rendit, vers le commencement de juin, le firman qu'on va
lire, et qui fut communiqué à toutes les ambassades et légations
étrangères.

*Nouveau firman accordé par le sultan Abd-ul-Medjid au patriarche
de l'Église grecque orthodoxe.*

« Ceci est le commandement adressé au moine Germanos, le patriarche grec de Constantinople, et à ceux qui dépendent de lui.

» Le Dieu tout-puissant, souverain dispensateur des grâces, après
avoir, par sa divine assistance et sa volonté éternelle, élevé ma personne impériale au rang suprême de sultan et à la glorieuse dignité
de prince et de calife, a placé sous la juste autorité de mon califat,
comme un dépôt particulier et sacré, un grand nombre de pays et
de contrées et beaucoup de nations et de populations diverses.

» Depuis mon heureux avénement au trône, mon gouvernement
impérial, se ralliant à mes intentions sincèrement bienveillantes et à
mes vœux réels, et remplissant les devoirs impérieux de la royauté
et de la souveraineté, aussi bien que les saintes obligations du califat, n'a pas cessé, avec l'assistance de la faveur divine et les grâces
du Tout-Puissant, d'appliquer ses soins les plus actifs et ses efforts
les plus persistants à assurer aux sujets de toutes les classes une protection entièrement efficace, et à leur garantir avant tout la jouissance complète des priviléges dont ils ont été investis de tous les
temps pour l'exercice de leur culte et l'administration de leurs intérêts ecclésiastiques. Aussi les heureux effets et les résultats salutaires
de cette ligne de conduite ne cessent-ils de se manifester au monde.

.. » Le plus cher de mes vœux étant de faire disparaître complètement certains abus que la négligence et la paresse ont peu à peu en-
racinés et d'en éviter le retour pour l'avenir, je veux et je désire
vivement préserver dans toutes les circonstances de toute atteinte les
priviléges particuliers que nos glorieux prédécesseurs ont octroyés aux
ecclésiastiques de ceux de mes fidèles sujets qui professent la religion
grecque, priviléges qui leur ont été conservés et sanctionnés par ma
personne impériale ; conserver intacts les églises et couvents grecs
situés dans mes Etats, avec les biens, immeubles et institutions ecclésiastiques qui en dépendent ; garantir le maintien des droits et des
immunités dont jouissent ces objets sacrés et leur clergé ; en un mot,
maintenir les priviléges et les concessions de ce genre formulés dans
les *berats* des patriarches et des métropolitains qui contiennent les
anciennes conditions de leur investiture.

» C'est pourquoi est publié un ordre péremptoire et souverain, aux
termes duquel doivent être répétées et proclamées de nouveau mes
intentions impériales à cet égard. Qu'on se garde de porter la moindre
atteinte à l'état de choses défini plus haut, et qu'on sache que ceux
qui contreviendraient à mon commandement s'exposeraient à ressen-
tir les effets de ma colère impériale.

» Cet ordre est porté à la connaissance des autorités compétentes
afin de leur enlever tout moyen d'excuse pour le cas où la moindre
négligence à cet égard pourrait leur être reprochée.

» Et c'est pour manifester de nouveau ma haute volonté impériale,
en ce qui touche la complète et efficace exécution des ordres qui précèdent, que le présent firman est délivré par mon divan impérial.

» Toi donc, qui es le patriarche sus-mentionné, quand tu en auras
eu connaissance, tu agiras constamment conformément aux prescriptions de ce firman ; tu éviteras de l'enfreindre, et si quelque chose
arrive de contraire aux résolutions catégoriques qui y sont exprimées,
tu t'empresseras de le porter à la connaissance de la Sublime Porte.
Sache-le, et aie foi dans cet auguste seing.

» Donné dans la dernière décade du mois de scheban 1269 (fin de
mai et commencement de juin 1853). »

Des firmans confirmatifs de leurs priviléges avaient été précédemment accordés aux autres communautés non musulmanes pour la
confirmation de leurs priviléges, dont nous avons fait connaître l'importance et l'étendue. Ces communautés avaient remercié le sultan
par des adresses semblables à celle-ci et pour le fond et pour la
forme :

### Adresse des patriarches métropolitains, évéques et chefs de corporations grecques.

« Les patriarches grecs de Constantinople et de Jérusalem, les métropolitains et les évêques de premier ordre, les notables de la nation
et les chefs de la corporation, sujets de la Sublime Porte, soumettent
la présente adresse aux pieds du trône sublime plein de justice, et
du seuil impérial et miséricordieux (qu'il soit conservé jusqu'à la fin
du monde !).

» Notre humble nation, qui se glorifie de sa fidèle sujétion et soumission au gouvernement impérial (d'éternelle durée) de S. M. le
sultan, notre maître bienfaisant, ayant convoqué un conseil général
à notre patriarcat, à l'occasion de la lecture (en présence de vos serviteurs les métropolitains, les notables de la nation et les chefs des
diverses corporations qui se trouvent à Constantinople) du firman
impérial, revêtu du hatti-schérif de S. M. notre très-auguste souverain, et émané dernièrement au nom de notre patriarche, votre serviteur, dans le but de confirmer les conditions particulières, priviléges spirituels et concessions accordés par les grands sultans et
empereurs (de glorieuse mémoire), et que S. M. notre auguste
maître et bienfaiteur, s'est plu à maintenir depuis qu'elle a commencé
à faire briller sa justice du sommet du trône majestueux du sultanat,
d'éviter les abus qui auront eu lieu par suite de quelque négligence
ou inattention, de conserver en tout temps intacts et d'exécuter entièrement et exactement les immunités et les droits particuliers des
églises, monastères et des terres, propriétés et autres endroits et
sanctuaires qui en dépendent, enfin les priviléges et immunités con-
tenus dans les *berats* relatifs aux anciennes concessions et donnés au
patriarche actuel, aux métropolitains et archevêques, les soussignés,
sujets fidèles, furent comblés d'une joie infinie et d'une reconnaissance
éternelle. Il est hors du cercle de la possibilité de faire en actes ou en
paroles les remercîments dus pour une seule des bontés, priviléges
et concessions accordés à notre humble nation d'une manière propre
à attirer la jalousie des autres nations et faire la gloire de la nôtre,
suivant la miséricorde ordinaire de S. M. I. le très-auguste et très-
puissant sultan, miséricordieux envers tous, loué pour ses actions,
bienfaiteur du monde, notre bienfaiteur particulier, ornement de la
couronne des sultans, et faisant l'admiration des souverains du temps
et de la terre par ses bontés et par ses perfections.

» Tout le monde connaît la sûreté et la tranquillité de tous les
sujets sont parfaites, grâce à la protection pleine de justice du gouvernement impérial, auquel est confié, comme un gage divin, le
bien-être et le contentement de tous les habitants des Etats impériaux. Ainsi, notre nation considère comme le premier de ses devoirs

de religion et de loi de rester, de tout son cœur et de toute son
constante à jamais dans sa sujétion et sa soumission au gouverne-
impérial, et de verser jusqu'à la dernière goutte de son sang
l'auguste personne de S. M. I., et elle fait des prières ardentes à
tout-puissant, nuit et jour, avec ses enfants et ses familles, la
découverte et versant des larmes, pour qu'il préserve l'auguste
sonne de S. M. notre magnanime souverain sur le trône du sult
d'éternelle durée, en bonne santé et pour de longues années, et
conserve les ministres du gouvernement impérial qui sont l'inte
diaire de tant de bontés impériales dans l'honneur et la gloire,
la gracieuse bienveillance de S. M. I. Nous prions Votre Altes
vouloir bien prendre connaissance de la présente adresse, et de
mettre au pied du trône du très-auguste sultan, ombre divine,
parfaite reconnaissance, notre joie et nos remercîments sincères

Et qu'on n'imagine pas que ce soient là des formules imposée
la peur. Si l'on a lu avec quelque attention les explications qu
été données dans la première partie de cet ouvrage, on a dû r
convaincu que, sous aucune espèce de gouvernement chrétien
moins sous le gouvernement russe que sous tout autre, les pat
ches et leur clergé n'auraient ni autant d'autorité sur les fidèle
autant de pouvoirs civils et administratifs qu'ils en possèdent
le gouvernement des sultans. L'intérêt des patriarches et de
métropolitains, est ici l'infaillible garant de leur sincérité. Qu
ait parmi les Grecs d'origine, et même parmi les autres chrétien
rite grec, un certain nombre de turbulents, et de séduits soi
l'or russe, soit par le rêve de la résurrection d'un empire gr
Byzance, cela ne saurait être contesté, nous l'avons déjà dit et
sons devoir le redire encore ; mais encore une fois aussi, malgr
plaintes qui s'élèvent ici et là de temps à autre, et qu'on exagère,
mense majorité des chrétiens d'Orient, sans renoncer aux béu
et aux promesses de l'avenir, n'hésite pas à se prononcer pour le
tan contre le czar. C'est même là un trait de bon sens et la ma
d'un sentiment de la vraie liberté qui doivent rendre ces chré
plus chers à leurs frères d'Occident. Pencher du côté des Ru
c'est une preuve que Dieu nous a destitués du sens de la di
humaine.

Voici maintenant en quels termes la Porte Ottomane déclin
exigences énoncées par le prince Menschikoff, et signifiées en
d'une manière si outrageuse par M. le chancelier de l'empire :

*Réponse de Réchid-Pacha à la lettre en date du 19-31 mai
de M. le comte de Nesselrode.*

Sublime Porte, 15 juin.

« MONSIEUR,

» Je me suis empressé de mettre sous les yeux de S. M. le su
mon auguste maître, la dépêche que Votre Excellence m'a fait l'
neur de m'adresser le 19 mai dernier.

» S. M. le sultan a toujours montré en toute occasion les
grands égards pour S. M. l'empereur de Russie, qu'il considère co
son allié sincère et comme un voisin bien intentionné ; la Sub
Porte, ne mettant nullement en doute les intentions généreus
l'empereur, a ressenti un profond chagrin de l'interruption des
tions survenue malheureusement parce qu'on n'a pas bien con
peut-être l'impossibilité réelle où elle se trouvait, à propos
question soulevée par M. le prince Menschikoff, de consigner
un engagement diplomatique les priviléges religieux accordés au
grec. Toutefois, elle éprouve la consolation de voir que, pour sa
elle n'a nullement contribué à amener un semblable état de ch

» En effet, le gouvernement ottoman a montré dès le princip
meilleures dispositions et offert toutes les facilités relativeme
toutes les questions que M. le prince Menschikoff était chargé de
gler d'après les ordres de l'empereur, et même, dans une ques
aussi délicate que celle des priviléges religieux de l'Eglise grec
s'inspirant encore de ses sentiments pacifiques, et ne refusant pa
assurances qui pouvaient faire disparaître et réduire à néant tou
doutes qui auraient pu s'élever à cet égard, la Porte espérait sur
de la sagesse reconnue du prince Menschikoff que cet ambassa
se montrerait satisfait du projet de note qui lui avait été transmi
dernier lieu, et qui contenait toutes les assurances demandées ;
qu'il en soit, un fait regrettable s'est produit.

» Il est vrai que S. A. le prince Menschikoff a, la seconde
abrégé la minute du *sened* qu'il avait donné d'abord, et, en don
à la fin un projet de note, il a fait quelques changements, soit
les termes, soit dans la rédaction et le titre de la pièce. Mais le
d'un engagement s'y trouvait toujours, et comme cet engagemen
plomatique ne peut s'accorder ni avec l'indépendance du gouve
ment ottoman, ni avec les droits de son autorité souveraine, o
pouvait donner aux motifs d'impossibilité réelle présentés sur ce p
par la Porte le nom de refus, et faire de cela une question d'hon
pour S. M. l'empereur de Russie.

» De plus, si on se plaint de cette impossibilité en l'attribua
un sentiment de défiance, la Russie, en ne tenant aucun compt
toutes les assurances offertes de la manière la plus solennelle pa
Sublime Porte, et en déclarant qu'il était indispensable de les co

dans un acte ayant force d'engagement, ne donne-t-elle pas
t une preuve patente de son manque de confiance envers le
vernement ottoman, et celui-ci n'a-t-il pas, à son tour, le droit
'en plaindre?

Toutefois, il s'en remet, pour répondre sur ces deux points, à
ute justice si connue de l'empereur de Russie, ainsi qu'à la
e raison et aux sentiments éminemment pacifiques de Votre Ex-
nce, que chacun, d'ailleurs, a pu reconnaître et apprécier.

S. M. le sultan, par un firman impérial revêtu de son auguste
i-schérif, vient de confirmer de nouveau les priviléges, droits et
unités dont les religieux et les églises du rite grec jouissent *ab
quo*.

La Sublime Porte n'hésitera jamais à maintenir et à donner les
rances contenues et promises dans le projet de note remis au
ce Menshikoff peu avant son départ. La dépêche reçue de la part
otre Excellence parle de faire passer les frontières aux troupes
es. Cette déclaration est incompatible avec les assurances de
et de bon vouloir de S. M. l'empereur. Elle est, en vérité, si
raire à ce que l'on est en droit d'attendre de la part d'une puis-
e amie, que la Porte ne saurait comment l'accepter. Les prépa-
s militaires et les travaux de défense ordonnés par la Porte, ainsi
lle l'a déclaré officiellement aux puissances, ne sont donc néces-
que par les armements considérables de la Russie.

Ils ne constituent qu'une mesure purement défensive. Le gou-
ement du sultan, n'ayant aucune intention hostile contre la
sie, exprime le désir que les anciennes relations, que Sa Majesté re-
e d'ailleurs comme si précieuses, et dont les nombreux avantages
manifestes pour les deux parties, soient rétablies dans leur état
itif.

J'espère que la cour de Russie appréciera avec un sentiment de
iante considération les intentions sincères et loyales de la Su-
me Porte, et tiendra compte de l'impossibilité réelle où elle se
ve de déférer aux désirs qui lui ont été exprimés. Que cette im-
ibilité soit appréciée comme elle mérite de l'être, et la Sublime
te, je puis l'assurer à Votre Excellence, n'hésitera pas à charger
ambassadeur extraordinaire de se rendre à Pétersbourg pour y
uer les négociations, et chercher, de concert avec le gouverne-
t de S. M. l'empereur de Russie, un accommodement qui, tout en
t agréable à Sa Majesté, serait tel que la Porte pourrait l'accepter
s porter aucune atteinte soit aux bases de son indépendance, soit
utorité souveraine de S. M. le sultan.

Votre Excellence peut tenir pour certain que, pour ma part,
elle ce résultat de tous mes vœux, j'aime à croire que de son
il en est de même.

Je prie Votre Excellence, etc.

» Signé Réchid. »

e gouvernement ottoman est, comme on le voit, fidèle à la mo-
ation quoiqu'au moment où il parle les flottes combinées arri-
t à Bésika et qu'il dût lui sembler permis, plus peut-être que cela
le lui était alors en réalité, de compter sur l'appui des deux
ndes nations occidentales. Poussant plus loin encore le désir d'é-
ter de lui toute responsabilité si la guerre devenait inévitable, le
an, par une notification en date du 4 juin, adressée à toutes les
ssances, s'était excusé, en quelque sorte, de mettre en état de dé-
se son empire menacé d'invasion.

#### LE SULTAN ABD-UL-MEDJID.

### I.

es Russes ne sont pas seuls à s'être mépris sur la portée d'intelli-
nce, l'énergie morale et physique du fils de Mahmoud. Pour qui a
vi attentivement ses actes depuis le 2 juillet 1839, qu'âgé de seize
s à peine, il succéda à son père et ceignit le sabre d'Ottman dans
mosquée d'Eyoub, il n'est pourtant pas trop difficile, ce nous
oble, d'expliquer Abdul Medjid.

Il a été patient devant les difficultés qui environnent son trône
rce qu'il a compris qu'étant jeune il avait un long avenir devant
. Il a été patient aussi parce qu'il a compris que l'autorité, quand
e ne court pas dans le sens des traditions et de la passion populaire,
besoin d'attendre le respect qui s'attache à l'âge mûr. Il a été pa-
nt, enfin, parce que son père ayant renversé, c'était à lui d'édifier,
qu'on n'établit rien de durable si l'on n'appelle le temps en aide
ur ouvrir les esprits aux idées nouvelles.

Probablement le sultan ne s'est pas fait de tels raisonnements en la
me où nous les exposons. Il a d'abord obéi à la modestie d'un bon
urel, qui ne voit pas dans la puissance souveraine un moyen de
nner cours à des volontés de jeune homme ; le reste est venu de
-même comme viennent les choses humaines, moitié par instinct,
tuition, moitié par calcul et tension d'esprit.

Trois mois après être monté sur le trône, Abd-ul-Medjid promul-
ait le hatti-schérif de Gulhané, qui est la charte de l'empire otto-
an. On a pu dire que le sultan, atteignant à peine à la majorité, qui

est fixée à seize ans chez les Turcs, n'avait pas mesuré toute la portée
de cet acte, qu'il acceptait sans contrôle de la main des anciens conseillers et amis de son père. C'est une erreur. Le hatti-schérif de Gulhané ne renferme que des déclarations et des promesses que toute intelligence, si jeune et si peu exercée qu'elle soit encore, peut nettement comprendre. D'ailleurs, si le pouvoir finit trop souvent par
corrompre et fausser l'esprit, il commence presque toujours par l'il-
luminer d'un jour soudain, et cela est si vrai que l'histoire abonde en
bons commencements de règne. C'est la suite qu'il faut voir. Or, la
suite a prouvé qu'en promulguant la charte de 1839, Abdul-Medjid
était pénétré jusqu'au fond du cœur des principes qu'elle proclame.

Voici la traduction fidèle de cet acte dont on parle chaque jour,
et qui n'est connu que par fragments et par à peu près.

### II.

#### *Hatti-schérif de Gulhané.*

« Tout le monde sait que dans les premiers temps de la monarchie
ottomane, les préceptes du glorieux Coran et les lois de l'empire
étaient une règle toujours honorée. En conséquence, l'empire crois-
sait en force et en grandeur, et tous les sujets, sans exception,
avaient acquis au plus haut degré l'aisance et la prospérité.

» Depuis cent cinquante ans, une succession d'accidents et de
causes diverses ont fait qu'on a cessé de se conformer au code sacré
des lois et aux règlements qui en découlent, et la force et la prospérité intérieures se sont changées en faiblesse et en appauvrissement.
C'est qu'en effet un empire *perd toute stabilité quand il cesse d'observer les lois.*

» Ces considérations sont sans cesse présentes à notre esprit, et
depuis le jour de notre avénement au trône, la pensée du bien public, de l'amélioration de l'état des provinces et du *soulagement des
peuples* n'a cessé de nous occuper uniquement. Or, si on considère la
position géographique des provinces ottomanes, la fertilité du sol,
l'aptitude et l'intelligence des habitants, on demeure convaincu
qu'en s'appliquant à trouver les moyens efficaces, le résultat, qu'avec
le secours de Dieu nous espérons atteindre, peut être obtenu dans
l'espace de quelques années.

» Ainsi donc, plein de confiance dans le secours du Très-Haut,
appuyé sur l'intercession de notre prophète, nous jugeons convenable
de chercher, *par des institutions nouvelles*, à procurer aux provinces
qui composent l'empire ottoman le bienfait d'une bonne administration.

» Ces institutions doivent porter principalement sur trois points :

» 1° Les garanties qui assurent à nos sujets une parfaite sécurité
quant à *leur vie, leur honneur et leur fortune ;*

» 2° Un mode régulier d'asseoir et de prélever les impôts ;

» 3° Un mode également régulier pour la levée des soldats et la
durée de leur service.

» En effet, la vie et l'honneur ne sont-ils pas les biens les plus
précieux qui existent ? Quel homme, quel que soit l'éloignement que
son caractère lui impose pour la violence, pourra s'empêcher d y
avoir recours, et de nuire par là *au gouvernement et au pays*, si sa
vie et son honneur sont mis en danger ? Si, au contraire il jouit à
cet égard d'une sécurité parfaite, il ne s'écartera pas des voies de la
loyauté, et tous ses actes concourront au bien du gouvernement et
de *ses frères.*

» S'il y a absence de sécurité à l'égard de la fortune, tout le monde
reste froid à la voix du *prince* et de la *patrie ;* personne ne s'occupe
du progrès de la fortune publique, absorbé qu'il est par ses propres
inquiétudes. Si, au contraire, *le citoyen* possède avec confiance ses
propriétés de toute nature, alors, plein d'ardeur pour ses affaires,
dont il cherche à étendre le cercle, *afin d'étendre celui de ses jouissances*, il sent chaque jour redoubler en son cœur l'amour du prince
et de la patrie, le dévoument à son pays, et ces sentiments deviennent en lui la source des actions les plus louables.

» Quant à l'assiette régulière et fixe des impôts, il est très-impor-
tant de régler cette matière, car l'État, qui pour la défense de son
territoire est obligé à des dépenses diverses, ne peut se procurer l'argent nécessaire pour ses armées et autres services que par les contributions levées sur ses sujets.

» Quoique, grâce à Dieu, ceux de notre empire soient pour quelque temps délivrés du fléau des monopoles, regardés mal à propos
autrefois comme une source de revenus, un usage funeste subsiste
encore, quoiqu'il ne puisse avoir que des conséquences désastreuses ;
c'est celui des concessions vénales connues sous le nom d'*Ittizam.*

» Dans ce système, l'administration civile et financière d'une localité est livrée à l'arbitraire d'un seul homme, c'est-à-dire quelquefois
à la main de fer des passions les plus violentes et les plus cupides,
car, si ce fermier n'est pas bon, il n'aura d'autre soin que celui de
son propre avantage.

» Il est donc nécessaire que désormais chaque membre de la société ottomane soit taxé pour une quotité d'impôt déterminée, en
raison *de sa fortune et de ses facultés*, et que rien au delà ne puisse
être exigé de lui.

» Il faut aussi que des lois spéciales fixent et limitent les dépenses de nos armées de terre et de mer.

» Bien que, comme nous l'avons dit, la défense du pays soit une chose importante, et que ce soit un devoir pour tous les habitants de fournir des soldats à cette fin, il est nécessaire d'établir des lois pour régler le contingent que devra fournir chaque localité, selon les nécessités du moment, et pour réduire à quatre ou cinq ans le temps du service militaire. Car c'est à la fois faire une chose injuste et *porter un coup mortel à l'agriculture et à l'industrie du pays*, que de prendre, sans égard à la population respective des lieux, dans l'un plus, dans l'autre moins d'hommes qu'ils n'en peuvent fournir; de même que c'est réduire les soldats au désespoir et contribuer à la dépopulation du pays que de les retenir toute leur vie au service.

» En résumé, sans les diverses lois dont on vient de voir la nécessité, il n'y a pour l'empire ni force, ni richesse, ni bonheur, ni tranquillité; il doit, au contraire, les attendre de l'existence de ces lois nouvelles.

» C'est pourquoi désormais la cause de tout prévenu sera jugée publiquement, conformément à notre loi divine, après enquête et examen; et tant qu'un *jugement régulier* ne sera point prononcé, personne ne pourra, secrètement ou publiquement, faire périr une autre personne par le poison ou tout autre supplice.

» Il ne sera permis à personne de porter atteinte à l'honneur de qui que ce soit.

» Chacun possédera ses propriétés de toute nature et en disposera avec la plus entière liberté sans que personne puisse y porter obstacle; ainsi, par exemple, les héritiers innocents d'un criminel ne seront point privés de leurs droits légaux, et les biens du criminel *ne seront point confisqués*.

» Ces concessions impériales s'étendent à tous mes sujets de *quelque religion ou secte* qu'ils puissent être; ils en jouiront sans exception.

» Une sécurité parfaite est donc accordée par nous aux habitants de l'empire dans leur vie, leur honneur et leur fortune, ainsi que l'exige le texte sacré de notre loi.

» Quant aux autres points, comme ils doivent être réglés par le concours d'opinions éclairées, notre conseil de justice (augmenté de nouveaux membres autant qu'il sera nécessaire), auquel se réuniront, à certains jours que nous déterminerons, nos ministres et les notables de l'empire, s'assemblera à l'effet d'établir des lois réglementaires sur ces points de la sécurité de la vie et de la fortune, et sur celui de l'assiette des impôts.

» Les lois concernant la régularisation du service militaire seront débattues au conseil militaire tenant séance au palais du séraskier. Dès qu'une loi sera terminée, elle nous sera présentée, et afin qu'elle soit à jamais valable et exécutoire, nous la confirmerons de notre sanction que nous écrirons en tête, de notre main impériale.

» Comme ces présentes institutions n'ont pour but que de faire refleurir la religion, le gouvernement, la nation et l'empire, nous nous engageons à ne rien faire qui y soit contraire.

» En gage de notre promesse, nous voulons, après les avoir déposées dans la salle qui renferme le manteau glorieux du prophète, en présence de tous les ulémas et grands de l'empire, faire serment par le nom de Dieu et faire jurer ensuite les ulémas et les grands de l'empire.

» Après cela, celui des ulémas ou des grands de l'empire ou toute autre personne que ce soit, qui violerait ces institutions, subira, *sans qu'on ait égard au rang, à la considération et au crédit de personne*, la peine correspondant à sa faute, bien constatée. Un code pénal sera rédigé à cet effet.

» Comme tous les fonctionnaires de l'empire reçoivent aujourd'hui un traitement convenable, et qu'on régularisera les appointements de ceux dont les fonctions ne sont pas encore suffisamment rétribuées, une loi rigoureuse sera portée *contre le trafic de la faveur et des charges (richvet)* que la loi divine réprouve, et qui est une des principales causes de la décadence de l'empire.

» Les dispositions ci-dessus arrêtées étant une altération et une rénovation complète des anciens usages, ce rescrit impérial sera publié à Constantinople et dans tous les lieux de notre empire, et devra être communiqué officiellement à tous les ambassadeurs des puissances amies résidant à Constantinople, *pour qu'ils soient témoins* de l'octroi de ces institutions, qui, s'il plaît à Dieu! dureront à jamais.

» Sur ce, que Dieu très-haut nous ait tous en sa sainte et digne garde!

» Que ceux qui feront un acte contraire aux présentes institutions soient l'objet de la malédiction divine, et privés pour toujours de toute espèce de bonheur! »

### III.

Cette charte, puisque tel est le nom donné en Occident au hatti-schérif de Gulhané, contient de nombreuses et vastes promesses. Si toutes étaient remplies, la transfiguration de la Turquie serait consommée. Des soixante-douze races ou sous-races qui vivent dans l'empire du sultan, un seul peuple se serait formé, et sans forcer la

vérité, on pourrait dire le peuple ottoman comme on dit le p français qui, lui aussi, s'est formé de races et de nations diverse n'est point là qu'en est la Turquie encore. La lumière mauiée p pouvoir habile acquiert la puissance de fondre ensemble les e les plus différents; puis, de cette lave intellectuelle qui court le moule des lois, résulte un esprit composite à bon droit appe nie national. Mais le temps et la patience sont les ingrédients i pensable de ces grandes œuvres. Il faut rendre les anciennes so malléables par la chaleur et la clarté vivifiantes du progrès, n rompre avec le marteau pour les retailler avec la hache, ains Pierre Ier la Russie, où la civilisation est acceptée seulement c moyen de faire triompher la barbarie.

Mahmoud, le terrible Mahmoud, a, plus judicieusement qu' le suppose, choisi pour les abattre les branches déjà abandonné la séve. Il a été patient parce qu'il était fort. Abd-ul-Medjid e tient parce qu'il est jeune et se sent devenir fort par l'exercic déré de sa puissance. Nombre de réformes dont l'Europe n' tenu, jusqu'à présent, un compte équitable, ont été faites s règne d'Abd-ul-Medjid. Le *Tanzimat* (règlement) a partout se développé des germes de progrès. La féodalité et les janissaires a été abattus, le but était marqué, la route tracée par Mahmo fallait la parcourir d'un pied prudent et sûr. L'éducation natio été réorganisée, la propriété garantie, l'administration rendue forme; des tribunaux mixtes, devant lesquels le serment de to reçu, prêté en la forme prescrite à chacun par sa religion, o établis à Constantinople, et de proche en proche étendus à tou grandes localités, d'où ils rayonneront jusque dans le fond des p ces. Nous l'avons déjà dit, il y a pour tous certitude qu'un ar mort ne sera exécuté qu'après avoir obtenu la sanction du sult perception des impôts est encore aux mains de fermiers gén mais l'assiette de l'impôt n'offre plus rien ni d'injuste ni de sant. Les chrétiens et les juifs n'ont pas cru devoir accepter p moment l'honneur de porter les armes pour la patrie commune cet honneur leur a été offert par Abd-ul-Medjid. Les Turc maintenant des soldats européens.

Une seule fois abandonné par sa rare patience, Abd-ul-Medj apparu à la Porte au milieu de ses ministres, et d'une voix cou cée il leur a reproché de n'avoir rien su faire de ses bonnes et les intentions, si ce n'est pour l'organisation de l'armée. « Là, n seulement, dit-il, je reconnais qu'il y a progrès. »

Rarement de telles humiliations infligées publiquement aux g fonctionnaires de l'Etat profitent au principe d'autorité. Les min se défient d'eux-mêmes et le peuple perd confiance dans le go nement. Ce jour-là, d'ailleurs, le sultan ne commit pas simple une faute, il tomba dans une injustice. Jaloux de son autorité s raine, qui seule peut opérer la régénération de l'empire, Ab Medjid a trop souvent composé ses ministères d'influences opp se balançant de manière à laisser toute décision en suspens. sans doute un moyen assuré de faire prédominer la volont maître qui, par une sorte d'éclectisme, décide moitié en fave progrès, moitié en faveur de la résistance. Mais, nous oseron pectueusement le demander, est-ce un moyen assez digne d'un p qui a revendiqué le titre, accepté la mission de réformateur?

Mais combien Abd-ul-Medjid est réellement grand lorsque, en il voit sans en prendre peur la liberté briller soudainement su provinces du Danube, où la Russie accourt menaçante et men pour éteindre une illumination qu'elle appelle un incendie! Cor encore il est digne de respect, en 1850, lorsqu'il résiste à l'Au et à la Russie demandant qu'on leur livre des réfugiés coupable voir défendu, autant qu'elles pouvaient l'être, deux choses sa s'il en est au monde : la nationalité et la liberté! Quand la grie et l'Italie étaient debout encore, le sultan aurait pu étr ment embarrasser et l'empereur d'Autriche, et le czar, en pr parti pour l'insurrection victorieuse, car la Turquie d'Europe chemin le plus sûr, peut-être, pour aller tendre à la Polog main qui la remettra sur pied, dans son droit.

Tout à sa mission de régénérateur d'un vaste empire qui doit pléter l'Europe et la souder à l'Asie, Abd-ul-Medjid ne crut pas lui fût permis d'interrompre la croissance pacifique de ses pe pour se poser en réparateur d'injustices auxquelles la Turquie de fortune, demeurée étrangère. Mais voilà le droit d'asile men le sultan en appelle à la France et à l'Angleterre, et leur dit : « la défense d'un principe sans lequel il n'est ni indépendance pou Etats ni refuge pour la pensée humaine, mes peuples et moi sommes prêts à la guerre.

C'est que, en vérité, on ne connaît pas bien les Turcs ; ils on dans le passé, le tort de se montrer orgueilleux, insolents même, tout ce qui n'était pas musulman. Quand ils avaient dit d'un hom « Giaour ! » il leur semblait être plus grands que lui de dix pieds. sous ces formes intolérables, surtout lorsqu'elles n'étaient pas co nues par la main d'un de leurs grands empereurs, les Turcs ont les nationalités et la liberté de conscience un respect réel. La pre c'est qu'après une longue conquête, les Grecs sont Grecs, les S toujours Slaves, les Roumains toujours Roumains, les Arméniens jours Arméniens. Mœurs, religions, langage, se sont conservés s ; satisfaits de dominer, les Turcs ne se sont pas cru le droit assimiler les vaincus.

qu'on n'attribue pas une telle conduite à un invincible dédain les chrétiens. Les Kurdes, les Arnautes, les Turkomans, les es, sont restés ce qu'ils étaient tout en occupant une place dans ce gouvernante, et cela parce que, au fond, le mahométisme une philosophie plus qu'un culte, il n'inspire à ses adeptes le in ni du prosélytisme religieux ni du prosélytisme administratif. avaient réussi à conquérir l'Europe, les Turcs l'auraient domi- non administrée. Or, c'est l'administration seule qui assimile. bd-ul-Medjid le sait bien, lui qui a profondément étudié le Coran. si n'obéissait-il pas seulement à un sentiment qui est en son cœur rotégeant les réfugiés. Il voulait, par un calcul d'une habileté me, montrer à ses peuples et au monde qu'il est des principes muns entre musulmans et chrétiens, car c'est sur cette vérité st fondé le règlement administratif et judiciaire (Tanzimat) qui , avec l'aide du temps, faire un seul et même peuple de toutes opulations de l'empire. Ce n'est point par le glaive que le sultan ouvrir la route au progrès, c'est par l'administration, imitant, d'instinct, soit de dessein prémédité, nos rois, qui, dès qu'ils ent ajouté une province à leurs Etats, y établissaient un parle- t, corps judiciaire et administratif dont l'action francisait la pro- e tout en lui laissant quelques vestiges de sa nationalité pre- e.

us ignorons encore si Abd-ul-Medjid est destiné à cueillir la e militaire au milieu des bataillons russes pliant devant le vieux age turc rajeuni par la tactique européenne. Ce que nous ose- s prédire, c'est qu'il marquera sa place parmi les sultans les plus s à la Turquie. Il est ce que nul n'a été encore parmi ses pré- sseurs les plus glorieux, il est un administrateur.

## IV.

a personne d'Abd-ul-Medjid, pour qui sait observer, indique assez blement la tournure d'esprit et le caractère de ce prince.

figure assez mince, légèrement marquée de petite vérole, ses ds yeux d'une forme un peu ronde, avec leurs regards empreints e certaine langueur, vous feraient penser d'abord que vous êtes face d'un prince de taille moyenne, d'un naturel timide, d'une plexion frêle. Mais observez mieux, vous verrez des bras et des us d'athlète, une poitrine sèche et large où le cœur bat à l'aise, ous un buste longuement développé, des jambes courtes, mais nes et nerveuses ; la robuste constitution de l'Ulysse antique avec manières d'un jeune homme de bonne éducation de nos sociétés ternes.

i le sultan vous fait l'honneur de vous parler, vous comprendrez vite qu'il n'est pas timide. S'exprimant avec une remarquable lité en plusieurs langues, et particulièrement en français, Abd- ledjid aime et connaît les affaires. D'un premier coup d'œil il en it les difficultés ; mais voulant délier tous les nœuds sans en tran- r aucun, il déploie une patience et des précautions qui ressem- t à l'hésitation, et parfois produisent quelques-uns de ses effets. la position que lui avait faite l'Europe, Napoléon, obligé de brus- r tous les dénoûments, a souvent failli, et notamment en 1812 et 3, par l'excès d'une qualité qui manque à la plupart des hommes, ésolution. Chacun de nous, rois ou citoyens, étant menacé par cès de sa qualité dominante, Abd-ul-Medjid pouvait donc faillir trop de modération et de prudence. Sa volonté impériale n'est- pas eu effet plus persévérante que décisive ?

uisqu'il le fallait pour être vrai, nous l'avons dit, Abd-ul-Medjid jaloux de son autorité ; il le sera jusqu'à ce que l'âge, ou quelque nement heureux, lui inspirant plus de confiance en ses titres per- nels à l'obéissance, il ne craigne plus que ses peuples voient la u d'un ministre là où ils doivent voir celle du sultan. Mais s'il t que l'on respecte son droit souverain, il veut aussi qu'on l'aime. s règne, toutes les violences judiciaires ou administratives disparu. Lorsqu'un fonctionnaire civil ou militaire s'est écarté ses devoirs, on ne le voit plus chanceler, puis tomber mort au ir d'un repas, tandis qu'un des convives se lève et lit d'une voix geresse le firman en vertu duquel le poison a été versé dans la pe du serviteur infidèle. Les populations ne rencontrent plus un tin sur le seuil de son palais leur gouverneur le cœur percé d'un ignard où est attaché le fetva du scheik-ul-islam. Les fautes sont rimées avant d'avoir dégénéré en crimes, et dans cet empire aux titutions et aux exécutions romanesques, un pacha est maintenant oqué comme un de nos préfets, purement et simplement, ou avec elques mots équivalant notre formule : *Appelé à d'autres fonctions.* C'est une grande témérité, dans notre vieille expérience de soldat de publiciste, d'oser prédire sur les antécédents de son règne 'un prince ne se laissera pas corrompre par le succès. Nous l'ose- ns cependant pour Abd-ul-Medjid. Que dans la juste guerre où il provoqué Dieu lui accorde les honneurs d'un triomphe personnel, isque les peuples sont encore ainsi faits que la gloire des armes touche plus que la gloire de la justice et de la paix ! Un char de

victoire conduit par la bonne foi peut élargir, aplanir promptement dans un empire la véritable voie sacrée, la voie du progrès et de la liberté. Soyez donc vainqueur, padischa, commandeur des croyants, soyez vainqueur pour conquérir la force d'être plus juste et plus modeste encore !

LA PRESSE PÉRIODIQUE EN TURQUIE.

On ne comprendrait du reste qu'incomplétement le contraste entre la Russie, qui se prétend civilisée, et la Turquie déclarée barbare par le Moscovite et malheureusement par une partie de l'Allemagne, si nous n'exposions en quelques mots la situation de la presse pério- dique dans l'empire ottoman.

En Turquie, pas plus qu'en Russie, il n'existe de journaux légale- ment libres. Toute la différence est dans la pratique. Le gouverne- ment russe ne laisse pas circuler librement les journaux étrangers. La poste en apporte quelques-uns à leurs rares abonnés, mais avant de les distribuer la police a soin de les *laver*, c'est-à-dire d'effacer avec une composition chimique tous les articles qui déplaisent à l'autorité. On peut voir dans un vestibule de l'hôtel des postes des soldats occupés à ce *lavage*, qu'ils croient être un acte de propreté, et plus ils lavent d'articles, plus ils pensent que le gouvernement témoigne d'égards aux propriétaires de ces feuilles. En Turquie, les journaux étrangers circulent sans obstacle, et les rédacteurs des feuilles ottomanes entrent bien souvent dans une polémique cour- toise, mais ardente, avec les rédacteurs des feuilles françaises, an- glaises, allemandes.

C'est à deux Français qu'est due l'introduction de la presse pério- dique en Turquie.

Le père du gouverneur actuel des établissements français dans l'Inde, M. Verninac Saint-Maur, ambassadeur de la première répu- blique près la Porte Ottomane, fit en 1795 un essai de journalisme en publiant quelques bulletins et quelques nouvelles dans son hôtel à Péra. Mais ce fut un autre Français, M. Blaque, qui en 1825, avec le concours du sultan, donna droit de cité à la presse périodique en Turquie en fondant l'*Impartial de Smyrne*. Le sultan Mahmoud ap- pela M. Blaque à Constantinople, où il mourut jeune, regretté de tous ; mais son œuvre n'est pas morte avec lui. Le nombre des jour- naux s'est accru à Constantinople au fur et à mesure que de nouvelles idées, de nouveaux intérêts se faisaient jour dans le pays. Le gouver- nement s'est montré constamment disposé à favoriser ce mouvement des esprits, si bien qu'aujourd'hui Constantinople ne compte pas moins de treize journaux ou feuilles périodiques dans les différents idiomes du pays, à savoir :

Deux en turc :

Le *Taqvimi vaqäi* ou *Gazette d'Etat*, hebdomadaire, tenant lieu de moniteur officiel. Ce même journal paraît en arménien, littérale- ment traduit du turc ;

Le *Djeridëi havadiss* ou *Registre des nouvelles*, hebdomadaire, fondé en 1843 par M. N. Churchill, négociant anglais, et qui passa après sa mort (1846) à son fils aîné. Cette feuille, sans caractère officiel, donne plus de place que la précédente à la politique étrangère ;

Quatre en français :

Le *Journal de Constantinople, Echo de l'Orient,* paraissant les 4, 9, 14, 19, 24 et 29 de chaque mois ;

Le *Courrier de Constantinople,* hebdomadaire ;

Le *Commerce de Constantinople,* feuille commerciale, paraissant les 4, 14 et 24 de chaque mois ;

La *Gazette médicale,* journal scientifique, mensuel ;

Quatre en italien :

L'*Omnibus,* paraissant deux fois par semaine, le mardi et le sa- medi ;

L'*Indicatore bisantino,* purement commercial, hebdomadaire ;

L'*Album bisantino,* hebdomadaire ;

La *Giurisprudenza bisantina,* journal de droit ;

Un en grec :

Le *Télégraphe du Bosphore,* hebdomadaire ;

Un arménien :

Le *Haïasdan* ou l'*Arménie,* hebdomadaire ;

Un en langage bulgare :

*Novina bulgarska,* en caractères russes, paraissant deux fois par semaine.

Le *Taqvimi vaqäi* se publie aux frais du gouvernement. La plupart des autres journaux, ceux du moins qui s'occupent de politique, le *Djeridëi,* le *Journal de Constantinople,* le *Courrier,* le *Télégraphe,* de même que l'*Impartial de Smyrne,* reçoivent chacun une subvention annuelle de 30,000 piastres (6,900 francs). La subvention du *Journal de Constantinople* se trouve portée au double (13,800 francs) par suite de sa réunion avec l'*Echo de l'Orient.*

Plusieurs autres journaux se publient encore, soit en français, soit dans la langue du pays, à Belgrade, dans la Moldo-Valachie, à Bey- routh, à Alexandrie, au Caire, ce qui forme un total de trente-trois journaux pour l'empire.

Ce serait flatterie d'accorder que le gouvernement ottoman a tiré de la presse périodique tout le parti désirable. Il la tient, la lisière courte, dans un cercle par trop officiel; mais c'est beaucoup pour la presse de vivre, car l'heure de saisir toute sa puissance arrivera infailliblement un peu plus tard.

———

Pour suivre absolument l'ordre chronologique, il faudrait citer ici la première circulaire du comte de Nesselrode et la réfutation qu'elle reçut de M. Drouyn de l'Huys; mais la Turquie ayant pensé devoir différer sa réponse jusqu'après le passage du Pruth par l'armée russe, il nous a semblé que ces documents devaient céder le pas au premier manifeste de l'empereur Nicolas.

La discussion diplomatique trouvera plus loin sa place et fera ressortir les différences existantes dans la politique des quatre puissances, qui veulent aux yeux de l'Europe passer pour être complétement d'accord parce que leurs ambassadeurs se réunissent en

d'anéantir complétement tout l'ordre de choses sanctionné p siècles, et si cher à la foi orthodoxe.

» Nos efforts pour détourner la Porte d'actes semblables sont infructueux, et même la parole solennelle que le sultan nous donnée en cette occasion n'a pas tardé à être violée.

» Après avoir épuisé toutes les voies de la persuasion et to moyens d'obtenir à l'amiable la satisfaction due à nos justes mations, nous avons jugé indispensable de faire entrer nos t dans les principautés danubiennes, afin de montrer à la Porte o la conduire son opiniâtreté. Toutefois, même à présent, not tention n'est point de commencer la guerre; par l'occupatio principautés, nous voulons avoir entre les mains un gage qu réponde en tout état de cause du rétablissement de nos droits.

» Nous ne cherchons point de conquêtes, la Russie n'en a p soin. Nous demandons qu'il soit satisfait à un droit légitime si c tement enfreint. Nous sommes prêt, même dès à présent, à a le mouvement de nos troupes, si la Porte Ottomane s'engage

Le sultan Abd-ul-Medjid.

conférence à Vienne pour rédiger des notes, arrivant toujours inacceptables, soit par le fond, soit par l'effet de circonstances qui prennent la diplomatie en flagrant délit d'anachronisme.

### Premier manifeste de l'empereur de Russie.

» Par la grâce de Dieu, nous, Nicolas Ier, empereur et autocrate de toutes les Russies, etc., etc., etc.

» Savoir faisons :

» Il est à la connaissance de nos fidèles et bien-aimés sujets que, de temps immémorial, nos glorieux prédécesseurs ont fait vœu de défendre la foi orthodoxe.

» Depuis l'instant où il a plu à la divine providence de nous transmettre le trône héréditaire, l'observation de ces devoirs sacrés, qui en sont inséparables, a constamment été l'objet de nos soins et de notre sollicitude. Basés sur le glorieux traité de Kaïnardji, confirmé par les transactions solennelles conclues postérieurement avec la Porte Ottomane, ces soins et cette sollicitude ont toujours eu pour but de garantir les droits de l'Eglise orthodoxe.

» Mais, à notre profonde affliction, malgré tous nos efforts pour défendre l'intégrité des droits et privilèges de notre Eglise orthodoxe, dans ces derniers temps, de nombreux actes arbitraires du gouvernement ottoman ont porté atteinte à ces droits et menaçaient enfin

server religieusement l'intégrité des priviléges de l'Eglise orth Mais si l'obstination et l'aveuglement veulent absolument le traire, alors, appelant Dieu à notre aide, nous nous en remett lui du soin de décider de notre différend, et, plein d'espoir main toute-puissante, nous marcherons à la défense de la f thodoxe.

» Donné à Péterhoff, le 14e jour (26) du mois de juin de l grâce mil huit cent cinquante-trois, et de notre règne le ving tième.

» *Signé* Nicolas. »

Toutes les personnes sachant le russe affirment que le trad a voilé aux yeux de l'Europe les prétentions de la Russie. Le feste ne dit pas seulement que la parole du sultan « n'a pas ta être violée, » il y a dans le texte violée traîtreusement. L nière phrase du manifeste affaiblit la pensée de l'empereur. « d'espoir en Dieu, dit le czar, nous marcherons à la défense foi orthodoxe. » Le traducteur a omis le mot en avant. Le c déclare pas d'une façon générale qu'il continuera à défendre l orthodoxe; il annonce qu'il ne restera pas en Moldavie et en chie, mais qu'il ira plus avant et poursuivra sa marche dans le du Grand Seigneur, conclusion en harmonie parfaite avec l'esp a dicté le manifeste impérial.

# OCUMENTS DIPLOMATIQUES. — ENTRÉE DES RUSSES DANS LES PRINCIPAUTÉS.

## I.

eci n'est point un de ces gros livres bleus que l'on dépose sur le
eau des chambres du parlement d'Angleterre, et où, dans le
-mêle des dépêches, des notes, des contre-notes, chacun cherche
uoi condamner ou absoudre le ministère, dont il est l'adversaire
l'ami. Nous écrivons une histoire où la vérité doit porter ses
ives à la main, mais des preuves choisies parmi les plus claires,
plus irréfragables. Le public est un juge qui veut qu'on le con-
que sans le fatiguer. La bonne, la franche école historique n'est
elle qui met toujours l'analyse à la place du texte ni celle qui
gle le lecteur à coups de pièces authentiques. Un écrivain ne
ait exiger qu'on le croie simplement sur parole, car il peut se

doute qu'ajouter encore, je crois devoir vous transmettre à ce sujet
quelques renseignements généraux pour vous servir à rectifier les faus-
ses données qui pourraient s'être répandues dans le pays où vous ré-
sidez.

» Je crois superflu de vous dire qu'il n'y a pas un mot de vrai dans
la prétention que les journaux nous ont prêtée de réclamer soit un
nouvel agrandissement de territoire, soit un règlement plus avantageux de notre frontière asiatique, soit le droit de nomination ou de
révocation des patriarches de Constantinople, soit enfin tout autre
protectorat religieux tendant à déplacer celui que nous exerçons tra-
ditionnellement de fait et de droit en Turquie en vertu de nos traités
antérieurs.

» Vous connaissez assez la politique de l'empereur pour savoir que

Omer-Pacha.

mper de bonne foi ; mais il doit se respecter assez pour oser de-
nder la confiance après s'en être montré digne par son exactitude
sa sincérité.
rocédant selon ce système, nous allons citer *in extenso* parmi les
uments diplomatiques ceux qui sont de nature à exercer une im-
ssion décisive sur l'opinion. Nous commencerons par la première
culaire de M. de Nesselrode, chancelier de l'empire de Russie.
st de ce document que lord Lyndhurst, ancien chancelier d'An-
terre et un des hommes les plus considérables du vieux parti tory, a
, le 28 juin dernier en pleine chambre des pairs : « Si la circu-
e du comte de Nesselrode est authentique, je n'hésite pas à décla-
que c'est un des documents les plus fallacieux, les plus illogiques,
plus offensants et les plus insultants que j'aie jamais eu le mal-
r de lire. » Voici cette pièce :

*Première circulaire de M. le comte de Nesselrode.*

« Saint-Pétersbourg, le 30 mai (11 juin) 1853.

» M...

» La mission de M. le prince Menschikoff en Turquie ayant déjà
né lieu aux rumeurs les plus exagérées, rumeurs auxquelles son
part et l'interruption des rapports qui s'en est suivie ne feront sans

Sa Majesté ne veut pas la ruine et la destruction de l'empire ottoman, sauvé par elle-même à deux reprises ; qu'au contraire, elle a
toujours regardé et regarde encore le *statu quo* actuel comme la
meilleure combinaison possible à interposer entre tous les intérêts
européens, qui ne manqueraient pas de se heurter de front en Orient
si le vide venait à s'y faire ; et que, quant à la protection du culte
gréco-russe en Turquie, nous n'avons pas besoin, pour en surveiller
les intérêts, d'autres droits que ceux que nous assurent nos traités,
notre position, l'influence résultant de la sympathie religieuse qui
existe entre cinquante millions de Russes du rite grec et la grande
majorité des sujets chrétiens du sultan ; influence séculaire, influence
inévitable, parce qu'elle est dans les faits et non dans les mots ; influence que l'empereur a trouvée toute faite en montant sur le trône,
et à laquelle il ne saurait, par déférence pour les injustes soupçons
qu'elle éveille, renoncer sans abandonner le glorieux héritage de ses
illustres prédécesseurs.

» C'est vous dire combien ont peu de fondement tous les bruits se-
més au sujet de la mission du prince Menschikoff, laquelle n'a jamais
eu d'autre objet que l'arrangement de l'affaire des lieux saints.

» Il serait, monsieur, trop long de vous retracer en détail l'historique de toutes les phases par lesquelles elle a passé depuis l'année 1850. Cette question, nous avons la conscience de ne l'avoir
point soulevée les premiers ; nous savions trop combien elle était

grosse de conséquences pour la paix de l'Orient, peut-être même pour la paix du monde.

» Nous n'avons cessé, dès son origine, d'appeler l'attention sérieuse des grands cabinets sur la position qu'elle nous ferait, sur les graves éventualités qui en devaient naître; et le développement successif qu'elle a pris en amenant la crise actuelle n'a que trop justifié nos tristes prévisions. Il suffira pour le moment de vous rappeler qu'à la suite des premières concessions obtenues par la France en faveur des Latins à Jérusalem, au détriment des priviléges séculaires accordés aux Grecs, l'empereur, voyant chaque jour la partialité évidente de la Porte pour les Latins l'entraîner à des concessions de plus en plus graves pour les droits et intérêts du culte oriental, se trouva dans l'obligation d'adresser sur ce sujet une lettre amicale, mais sérieuse, au sultan.

» Les résultats de cette démarche furent d'abord l'appel d'une commission exclusivement composée d'ulémas turcs, qui s'occupa d'un arrangement propre à concilier les prétentions réciproques; puis, après de longs pourparlers, une lettre responsive du sultan à l'empereur, annonçant la solution définitive de la question et renfermant les promesses les plus solennelles sur le maintien des anciens droits octroyés par la Porte aux communautés grecques. Un firman qui renfermait les détails de cet arrangement nous fut en même temps communiqué. En tête de ce firman, un hatti-schérif autographe du sultan reconnaissait et consacrait de la manière la plus formelle les actes antérieurs accordés aux Grecs à différentes époques, renouvelés par le sultan Mahmoud et confirmés par le souverain actuel.

» Bien que cette lettre et ce firman fussent conçus dans un esprit et dans des termes qui s'écartaient quelque peu du strict *statu quo* que nous nous étions toujours attachés à maintenir, cependant ces pièces ayant paru à l'empereur satisfaire jusqu'à un certain point sa juste sollicitude pour les intérêts et les immunités du culte gréco-russe à Jérusalem, un désir de conciliation porta Sa Majesté à les accepter. Elle en prit acte, de manière à leur donner la valeur d'une transaction solennelle et définitive.

» En présence de ces documents catégoriques, officiellement communiqués à la suite d'une longue et pénible négociation, le gouvernement impérial était certes fondé à considérer comme à jamais clos un débat dont sa modération avait réussi à écarter les dangers et qui laissait les Latins en possession de nouveaux avantages. Vous savez que malheureusement il n'en a point été ainsi.

» Je serais entraîné trop loin si je relatais ici tous les actes de faiblesse, de tergiversation et de duplicité qui ont signalé la conduite des autorités ottomanes lorsqu'il s'est agi d'accomplir les engagements pris à notre égard, et de procéder à Jérusalem, suivant les formes d'usage, à la promulgation, à l'enregistrement et à l'exécution du firman.

» Envoyé à cet effet dans la Ville Sainte, selon l'assurance explicite qu'en avait reçue notre mission à Constantinople, le commissaire turc une fois sur les lieux osa déclarer à notre consul, qui insistait sur la lecture et l'enregistrement du firman, qu'il n'avait point connaissance de cet acte et qu'il n'en était fait aucune mention dans ses instructions. Bien que plus tard, sur nos réclamations, le firman ait fini par être lu et enregistré à Jérusalem, il ne l'a été qu'avec des restrictions blessantes pour le culte oriental. Mais pour ce qui est de l'acte même, si l'on en excepte l'accomplissement de ces simples formalités, les dispositions particulières en ont été ouvertement transgressées.

» L'infraction la plus flagrante a été la remise aux mains du patriarche latin de la clef de la porte principale de l'église de Bethléhem. Cette remise était contraire aux termes précis du firman. Elle heurtait profondément le clergé et toute la population du rite gréco-russe, parce que, suivant les idées accréditées en Palestine, la possession de la clef semble impliquer à elle seule celle du temple tout entier. Le gouvernement turc constatait ainsi aux yeux de tous, contre son propre intérêt même, la suprématie qu'il accorde à un autre rite que celui auquel est soumise la majorité de ses sujets.

» Un pareil oubli des promesses les plus positives consignées dans la lettre du sultan à l'empereur, un manque de foi aussi patent, aggravé encore par les procédés et le langage dérisoire des conseillers de Sa Hautesse, étaient certes de nature à autoriser notre auguste maître, blessé dans sa dignité, dans sa confiance amicale, dans son culte et dans les sentiments religieux qui lui sont communs avec ses peuples, à demander sur-le-champ une satisfaction éclatante.

» Sa Majesté l'aurait pu faire si, comme l'en accuse sans cesse une opinion faussée dans ses sources, elle ne cherchait que des prétextes pour renverser l'empire ottoman. Mais elle ne l'a point voulu. Elle a préféré obtenir cette satisfaction par les voies d'une négociation pacifique. Elle s'est efforcée encore une fois d'éclairer le souverain de la Turquie sur ses torts envers nous, comme envers ses propres intérêts, d'en appeler à sa sagesse des fautes de son ministère; et c'est dans ce but qu'elle a envoyé le prince Menschikoff à Constantinople.

» Sa mission avait deux objets, toujours relatifs à l'affaire des lieux saints :

» 1° Négocier, à la place du firman que l'on avait mis à néant, un nouvel arrangement qui, sans enlever aux Latins ce qu'ils ven[aient] d'obtenir en dernier lieu (car nous voulions éviter de placer, en ge[a]nt ce retrait, la Porte Ottomane vis-à-vis de la France préc[isé]ment dans la fausse position où elle était placée vis-à-vis de no[us]) expliquât au moins ces concessions de manière à leur ôter l'a[ppa]rence d'une victoire remportée sur le culte gréco-russe, et réta[blir] moyennant quelques compensations légitimes, l'équilibre rompu [aux] dépens de ce dernier.

» 2° Corroborer cet arrangement par un acte authentique qu[i dût] nous servir à la fois de réparation pour le passé, de garantie p[our] l'avenir.

» Cette première partie de la mission de notre ambassadeur ex[tra]ordinaire, fort difficile et fort épineuse en elle-même, en ce qu'il [s'a]gissait de mettre d'accord les droits et les intérêts réciproques [et] contradictoires de la Russie et de la France, nous croyons y a[voir] apporté un extrême esprit de conciliation, dispositions auxque[lles] nous aimons à le dire, le gouvernement français a répondu de [son] côté. Après de longues discussions, elle venait enfin de porter f[ruit] et le résultat en a été la rédaction de deux nouveaux firmans, [conve]nus sans opposition de la part de l'ambassadeur de France.

» Mais, comme je vous l'ai dit plus haut, la question à négo[cier] présentait encore une autre face. Obtenir un arrangement n'étai[t pas] tout. Sans un acte qui le validât, qui nous offrît la garantie qu[e les] nouveaux firmans seraient à l'avenir exécutés et religieuseme[nt ob]servés dans leur principe et leurs conséquences, il est éviden[t que] ces documents, après la flagrante violation de celui qui les a[vait] précédés, ne pouvaient avoir à nos yeux plus de valeur réelle [que] celui-ci. Cette garantie, l'empereur y attachait d'autant plus d['im]portance, qu'elle constituait au fond la seule et unique répara[tion] qu'il demandât après l'outrage fait à sa dignité par le manque de [foi] de la Porte Ottomane, après surtout les circonstances qui l'av[aient] rendu encore plus patent.

» Le prince Menschikoff fut chargé de chercher à l'obte[nir] moyennant une convention qu'il signerait avec le gouverne[ment] turc. De *traité* proprement dit, il n'en a jamais été question.

» On s'est récrié hautement contre la forme de cette conven[tion] comme portant atteinte aux droits de souveraineté du sultan, co[mme] nous conférant de fait, au nom de la religion, un droit d'ingér[ence] perpétuelle dans les affaires intérieures de la Turquie. Nous cro[yons] qu'on se crée là un fantôme, qu'on se préoccupe de craintes do[nt le] fondement est plus spécieux que réel.

» En *principe*, une convention ou même un traité pareil n'aur[ait] rien d'insolite; et nous ne comprenons pas en quoi ils seraient [plus] attentatoires aux droits d'autonomie souveraine du sultan que le[s ca]pitulations ou autres actes que possèdent déjà en Turquie la Fr[ance] et l'Autriche. Car, en *principe seulement*, c'est-à-dire en ce qui [con]cerne l'indépendance du sultan, il importe peu qu'un acte s'app[lique] à tel ou tel nombre plus ou moins considérable de ses sujets e[n fa]veur desquels s'exercerait un droit de protection étrangère.

» La garantie par traité assurée dans un autre État aux int[érêts] d'une communion étrangère a été usuelle de tout temps. A l'épo[que] de la réforme, des États, même de grands États catholiques, ont [con]clu avec d'autres des traités, ou conventions, par lesquels ils ga[ran]tissaient chez eux à la communion protestante certains privi[léges] franchises et immunités; en sorte que, même aujourd'hui, la pos[ition] civile de cette communion y repose encore sur ces bases, san[s que] pour cela les États qui ont donné pareille garantie se soient cru[s lé]sés dans leurs droits souverains ou dans leur indépendance polit[ique] A plus forte raison, en principe, de tels actes peuvent-ils être [con]clus avec un État musulman, dont les sujets chrétiens ont sou[ffert] et souffrent encore tant de fois, non-seulement dans leurs immu[nités] mais dans leurs propriétés et dans leur existence.

» Quant au *fait*, en ce qui nous concerne, la chose existe dé[jà] la forme d'une convention que nous avons proposée n'offrirait [rien] de nouveau en matière de protection religieuse. Le traité de Kaïna[rdji] par lequel la Porte s'engage à protéger constamment dans ses Ét[ats la] religion chrétienne et ses églises, implique pour nous suffisam[ment] un droit de surveillance et de remontrance. Ce droit se trouve [reproduit] derechef, et plus clairement encore spécifié, dans le traité d'A[ndrino]ople, qui a confirmé toutes nos transactions antérieures. Cel[ui de] Kaïnardji date de l'année 1774.

» Voilà donc, de fait, près de quatre-vingts ans que nous poss[édons] par écrit le droit même que l'on nous conteste, et dont on regar[derait la] mention qui en serait faite aujourd'hui comme devant apporte[r une] révolution toute nouvelle dans nos rapports avec la Porte Otto[mane] en nous conférant la souveraineté effective de l'immense majori[té de] ses sujets.

» Certes, durant ce laps de temps, si nous avions été disposés [à en] abuser, comme d'incurables défiances le supposent, les occasi[ons ne] nous auraient pas manqué, dans les derniers temps surtout, où l'[Eu]rope, livrée à l'anarchie, où les gouvernements impuissants con[tre la] discorde intérieure, étaient absorbés ou distraits par les révolu[tions] de l'Occident et laissaient en Orient libre carrière aux vues a[mbi]tieuses qu'on nous prête.

» Si nous avions les intentions qu'on se plaît à nous suppose[r, ions-nous attendu, pour les mettre à exécution, que la paix fût rétablie en Europe? Aurions-nous disposé nos forces de manière à en offrir à nos voisins le secours moral ou matériel? Aurions-nous travaillé avec zèle, comme nous l'avons fait, à réconcilier nos alliés, à écarter tout ce qui pouvait nuire à l'union intime des puissances? Au contraire, nous aurions cherché à perpétuer leur désaccord.

» Nous aurions laissé les gouvernements européens se débattre entre eux ou avec leurs peuples en révolte, et, profitant de leurs embarras, nous aurions volé sans obstacle au but de ce qu'on persiste à nommer notre politique envahissante. Aujourd'hui que l'ordre social s'est heureusement raffermi partout, et que les États, rassis sur leurs bases, peuvent disposer plus librement de leur action comme de leurs forces, le moment serait étrangement choisi pour suivre une pareille politique.

» Encore une fois, en principe et en fait, une convention avec la Porte dans l'intérêt de nos coreligionnaires n'a rien de nouveau. Elle ne nous offrirait nul avantage que nous ne possédions depuis longtemps, et dont nous n'eussions pu faire abus si nos intentions étaient telles qu'on les suppose. Si nous sommes forts, nous n'en avons pas besoin. Si nous sommes faibles, un pareil acte ne nous rendrait pas plus à craindre.

» Cela est si vrai, que nous n'aurions jamais songé à en faire la proposition à propos de la question spéciale des lieux saints si la Porte ne nous avait obligés, par l'oubli de ses promesses antérieures, à tâcher de la lier plus étroitement au maintien du *statu quo* des sanctuaires de la Palestine; si, quand nous avons réclamé contre les concessions faites à notre détriment, elle ne nous avait donné pour excuse qu'en ce qui concerne les lieux saints la France avait un traité et que la Russie n'en avait pas.

» Au reste, monsieur, nous n'avons jamais fait d'une convention proprement dite la condition *sine quâ non* de notre accommodement avec la Porte. Tout en remettant sous cette forme au prince Menchikoff, lors de son envoi à Constantinople, la minute des stipulations qu'il aurait à négocier, il lui avait été laissé pleine et entière latitude non-seulement de les modifier dans leurs termes, mais aussi de les obtenir sous telle autre forme quelconque à laquelle répugneraient moins les susceptibilités de la Porte ou de la diplomatie étrangère.

» C'est d'après cette autorisation que notre négociateur, arrivé sur les lieux et ayant pu se convaincre des obstacles que rencontrait notre projet de convention, s'est borné à demander, sous le nom de *sened*, un acte plus en rapport avec les usages orientaux et moins conforme aux idées solennelles qu'implique d'ordinaire le mot de convention dans le droit public européen.

» Deux clauses étendues de ce premier projet de *sened* par lesquelles nous demandions, non pas, comme on l'a prétendu, le droit de confirmer l'élection du patriarche de Constantinople, mais simplement le maintien des immunités ecclésiastiques et des avantages temporels accordés *ab antiquo* par la Porte aux quatre patriarches de Constantinople, d'Antioche, d'Alexandrie et de Jérusalem, ainsi qu'aux métropolitains, évêques et autres chefs spirituels de l'Église orientale, ayant soulevé de trop graves objections, le prince Menchikoff n'a point refusé de supprimer entièrement ces deux clauses. Il en est résulté un second projet de *sened*, sur l'acceptation duquel il a longtemps insisté.

» Enfin, au dernier moment, la Porte persistant à rejeter toute espèce d'engagement qui porterait une forme bilatérale et synallagmatique quelconque, notre ambassadeur, dans l'esprit de ses instructions, avait été jusqu'à déclarer que si la Porte voulait accepter et signer immédiatement une note telle que celle dont vous trouverez ci-joint le projet lui-même, il consentirait lui-même à se contenter d'un pareil document et à le considérer comme réparation et garantie suffisante.

» Voilà donc quel était, au moment où le prince Menschikoff a quitté Constantinople, le véritable *ultimatum* posé par le cabinet impérial; et c'est sur le retard qu'a mis la Porte à accepter la pièce en question que notre négociateur a enfin levé l'ancre pour Odessa et interrompu nos rapports diplomatiques avec le gouvernement ottoman.

» Ce qu'il a cédé successivement sur la forme et le fond de nos propositions mêmes, il l'a cédé également sur le terme originairement fixé pour leur admission. Il lui avait été prescrit, après une longue et stérile attente, de demander à la Porte une réponse définitive dans le terme de trois jours; et, quoique cette réponse conséquemment eût dû lui être donnée dès le 8 mai n. st., ce n'est pourtant que le 21 qu'il a quitté Constantinople.

» Après trois mois consécutifs de laborieuse négociation, ayant ainsi épuisé jusqu'aux dernières concessions possibles, l'empereur se voit désormais forcé d'insister péremptoirement sur l'acceptation pure et simple du projet de note. Toujours mû néanmoins par les considérations de patience et de longanimité qui l'ont guidé jusqu'ici, il laisse à la Porte un nouveau sursis de huit jours pour se décider; après quoi, quelque effort qu'il en coûte à ses dispositions conciliantes, il se verra bien forcé d'aviser aux moyens de se procurer, par une

attitude plus prononcée, la satisfaction qu'il a vainement essayé d'obtenir jusqu'ici par des voies pacifiques.

» Ce n'est pas sans un vif et profond regret qu'il adoptera cette attitude. Mais, à force d'aveuglement et d'obstination, on aura voulu le pousser dans une situation où la Russie, acculée, pour ainsi dire, à l'extrême limite de la modération, ne pourrait plus céder d'un pas qu'au prix de sa considération politique.

» Veuillez, monsieur, communiquer ces faits au gouvernement auprès duquel vous êtes accrédité, en portant à sa connaissance la pièce importante qui sert d'annexe à cette dépêche. Nous le prions d'y vouer sa plus sérieuse attention; car c'est elle qui forme en ce moment le nœud gordien de la question; le nœud que nous ne demandons encore qu'à délier PACIFIQUEMENT, mais qu'on semble avoir pris à tâche de vouloir nous forcer à rompre.

» En soumettant notre *ultimatum* au jugement impartial des cabinets, nous leur laissons à décider si, après les torts si graves dont la Porte s'est rendue coupable envers nous, après qu'elle nous a donné tant de causes de ressentiment légitime, il était possible de se contenter d'une moindre satisfaction. L'examen consciencieux de notre projet de note prouvera que, dépouillé de toute forme de traité ou même de contrat synallagmatique, il n'a rien qui soit contraire aux droits de souveraineté du sultan, rien qui implique de notre part les prétentions exagérées que nous prête une défiance aussi injurieuse pour nous qu'elle est peu justifiée par nos actes antérieurs.

» Cet examen suffira, nous l'espérons, pour faire évanouir les faux bruits répandus sur nos exigences hautaines, et pour montrer que, si le rejet des dernier moyens d'accommodement que nous proposons pour résoudre les difficultés qui nous ont été suscitées dans l'affaire des lieux saints amène des complications compromettantes pour la paix, ce n'est pas sur nous que la responsabilité en devra peser aux yeux du monde.

» Recevez, etc.

» *Signé* NESSELRODE. »

## II.

Le doute exprimé par lord Lyndhurst ne pouvait être accepté que comme euphémisme parlementaire. La circulaire qu'on vient de lire est authentique, tout ce qu'il y a de plus authentique. Ce qui eût pu être un véritable sujet d'étonnement, c'est que la Russie eût apporté moins d'aplomb dans ses assertions, elle qui doit tout à un perpétuel mensonge, dont l'Europe monarchique s'est constamment faite la complice ou la dupe volontaire.

Traité de Kaïnardji, traités de Bucharest, d'Akerman, d'Andrinople, convention de Balta-Liman, pour ne parler que de ce qui concerne la Turquie, ont été dictés par la même impudeur, rédigés avec la même duplicité. Et l'Autriche laissait faire en se disant : « Ceci me sera un précédent utile quand je pourrai voler la Porte Ottomane à mon tour. » La Prusse s'abstenait, parce qu'elle n'avait, pensait-elle, rien à faire en Orient, et qu'après tout c'était un acte méritoire d'affaiblir, d'une manière ou d'une autre, la puissance mahométane. Quant à l'Angleterre, jusqu'en ces derniers temps, elle applaudissait parfois et tolérait toujours, parce que la Russie est par principe gouvernemental une ennemie de la France, une sorte de serre-file chargé de pousser l'épée dans le dos l'Allemagne contre nous, qui sommes la chair, les os, l'âme de la démocratie européenne.

Grande fut donc la surprise du czar quand il vit les impudences diplomatiques de son habile chancelier sifflées, huées, non pas à Paris, il s'y attendait, la France étant une canaille libérale qui, sous toute espèce de gouvernement, se permet toutes sortes d'irrévérences envers les autocrates, mais à Londres, où il y a une aristocratie ayant intérêt à ce que les peuples se payent de formes creuses et de mots royalement lustrés. Est-ce que l'Angleterre deviendrait folle? Tel fut le doute qui traversa l'esprit de l'empereur Nicolas; il se rassura bientôt en pensant que lord Aberdeen était là pour arrêter l'écart qui emportait son pays hors des saines doctrines. Loin donc de s'arrêter devant l'effet produit par la première circulaire, l'autocrate ordonna à son chancelier de redoubler, ce que fit celui-ci, de manière à prouver que l'approche du moment où il faudra comparaître devant Dieu n'éveille ni scrupules ni hésitation dans la conscience d'un diplomate russe.

Mais avant de reproduire la deuxième circulaire de M. de Nesselrode, quelques observations touchant la première nous semblent indispensables à l'intelligence de la question.

Le chancelier moscovite répète avec une affectation marquée que la Russie ne demande rien qui ne lui ait été concédé par les précédents traités. On voudrait pouvoir se servir de termes polis en parlant d'un vieillard qui occupe une grande position politique; on voudrait aussi écarter absolument les gros mots lorsqu'il s'agit de qualifier les actes d'un prince qui règne sur soixante-dix millions de créatures humaines. La vérité outragée se lève, malgré qu'on en ait, et force la main à ces diplomates à écrire duplicité, astuce, manquements de foi. Montrons donc, puisqu'il le faut, que le comte de Nesselrode, par ordre de son maître, ment quand il cite, comme quand il raisonne.

Le traité de Kaïnardji (10 juillet 1774), d'où la circulaire russe fait dériver un droit si exorbitant de protection, sur les chrétiens du rite grec orthodoxe, que le czar se trouve par là virtuellement investi de la moitié de la souveraineté de l'empire ottoman, parle, au contraire, en termes modestes et convenables, des droits inhérents au pouvoir des successeurs de Mahomet. Écoutez ceci :

« A l'exemple des autres puissances, ON PERMET à la haute cour de Russie, outre la chapelle bâtie dans la maison de son ministre, de construire dans le quartier de Galata et dans la rue nommée Bey-Oglou une église *du rite grec*, laquelle sera toujours sous la protection des ministres de cet empire (l'empire russe apparemment, car l'amphibologie est ici flagrante) et à l'abri de toute gène et de toute avanie. »

Citons maintenant l'article 7, qui embrasse dans ses termes tous les droits que la Russie peut légitimement réclamer :

« La Sublime Porte promet de protéger constamment la religion chrétienne et ses églises; et aussi elle *permet* aux ministres de la cour impériale de Russie de faire dans toutes les occasions des représentations, tant en faveur de la nouvelle Eglise à Constantinople que pour ceux qui la desservent, promettant de les prendre en considération, comme faites par une personne de confiance d'une puissance voisine et sincèrement amie. »

On le voit, il s'agit de la *religion chrétienne*, et non de telle ou telle communion de cette religion. Remarquez encore la formule suivante : « La Sublime Porte PERMET aux ministres de la cour impériale de Russie de faire des représentations, etc. » La Russie n'est pas même mise sur le pied où la France est placée par le traité de 1740, dont elle a excipé dernièrement dans la question des lieux saints. Ajoutons que dans le traité d'Andrinople (14 septembre 1829) la Russie se réfère simplement aux immunités qui lui ont été accordées par les précédentes conventions diplomatiques. Il a fallu bien du temps, bien des détours, bien des mots couverts, pour que la Russie, dont la religion, soi-disant orthodoxe, — cela a été mis en complète évidence au commencement de cet ouvrage, — n'est qu'un schisme dans le schisme oriental, osât réclamer, comme un droit inhérent à sa foi, le protectorat de tous les chrétiens du rite grec dans l'empire ottoman.

A la première circulaire du comte de Nesselrode est annexé un projet de note où sont remâchées jusqu'à soulever tout cœur honnête les idées et les artifices de la note Menschikoff, idées et artifices dont nous ne reparlerons pas ici, puisqu'il faudra s'en occuper lorsque la conférence de Vienne leur aura donné asile dans un document que nous ne saurions nous dispenser d'examiner et de qualifier.

### III.

Maintenant voici la deuxième circulaire de M. de Nesselrode annonçant sous des motifs doublement fallacieux et mensongers la résolution de s'emparer comme d'un gage matériel des principautés du Danube faisant partie intégrante de l'empire ottoman, bien qu'elles possèdent un gouvernement autochthone et vivent sous un système particulier de lois.

*Deuxième circulaire.*

« Saint-Pétersbourg, le 20 juin (2 juillet) 1853.

» MONSIEUR,

» Ma dépêche circulaire du 30 mai passé vous a informé de la rupture de nos rapports diplomatiques avec le gouvernement ottoman. Elle vous a chargé d'instruire le cabinet près duquel vous êtes accrédité des griefs que nous a donnés la Porte, de nos efforts infructueux pour en obtenir satisfaction, et des concessions successives que nous a fait faire notre désir sincère de conserver avec le gouvernement turc de bonnes et amicales relations. Vous savez qu'après avoir renoncé tour à tour à l'idée d une garantie obtenue sous forme de convention, sened, ou autre acte synallagmatique quelconque, nous avions réduit nos demandes à la signature d'une simple note, telle que celle dont le texte vous a été transmis.

» Vous aurez pu voir que cette note, indépendamment des dispositions plus particulières aux saints lieux, ne renferme au fond autre chose, quant à la garantie générale réclamée en faveur du culte, qu'une simple confirmation de celle que nous possédons depuis longtemps. Je vous ai fait remarquer, monsieur, que lorsque la signature de cette pièce constituait aux yeux de l'empereur la seule et vraie réparation qu'il puisse accepter pour l'offense commise envers lui par la violation du firman de l'année 1852, comme aussi des promesses solennelles qu'y avait jointes le sultan, j'ai ajouté qu'un pareil acte était d'ailleurs indispensable, puisque l'obtention de nouveaux firmans, susceptibles d'être restreints, aussi bien que le premier, ne pouvait plus à elle seule nous offrir de gage suffisant pour l'avenir. Enfin, je ne vous ai point dissimulé que si, après huit jours de réflexion, la Porte Ottomane refusait d'obtempérer à notre demande, l'empereur se verrait dans l'obligation de recourir, pour obtenir satisfaction, à des mesures plus décisives qu'une simple interruption de rapports.

» En posant cet *ultimatum* à la Porte, nous avions plus particulièrement informé les grands cabinets de nos intentions. Nous avions engagé nommément la France et la Grande-Bretagne à ne pas compliquer par leur attitude les difficultés de la situation, à ne prendre trop tôt des mesures qui, d'un côté, auraient pour effet d'encourager l'opposition de la Porte, de l'autre engageraient plus avant qu'ils ne l'étaient dans la question l'honneur et la dignité de l'empereur.

» J'ai le regret de vous annoncer aujourd'hui que cette double tentative a malheureusement été vaine.

» La Porte, comme vous le verrez par la lettre ci-jointe de Reschid-Pacha, vient de faire à celle que je lui avais adressée une réponse négative ou au moins évasive.

» D'autre part, les deux puissances maritimes n'ont pas cru devoir déférer aux considérations que nous avions recommandées à leur sérieuse attention. Prenant avant nous l'initiative, elles ont jugé indispensable de devancer immédiatement par une mesure *effective* celles que nous ne leur avions annoncées que comme purement *éventuelles*, puisque nous en subordonnions la mise à effet aux résolutions finales de la Porte, et qu'au moment même où j'écris, l'exécution n'en a pas encore commencé. Elles ont sur-le-champ envoyé leurs flottes dans les parages de Constantinople. Elles occupent déjà les eaux et ports de la domination ottomane à portée des Dardanelles. Par cette attitude avancée, les deux puissances nous ont placés sous le poids d'une démonstration comminatoire, qui, comme nous leur avions fait pressentir, devait ajouter à la crise de nouvelles complications.

» En présence du refus de la Porte, appuyé par la manifestation de la France et de l'Angleterre, il nous devient plus que jamais impossible de modifier les résolutions qu'en avait fait dépendre l'empereur.

» En conséquence, Sa Majesté Impériale vient d'envoyer au corps de nos troupes stationné en ce moment en Bessarabie l'ordre de passer la frontière pour occuper les principautés.

» Elles y entrent, non pour faire à la Porte une guerre offensive que nous éviterons au contraire de tout notre pouvoir aussi longtemps qu'elle ne nous y forcera point, mais parce que la Porte, persistant à nous refuser la garantie morale que nous avions droit d'attendre, nous oblige à y substituer provisoirement une garantie matérielle; parce que la position qu'ont prise les deux puissances dans les ports et eaux de son empire, en vue même de sa capitale, pouvant être envisagée par nous dans les circonstances actuelles que comme une occupation maritime, nous donne en outre une raison de rétablir l'équilibre des situations réciproques moyennant une prise de position militaire. Nous n'avons du reste aucune intention de garder cette position plus longtemps que ne l'exigeront notre honneur ou notre sécurité. Elle sera toute temporaire; elle nous servira uniquement de gage jusqu'à ce que de meilleurs conseils aient prévalu dans l'esprit des ministres du sultan.

» En occupant les principautés pour un temps, nous désavouons d'avance toute idée de conquête. Nous ne prétendons obtenir aucun agrandissement de territoire. Sciemment et volontairement, nous ne chercherons à exciter aucun soulèvement parmi les populations chrétiennes de la Turquie. Dès que celle-ci nous aura accordé la satisfaction qui nous est due, et qu'en même temps viendra à cesser la pression qu'exerce sur nous l'attitude des deux puissances maritimes, nos troupes rentreront à l'instant même dans les limites de la Russie. Quant aux habitants des principautés, la présence de notre corps d'armée ne leur imposera ni charges ni contributions nouvelles. Les fournitures qu'ils nous feront seront liquidées par nos caisses militaires, en temps opportun et à un taux fixé d'avance par leur gouvernement. Les principes et règles de conduite que nous nous sommes prescrits à cet égard, vous les trouverez exposés dans la proclamation ci-jointe que le général prince Gortschakoff, chef du corps d'occupation, a été chargé de publier à son entrée dans les deux provinces.

» Nous ne nous dissimulons nullement, monsieur, combien l'attitude que nous prenons a de portée, et quelles en peuvent être les conséquences ultérieures, si le gouvernement turc nous obligeait à la faire sortir du cercle étroit et limité dans lequel nous désirons l'enfermer. Mais la position où il nous jette, en poussant les choses à l'extrême, en nous refusant toute satisfaction légitime, en ne répondant par aucune concession quelconque à toutes celles que le prince Menschikoff avait faites successivement sur la forme comme sur le fond originaire de nos propositions, ne nous laisse plus d'autre parti à prendre. Il y a plus : les principes si péremptoirement posés, malgré la modération du langage, dans la lettre responsive de Reschid-Pacha, aussi bien que dans sa note du 26 mai dernier aux représentants des quatre puissances à Constantinople, n'iraient à rien moins s'il fallait les prendre à la lettre, qu'à mettre en question tous nos droits acquis, qu'à frapper de nullité toutes nos transactions antérieures.

» En effet, si le gouvernement ottoman juge contraire à son indépendance et à ses droits de souveraineté tout engagement diplomatique quelconque, même sous forme de simple note, dans lequel il s'agirait de stipuler avec un gouvernement étranger pour la religion

es églises, que devient l'engagement qu'il a contracté autrefois
ers nous sous une forme bien autrement obligatoire, de protéger
s ses Etats notre religion et ses églises?

Pour peu que nous admettions un principe si absolu, il nous
drait déchirer de nos propres mains le traité de Kaïnardji, comme
s ceux qui le confirment, et abandonner volontairement le droit
ils nous ont conféré de veiller à ce que le culte grec soit efficace-
it protégé en Turquie.

Est-ce là ce que veut la Porte? a-t-elle intention de se dégager
toutes ses obligations antérieures, et de faire sortir de la crise ac-
le l'abolition à tout jamais de tout un ordre de relations que le
ps avait consacré?

L'Europe impartiale comprendra que, si la question se posait en
termes, elle deviendrait pour la Russie, malgré les intentions les
s conciliantes, insoluble pacifiquement. Car il s'agirait pour nous
nos traités, de notre influence séculaire, notre crédit moral, de
sentiments les plus chers, nationaux et religieux.

Qu'on nous permette de le dire : la contestation actuelle et tout
retentissement que la presse lui a donné en dehors des cabinets
osent sur un pur malentendu ou sur un défaut d'attention suffi-
te à tous nos antécédents politiques.

On semble ignorer ou l'on perd de vue que la Russie jouit vir-
llement, par position et par traité, d'un ancien droit de surveil-
ce à la protection efficace de son culte en Orient, et le maintien
cet ancien droit, qu'elle ne saurait abandonner, on se le repré-
te comme impliquant la prétention toute nouvelle d'un *protectorat*
fois religieux et politique dont on s'exagère la portée et les con-
uences.

C'est à ce triste malentendu que tient toute la crise du moment.
La portée et les conséquences de notre prétendu nouveau pro-
torat politique n'ont point d'existence réelle. Nous ne demandons
r nos coreligionnaires en Orient que le strict *statu quo*, que la
servation des priviléges qu'ils possèdent *ab antiquo* sous l'égide
leur souverain. Nous ne nierons pas qu'il n'en résulte pour la
ssie ce qu'on peut justement appeler un patronage religieux. C'est
i que de tout temps nous avons exercé en Orient. Or, si jusqu'ici
dépendance et la souveraineté de la Turquie ont trouvé moyen
se concilier avec l'exercice de ce patronage, pourquoi l'une et
tre en souffriraient-elles à l'avenir, du moment que nos préten-
ns se réduisent à ce qui n'en est au fond que la simple confir-
tion?

Nous l'avons dit, et nous le répétons, l'empereur ne veut pas
s aujourd'hui qu'il ne l'a voulu dans le passé renverser l'empire
oman, ou s'agrandir à ses dépens. Après l'usage si modéré qu'il a
en 1829 de la victoire d'Andrinople, quand cette victoire et ses
nséquences mettaient la Porte à sa merci; après avoir, seul en Eu-
e, sauvé la Turquie, en 1833, d'un démembrement inévitable;
ès avoir, en 1839, pris auprès des autres puissances l'initiative
propositions qui, exécutées en commun, ont empêché le sultan de
r son trône faire place à un nouvel empire arabe, il devient pres-
fastidieux de donner les preuves de cette vérité. Au contraire,
principe fondamental de la politique de notre auguste maître a
jours été de maintenir aussi longtemps que possible le *statu quo*
uel de l'Orient.

Il l'a voulu et le veut encore, parce que tel est en définitive l'in-
êt bien entendu de la Russie, déjà trop vaste pour avoir besoin
ne extension de territoire; parce que, prospère, paisible, inoffen-
, placé comme utile intermédiaire entre des Etats puissants, l'em-
e ottoman arrête le choc des rivalités qui, s'il tombait, se heurte-
ent incontinent pour s'en disputer les ruines; parce que la
voyance humaine s'épuise vainement à chercher les combinaisons
plus propres à combler le vide que laisserait dans l'équilibre poli-
ue la disparition de ce grand corps. Mais si telles sont les vues
elles, avouées, sincères de l'empereur, pour qu'il puisse y rester
èle il faut aussi que la Turquie agisse envers nous de manière à
us offrir la possibilité de coexister avec elle; qu'elle respecte nos
ités particuliers et les conséquences qui en dérivent; que des actes
mauvaise foi, de sourdes persécutions, des vexations perpétuelles,
entés à notre culte, ne nous créent pas une situation qui, intolé-
ble à la longue, nous forcerait d'en confier le remède aux chances
ugles du hasard.

Telles sont, monsieur, les considérations que vous êtes chargé de
re valoir auprès du gouvernement... en portant à sa connaissance,
r la présente dépêche, les résolutions et les intentions de S. M.
mpereur.

Recevez, monsieur, etc.

» *Signé* NESSELRODE. »

### IV.

Nous demandons pardon au lecteur pour la longueur de ces pièces.
ais, qu'il le dise, s'il ne les avait lues, y croirait-il? Cela n'est pas
robable, car la Russie a tant et si bien manœuvré, intrigué, menti,
e, à l'exception des hommes qui ont fait une étude spéciale de la
litique, tout le monde à peu près en Europe croyait, avant ces der-

niers événements, que si le gouvernement des czars était violent,
despotique, il rachetait cette rudesse par une franchise inconnue
dans les pays constitutionnels. Dans ces pays, on trompe, on ment;
Louis-Philippe a même eu un ministre célèbre dont M. Royer-Col-
lard disait : « Mentir est la plus belle moitié de son talent. » Mais
dans les pays libres vient assez souvent le jour de compter avec la
vérité, et le mensonge est puni par la perte du pouvoir et par la déconsidération. En Russie, c'est la vérité, si un homme d'Etat était
capable de la dire un jour, soit au dedans, soit au dehors, qui le
frapperait de déconsidération et le ferait chasser du pouvoir; car enfin pour qu'un homme, une compagnie, un gouvernement ose dire
tout haut sa pensée, il faut que cette pensée soit avouable.

Jamais les jésuites ne vous diront publiquement : « Nous voulons
la domination universelle par la corruption des esprits et l'abêtisse-
ment de toute volonté qui n'est pas celle des chefs ayant les secrets
de notre ordre. » L'autocratie et l'aristocratie russes, qui ont le même
but précisément que la compagnie de Jésus, ne l'avoueront jamais ni
au monde ni aux machines humaines qui leur servent d'instrument.
Cela a été toujours évident; mais, trompée par la plupart de ses gouvernements et par le faux air de grandeur que prend de loin la force
brutale, l'Europe ne voulait pas voir ce qui lui blesse aujourd'hui
et le cœur et les yeux. Il est même notoire que jusque dans les sphè-
res politiques il s'est rencontré des hommes qui ont déclaré que la
Russie pouvait, à la rigueur, se croire dans son droit en entrant, le
3 juillet, dans les provinces danubiennes, précédée de la proclamation qu'on va lire :

#### *Proclamation.*

« HABITANTS DE LA MOLDAVIE ET DE LA VALACHIE,

» S. M. l'empereur, mon auguste maître, m'a ordonné d'occuper
votre territoire avec le corps d'armée dont il a daigné me confier le
commandement.

» Nous n'arrivons au milieu de vous ni avec des projets de conquête ni avec l'intention de modifier les institutions qui vous régissent et la situation politique que des traités solennels vous ont
garantie.

» L'occupation provisoire des principautés, que je suis chargé d'ef-
fectuer, n'a d'autre but que celui d'une protection immédiate et efficace dans des circonstances imprévues et graves où le gouvernement
ottoman, méconnaissant les nombreuses preuves d'une sincère alliance
que la cour impériale n'a cessé de lui donner depuis la conclusion du
traité d'Andrinople, répond à nos propositions les plus justes par des
refus, à nos conseils les plus désintéressés par la plus offensante méfiance.

» Dans sa longanimité, dans son constant désir de maintenir la
paix en Orient comme en Europe, l'empereur évitera une guerre
offensive contre la Turquie aussi longtemps que sa dignité et les intérêts de son empire le lui permettront.

» Le jour où il obtiendra la réparation qui lui est due et les garanties qu'il est en droit de réclamer pour l'avenir, ses troupes rentreront dans les limites de la Russie.

» Habitants de la Moldavie et de la Valachie, je remplis également
un ordre de S. M. I. en vous déclarant que la présence de ses troupes dans votre pays ne vous imposera ni charges ni contributions
nouvelles; que les fournitures en seront liquidées par nos caisses
militaires en temps opportun et à un taux fixé d'avance, d'accord
avec vos gouvernements.

» Envisagez votre avenir sans inquiétude, livrez-vous avec sécurité à vos travaux agricoles et à vos spéculations commerciales,
obéissez aux règlements qui vous régissent et aux autorités établies.
C'est par le fidèle accomplissement de ces devoirs que vous acquerrez
les meilleurs titres à la généreuse sollicitude et à la puissante protection de S. M. l'empereur.

» *Signé* l'aide de camp général, prince GORTSCHAKOFF. »

### V.

Convaincu que la conscience publique est impatiente de connaître
la réponse des gouvernements de France et d'Angleterre aux documents qu'on vient de lire, et qui font affront à la civilisation non
moins qu'à la vérité, nous citerons ici même, sans les faire précéder
d'aucun commentaire, la note-circulaire de M. Drouin de Lhuys et
celle du comte de Clarendon.

*Note circulaire adressée par M. Drouin de Lhuys aux agents français
à l'étranger.*

« Paris, le 15 juillet 1853.

» MONSIEUR,

» La nouvelle dépêche de M. le comte de Nesselrode, que le *Journal de Saint-Pétersbourg* publiait le lendemain du jour où elle était
expédiée à toutes les légations de Russie, a produit sur le gouverne-

ment de l'empereur une impression que S. M. I. m'a ordonné de vous faire connaître sans détour.

» Nous ne pouvons que déplorer de voir la Russie, au moment même où les efforts de tous les cabinets pour amener une solution satisfaisante des difficultés actuelles témoignent si hautement de leur modération, prendre une attitude qui rend le succès de leurs négociations plus incertain, et impose à quelques-uns d'entre eux le devoir de repousser la responsabilité que l'on essayerait vainement de faire peser sur leur politique.

» Je ne voudrais pas, monsieur, revenir sur une discussion épuisée ; mais comme M. le comte de Nesselrode allègue toujours, à l'appui des prétentions de Saint-Pétersbourg, l'offense que la Porte aurait commise à son égard en ne tenant pas compte des promesses qu'elle aurait faites à la légation de Russie à l'époque du premier règlement de la question des lieux saints, en 1852, je suis bien forcé de répéter que les firmans rendus par le sultan, à la suite de la mission de M. le prince Menschikoff, ont ôté tout fondement à cet unique grief, et que s'il est un gouvernement autorisé à élever des plaintes légitimes, CE N'EST PAS CELUI DE S. M. L'EMPEREUR NICOLAS.

En effet, à la date du 10 mai dernier, M. le comte de Nesselrode, qui venait de recevoir des dépêches de M. l'ambassadeur de Russie à Constantinople, se félicitait, avec M. le général de Castelbajac, d'un résultat qu'il considérait comme une heureuse conclusion de l'affaire des lieux saints ; M. Kisseleff, à Paris, me faisait une semblable déclaration, et partout les agents du cabinet de Saint-Pétersbourg tenaient le même langage.

» Les demandes formulées postérieurement par M. le prince Menschikoff quand l'objet principal de sa mission était atteint, quand on annonçait déjà son retour, ne se rattachaient donc par aucun lien à celles qu'il avait fait accueillir par la Porte ; et c'était bien une nouvelle question, une difficulté plus grave qui surgissait à Constantinople, alors que l'Europe, un instant alarmée, était invitée par la Russie elle-même à se rassurer complètement.

» Pris en quelque sorte au dépourvu par des exigences qu'ils n'avaient pas dû soupçonner, les représentants de la France, de l'Autriche, de la Grande-Bretagne et de la Prusse à Constantinople ont loyalement employé leurs efforts pour empêcher une rupture dont les conséquences pouvaient être si fatales. Ils n'ont pas conseillé à la Porte une résistance de nature à l'exposer aux dangers les plus sérieux ; et reconnaissant à l'unanimité que les demandes de la Russie touchaient de trop près à la liberté d'action et à la souveraineté du sultan pour qu'ils pussent se permettre un avis, ils ont laissé aux seuls ministres de S. H. la responsabilité du parti à prendre. Il n'y a donc eu, de leur part, ni pression d'aucun genre ni ingérence quelconque, et si le gouvernement ottoman, livré à lui-même, n'a pas voulu souscrire aux conditions qu'on prétendait lui imposer, il faut assurément qu'il les ait trouvées entièrement incompatibles avec son indépendance et sa dignité.

» C'est dans de telles conjonctures, monsieur, que M. le prince Menschikoff a quitté Constantinople en rompant toute relation diplomatique entre la Russie et la Porte, et que les puissances engagées par leurs traditions et leurs intérêts à maintenir l'intégrité de la Turquie ont eu à se tracer une ligne de conduite.

» Le gouvernement de S. M. I., d'accord avec celui de S. M. B., a pensé que la situation était trop menaçante pour ne pas être surveillée de près, et les escadres de France et d'Angleterre reçurent bientôt l'ordre d'aller mouiller dans la baie de Besika, où elles arrivèrent au milieu du mois de juin.

» Cette mesure, toute de prévoyance, n'avait aucun caractère hostile à l'égard de la Russie ; elle était impérieusement commandée par la gravité des circonstances et amplement justifiée par les préparatifs de guerre qui, depuis plusieurs mois, se faisaient en Bessarabie et dans la rade de Sébastopol.

» Le motif de la rupture entre le cabinet de Saint-Pétersbourg et la Porte avait, pour ainsi dire, disparu ; la question qui pouvait se poser à l'improviste à Constantinople, c'était celle de l'existence même de l'empire ottoman, et jamais le gouvernement de S. M. I. n'admettra que de vastes intérêts se trouvent en jeu sans revendiquer aussitôt la part d'influence et d'action qui convient à sa puissance et à son rang dans le monde. A la présence d'une armée russe sur les frontières de terre de la Turquie il avait le droit et le devoir de répondre par la présence de ses forces navales à Besika, dans une baie librement ouverte à toutes les marines, et située en deçà des limites que les traités défendent de franchir en temps de paix.

» Le gouvernement de Russie, du reste, devait bientôt se charger d'expliquer lui-même la nécessité du mouvement ordonné aux deux escadres.

» Le 31 mai, en effet, quand il était impossible de connaître à Saint-Pétersbourg, où la nouvelle n'en parvint que le 17 juin, les résolutions auxquelles pourraient s'arrêter la France et l'Angleterre, M. le comte de Nesselrode envoyait à la Porte, sous forme d'une lettre à Réchid-Pacha, un dernier ultimatum, à bref délai, et qui contenait, très-clairement exprimée, la menace d'une prochaine occupation des principautés du Danube.

» Lorsque cette décision était prise avec une solennité qui ne permettait plus à un gouvernement jaloux de sa dignité de la mo[d] lorsque, par une circulaire datée du 11 juin, S. M. l'empereu[r Ni]colas la fait annoncer à l'Europe, comme pour en rendre l'exéc[ution] plus irrévocable, notre escadre était encore à Salamine, et cel[le de] l'Angleterre n'était pas sortie du port de Malte.

» Ce simple rapprochement de dates suffit, monsieur, pour [indi]quer de quel côté est partie cette initiative que l'on s'efforce au[jour]d'hui de décliner en en rejetant la responsabilité sur la Fran[ce et] l'Angleterre ; il suffit également pour prouver qu'entre la comm[uni]cation faite à Paris et à Londres de la démarche tentée directe[ment] par M. le comte de Nesselrode à Constantinople et le rejet de [l']ultimatum, le temps a manqué matériellement aux gouvernemen[ts de] S. M. I. et de S. M. B. pour exercer, dans un sens quelconque, [une] influence à Constantinople. Non, monsieur, je le dis avec tou[te la] puissance de la conviction, le gouvernement français, dans ce g[rand] débat, n'a nul reproche à se faire ; il repousse au fond de sa [con]science, non moins que devant l'Europe, la responsabilité qu'o[n lui] impute, et, fort de sa modération, en appelle sans crainte à so[n tour] au jugement des cabinets.

» Sauf le but si différent des deux démonstrations, il y avait [pu] être une sorte d'analogie dans les situations respectives quand [l'ar]mée russe se tenait sur la rive gauche du Pruth, et que les flott[es de] France et d'Angleterre jetaient l'ancre à Besika. Cette analog[ie a] disparu depuis le passage de la rivière qui forme les limites de [l'em]pire russe et de l'empire ottoman. M. le comte de Nesselrode, [ail]leurs, semble le reconnaître quand il suppose déjà les escadre[s en] vue de Constantinople, et représente comme une compensatio[n né]cessaire à ce qu'il appelle notre *occupation maritime*, la positio[n mi]litaire prise par les troupes russes sur les bords du Danube.

» Les forces anglaises et françaises ne portent, par leur présen[ce] dehors des Dardanelles, aucune atteinte aux traités existants. L'oc[cu]pation de la Valachie et de la Moldavie, au contraire, constitue [une] violation manifeste de ces mêmes traités. Celui d'Andrinople, [qui] détermine les conditions du protectorat de la Russie, pose impli[cite]ment le cas où il serait permis à cette puissance d'intervenir [dans] les principautés : ce serait si leurs priviléges étaient méconnu[s par] les Turcs.

» En 1848, quand ces provinces ont été occupées par les Ru[sses,] elles se trouvaient en proie à une agitation révolutionnaire qui [me]naçait également leur sécurité, celle de la puissance souverai[ne et] celle de la puissance protectrice. La convention de Balta-Li[man,] enfin, a admis que si des événements semblables venaient à se [re]nouveler dans une période de sept années, la Russie et la Tu[rquie] prendraient en commun les mesures les plus propres à rétablir l'or[dre.] Les priviléges de la Moldavie et de la Valachie sont-ils mena[cés ?] Des troubles révolutionnaires ont-ils éclaté sur leur territoire ? [les] faits répondent d'eux-mêmes qu'il n'y a lieu, pour le moment, à [l'ap]plication ni du traité d'Andrinople ni de la convention de B[alta-] Liman.

» De quel droit les troupes russes ont-elles donc passé le Pruth [?] ce n'est pas du droit de la guerre, d'une guerre, je le reconnais, [dont] on ne veut pas prononcer le vrai nom, mais qui dérive d'un prin[cipe] nouveau, fécond en conséquences désastreuses, que l'on s'étonn[e de] voir pratiquer pour la première fois par une puissance conserva[trice] de l'ordre européen au degré aussi éminent que la Russie, et [qui] n'irait à rien moins qu'à l'oppression, en pleine paix, des Etats [fai]bles par les Etats plus forts qui sont leurs voisins ?

» L'intérêt général du monde s'oppose à l'admission d'une s[em]blable doctrine, et la Porte, en particulier, a le droit inconte[sté] de voir un acte de guerre dans l'envahissement de deux provi[nces] qui, quelle que soit leur organisation spéciale, font partie intég[rante] de son empire. Elle ne violerait donc pas plus que les puissance[s qui] viendraient à son aide le traité du 13 juillet 1841, si elle décla[rait] les détroits des Dardanelles et du Bosphore ouverts aux escadre[s de] France et d'Angleterre. L'opinion du gouvernement de S. M. I. [est] formelle à cet égard, et bien que, dans sa pensée, elle n'exclue [pas] la recherche d'un moyen efficace de conciliation entre la Russie [et la] Turquie, j'ai invité M. le général de Castelbajac à faire connaî[tre] notre manière de voir à M. le comte de Nesselrode et à lui comm[u]niquer cette dépêche. Je vous autorise également à en remettre [une] copie à M.

» Agréez, monsieur         , l'assurance de ma ha[ute] considération.

» DROUYN DE LHUYS. »

*Réponse du comte de Clarendon à la deuxième circulaire du comte de Nesselrode.*

« Foreign-Office, 16 juillet 1853.

» MONSIEUR,

» Le baron Brunow m'a communiqué la dépêche circulaire adre[ssée] par le comte de Nesselrode aux légations de Russie, sous la date [du] 20 juin (2 juillet) 1853.

» J'aurais beaucoup de peine à vous exprimer l'étonnement e[t le] regret avec lesquels le gouvernement de S. M. a vu la déclara[tion] itenue dans cette dépêche, savoir : que c'était par suite du refus de l'Angleterre et de la France d'accéder aux recommandations du gouvernement russe et par suite de l'entrée de leurs flottes dans les eaux de la Turquie que l'occupation des principautés avait eu lieu.

» Je remarque d'abord, quant à la première de ces assertions, que la dépêche du comte de Nesselrode, adressée sous la date du 1er juin au baron de Brunow, n'a pas été communiquée au gouvernement de S. M. avant le 8 juin, et par conséquent les ordres adressés à l'amiral Dundas, depuis une semaine. de se rendre près des Dardanelles, n'ont pas été donnés, comme le prétend la circulaire du comte de Nesselrode, après que les considérations exprimées dans sa dépêche aient été soumises au gouvernement anglais.

» Mais en eût-il été autrement, les ordres n'eussent-ils pas été donnés, il eût été possible au gouvernement de S. M. de croire que la menace d'occuper les principautés ne serait pas mise à exécution, par suite du refus de la Porte d'accepter des conditions qu'elle avait rejetées sans hésitation quelques jours auparavant.

» En conséquence, le 8 juin, le gouvernement de S. M. devait considérer l'occupation des principautés comme inévitable, et il n'ose que le cabinet de Saint-Pétersbourg ne prétendra pas que la note du comte de Nesselrode à Réchid-Pacha ne contenait qu'une simple menace qu'on ne se proposait nullement de mettre à exécution.

» En fait, d'ailleurs la note du comte de Nesselrode en date du 11 mai dernier, qui contient l'expression des intentions hostiles de la Russie, aurait suffi elle seule à autoriser le gouvernement de S. M. à prendre des mesures pour protéger la Turquie.

» Je vais tâcher d'établir à quelle époque et pour quels motifs la flotte anglaise a été envoyée dans les eaux de la Turquie.

» Le prince Menschikoff, par ordre de son gouvernement, a déclaré dans sa note du 5 mai, dont la copie a été reçue à Londres le 6 du même mois, que tout retard dans l'adoption des propositions qu'il avait faites au sujet de l'Eglise grecque « serait considéré par lui comme un manque de respect envers son gouvernement et lui imposerait les devoirs les plus pénibles. »

» En conséquence, dans sa note du 11 mai, dont la copie a été reçue à Londres le 30 du même mois, le prince Menschikoff, prévoyant que la résolution de la Porte serait négative ou insuffisante, disait : Si les principes qui formaient la base des articles proposés ont rejetés ;

» Si, par une opposition systématique, la Sublime Porte persiste à refuser de s'entendre d'une manière intime et directe avec la Russie, il devait considérer sa mission comme terminée, interrompre ses relations avec le ministère de S. M. le sultan et rejeter sur ses ministres la responsabilité de toutes les conséquences qui pourraient en résulter.

» Enfin, dans sa note du 15 mai, reçue à Londres le 1er juin, le prince Menschikoff conclut dans les termes suivants : « C'est à la sagacité de Votre Excellence à peser les conséquences incalculables et les grandes calamités qui peuvent en résulter et qui pèseront de tout leur poids sur la responsabilité des ministres de S. M. le sultan. »

» D'une part, les menaces réitérées envers une puissance dont la Russie elle-même a déclaré qu'elle prétendait maintenir l'indépendance ; ces menaces, disons-nous, faites pour soutenir des demandes bien peu conformes aux assurances données au gouvernement de S. M. ; d'autre part, les grands armements de terre et de mer faits sur la frontière même de la Turquie ne laissaient aucun doute dans l'esprit du gouvernement de S. M. sur l'imminence du danger auquel le sultan allait être exposé.

» Le gouvernement de S. M. regrettait profondément que ce danger résultât des actes du gouvernement russe, l'un des signataires du traité de 1841 ; mais comme le gouvernement de S. M. maintient aussi énergiquement qu'en 1841 les principes énoncés dans ce traité, et comme il pense que la paix de l'Europe est attachée au maintien de l'empire ottoman, il a compris que le moment était venu de se tenir en mesure de défendre le sultan dans l'intérêt même de la paix.

» Aussi, en apprenant le brusque départ du prince Menschikoff, le gouvernement de S. M. prit la résolution de mettre la flotte anglaise, qui n'avait pas encore quitté Malte, à la disposition de l'ambassadeur de S. M. à Constantinople.

» Le 1er juin, le gouvernement a adressé à lord Stratford-Redcliffe une dépêche qui l'autorisait, dans certaines circonstances données, à appeler la flotte et à la diriger sur tel point qu'il jugerait convenable. Le 2 juin, le gouvernement adressait à l'amiral Dundas des instructions pour qu'il se rendît immédiatement près des Dardanelles et se mît en communication avec l'ambassadeur de S. M. La veille nous avions reçu copie de la note du prince Menschikoff, en date du 18 mai, dans laquelle il déclarait que sa mission était terminée, et que le refus de la garantie demandée « imposerait au gouvernement impérial la nécessité de la trouver dans sa propre force. »

» Le 2 juin, je fis connaître au baron de Brunow la mesure prise par le gouvernement de S. M. Il n'a pas pu transmettre cette communication à Saint-Pétersbourg avant le 7 ou le 8, et, par conséquent, elle n'a pu avoir la moindre influence sur la résolution prise par le gouvernement russe.

» Cependant, la note dans laquelle le comte de Nesselrode annonçait à Réchid-Pacha que « dans quelques semaines les troupes russes » recevraient l'ordre de passer la frontière de l'empire, » portait la date du 31 mai ; sa dépêche au baron de Brunow, dans laquelle il a dit que si la Porte ne signe pas la note du prince Menschikoff dans une semaine, à dater du jour où elle serait remise à Réchid-Pacha, l'empereur « ordonnerait à ses troupes d'occuper les principautés, » porte la date du 1er juin.

» Il résulte évidemment de ce qui précède que la flotte anglaise n'a point été envoyée dans les eaux de la Turquie au mépris des considérations soumises au gouvernement de S. M. par le cabinet de Saint-Pétersbourg, et que la résolution d'occuper les principautés a été prise par le gouvernement russe la veille du jour où sont parties de Londres les instructions adressées à lord Stratford-Redcliffe.

» Cette décision a été prise parce que le gouvernement russe ne pouvait pas croire sérieusement un seul instant que la Porte acceptât, sans variante, les clauses que l'intérêt de sa sûreté et de sa dignité l'avaient obligée à repousser quelques jours auparavant. Néanmoins, le comte de Nesselrode affirme, dans sa dépêche circulaire du 27 juillet, que la présence des flottes anglaise et française dans la baie de Besika a provoqué et justifié l'occupation des principautés ; il prétend que les flottes sont presque en vue de la capitale, qu'elles ne sont à peine à 200 milles, et que l'occupation maritime des ports et des eaux de la Turquie par ces flottes ne peut être balancée que par une occupation militaire de la part de la Russie.

» Mais le gouvernement de S. M. doit protester contre cette assertion dans les termes les plus énergiques. Il nie qu'il y ait aucune ressemblance entre la position des flottes combinées dans la baie de Besika et celle des armées russes dans les principautés. Les flottes ont aussi bien le droit de mouiller dans la baie de Besika que dans un mouillage quelconque de la Méditerranée. Leur présence dans ces eaux n'est interdite par aucun traité ; elle ne viole aucun territoire, et n'est contraire à aucun principe du droit des gens ; elle ne menace point l'indépendance de l'empire ottoman, et assurément la Russie ne devrait pas y voir une offense.

» Au contraire, l'occupation des principautés par la Russie constitue une violation du territoire du sultan et du traité spécial relatif à cette partie de son empire ; elle constitue une infraction aux principes du droit des gens et un acte d'hostilité directe contre le sultan, auquel celui-ci aurait le droit de répondre par une déclaration de guerre et par une réquisition aux flottes alliées de s'avancer vers Constantinople pour la défendre.

» Cette occupation enfin constitue un précédent si dangereux, c'est un acte si violent de la part d'un Etat puissant contre un Etat que sa faiblesse devrait protéger, qu'elle a soulevé dans toute l'Europe des sentiments d'alarme et de réprobation. Il est évidemment impossible d'admettre qu'il existe aucune ressemblance ou qu'il y ait lieu d'établir aucune comparaison entre la position des flottes anglaise et française hors des Dardanelles et celle des armées russes dans les principautés.

» C'est avec un profond regret que le gouvernement de S. M. se voit placé dans la nécessité d'exprimer son opinion sur l'invasion récente du territoire turc, mais il croit que s'il s'abstenait, il manquerait à son devoir et rendrait plus difficile à l'avenir son intervention pour la défense et le maintien des traités qui constituent le droit public européen et la seule garantie effective de la paix générale et des droits des nations.

» Les souffrances que l'occupation des principautés doit causer aux habitants seront sans doute diminuées par le gouvernement russe, qui prendra évidemment à sa charge les frais de cette occupation. Après avoir si souvent et si longuement discuté les demandes faites par la Russie à la Sublime Porte, je ne crois pas avoir besoin d'insister sur les autres passages de la dépêche circulaire du comte de Nesselrode, qui, d'ailleurs, ne contient ni fait ni argument nouveau à l'appui des demandes de la Russie.

» Je dois toutefois exprimer la conviction que la Russie se trompe en disant que la Porte est peu disposée à faire droit aux justes demandes de la Russie ou qu'elle cherche à échapper aux engagements qu'elle a pris envers la Russie. Si cette imputation était fondée, le gouvernement de S. M. n'aurait pas manqué d'employer toute l'influence dont il dispose pour engager la Porte à remplir loyalement ses engagements.

» Mais le gouvernement de S. M. n'a pas plus connaissance de la violation des engagements de la Turquie que des nombreux actes arbitraires du gouvernement ottoman, qui, dit-on, ont attenté aux droits de l'Eglise grecque et menacé de renverser un ordre de choses sanctionné par le temps et précieux pour l'Eglise orthodoxe. La Russie demande, en faveur de ses coreligionnaires en Orient, le *statu quo* strict et le maintien des priviléges dont ils ont joui sous la protection des empereurs de Russie.

» Mais le comte de Nesselrode se dispense complétement de donner des explications sur la manière dont le *statu quo* a été troublé, — sur les priviléges qui ont été méconnus, — sur les plaintes qui ont été faites, — sur les griefs qu'on a refusé de redresser. Le gouvernement de S. M. ne connaît qu'une seule offense faite par le gouvernement turc contre la Russie, et cette offense a été réparée à la satisfaction du prince Menschikoff, et le dernier firman par lequel le sultan confirme les priviléges et les immunités de l'Eglise grecque a été reçu avec une vive reconnaissance par le patriarche de Constantinople. Où sont donc les motifs qui, comme le dit M. le comte de Nesselrode, justifieraient aux yeux de l'Europe impartiale la position prise par la Russie?

» Le comte de Nesselrode ajoute que la Russie, grâce à sa position géographique et à ses traités, possède virtuellement le droit de protéger l'Eglise grecque en Orient. S'il en est ainsi, et si ce droit (quelles que puissent être sa nature et son étendue) n'est pas interrompu, c'est la Russie qui met en doute son existence ou sa validité en s'efforçant d'obtenir de la Porte de nouveaux engagements.

» Si les anciens droits existent, et s'ils sont respectés par la Turquie, la Russie n'a aucun motif de se plaindre ; mais si la Russie cherche à étendre ses droits, la Turquie a, de son côté, le droit d'examiner avec soin les demandes nouvelles qu'on lui fait et de re-

pondre par une déclaration de guerre. On a dû toutefois remarquer que le gouvernement français est plus explicite dans la reconnaissance du droit du sultan à requérir le concours de ses alliés pour le maintien de l'intégrité de son empire.

Il y a une autre nuance qui n'a pas dû échapper à un lecteur attentif : lord Clarendon reconnaît explicitement que la Turquie a fait une offense au czar dans la solution donnée à la question des lieux saints. Cela d'abord n'est pas exact, un gouvernement n'est point autorisé à qualifier d'offense la discussion de la limite d'un droit résultant de traités diplomatiques, ou de tous autres actes sujets de leur nature à l'interprétation ; en second lieu, par la concession qu'il fait ici à la Russie, le chef du Foreign-Office jette une sorte de blâme indirect sur la conduite de la France dans l'affaire des lieux saints. Un tel procédé n'est ni généreux ni politique au moment où les deux nations occidentales éprouvent le besoin de s'unir dans une étroite et franche alliance pour assurer le salut de la civilisation, plus profondément menacée par le RUSSISME, qu'on nous par-

Valaques.

pousser celles qui sont incompatibles avec son indépendance et sa dignité.

» Le gouvernement de Sa Majesté reçoit avec une sincère satisfaction les assurances nouvelles que la politique de Sa Majesté Impériale et l'intérêt de la Russie exigent le maintien de l'état de choses qui existe en Orient ; et comme les intérêts de la Turquie lui imposent la nécessité d'observer ses engagements envers la Russie, le gouvernement de Sa Majesté se flatte que la Russie ne désirera pas (en faisant effort, dans les circonstances actuelles, pour faire accepter des demandes que la Porte ne peut admettre) prolonger une crise qui peut rendre inévitables des conséquences que l'Europe a si grand intérêt à éviter.

» Vous êtes autorisé à lire cette dépêche au comte de Nesselrode, et même à en donner copie à Son Excellence.

» Je suis, etc.

» *Signé* CLARENDON. »

La note du ministre français a des allures plus vives, va plus rapidement au but ; mais il ne s'agit ici ni de formes d'argumentation ni de formes de style. Les deux gouvernements prennent également la Russie en flagrant délit de contre-vérité et la déclarent également non fondée dans ses prétentions. Ils sont d'accord aussi sur ce point décisif, que l'entrée des Russes dans les principautés constitue une violation du droit des gens à laquelle le sultan serait autorisé à ré-

donne de forger ce mot, qu'elle ne le fut autrefois par le matérialisme.

Au nom de leur foi, les musulmans ont voulu la domination universelle ; mais cette foi même, nous l'avons déjà fait remarquer, leur interdit de violer les sanctuaires de la conscience, tandis que le russisme ne respecte rien, ni la conscience, ni la religion, ni la pensée. Mais la Russie a été l'alliée, nous allions dire la complice, de l'aristocratie britannique dans ses luttes impies contre le principe mis au monde par la France en 1789 au prix du plus grand et du plus douloureux des enfantements, et cette aristocratie, défaillante aujourd'hui devant la génération qui s'élève, voulait donner ici un signe de vie et de reconnaissance à la vieille Europe. D'autres signes de même nature apparaîtront encore avant que la vieille Angleterre tire le canon démocratique contre l'ancienne coalition.

Cependant ce canon est chargé, la poudre fulminante appelle le choc qui doit la faire éclater, et au moment où nous traçons ces lignes, le boulet destiné à couper le câble qui, depuis soixante ans, empêche l'Europe de voguer sur la pleine mer du progrès, pénètre peut-être dans les flancs de l'escadre russe.

## VI.

Le 5 juillet, la Porte Ottomane reçut la nouvelle de l'entrée des Russes dans les principautés ; et comme le langage des ambassadeurs

gleterre et de France indiquait clairement le désir impérieuse-
nt amical que la guerre ne fût point déclarée, le sultan dut se
ner à une protestation reproduisant la plupart des arguments des
culaires Drouyn de Lhuys et Clarendon. Cette modération, cette
égation, si l'on veut, n'était pas de la faiblesse; la suite a prouvé
effet que les jours n'ont point été dépensés en pure colère contre
insolences du czar. Le gouvernement ottoman a accompli en quel-
s mois des préparatifs de guerre de nature à détromper sérieuse-
nt les faiseurs d'oraisons funèbres, qui vont répétant depuis 1827 :
a Turquie se meurt, la Turquie est morte! »
Mais le moment est venu de parler de ces principautés du Danube
la Russie se ménage des prétextes de protection, d'entrée, de
tie, afin d'accoutumer l'Europe à l'idée d'une occupation définitive.
puis un siècle bientôt, les czars sont venus les uns après les autres
er, s'il est permis de s'exprimer ainsi, cette conquête qu'ils espè-
t rendre définitive, car c'est de là seulement qu'ils pourraient se
ir assurés d'arriver à Constantinople.

« Nous consentons que la principauté nouvellement soumise se
gouverne d'après ses propres lois, et que le prince de Valachie ait le
droit de faire la guerre et la paix, et celui de vie et de mort sur ses
sujets.

» Les princes chrétiens seront élus par le métropolitain et les
boyards.

» Mais à cause de cette haute clémence, et parce que nous avons
inscrit ce prince raya sur la liste de nos autres sujets, il sera tenu
de payer par an, à notre trésor impérial, trois mille piastres rouges
du pays, ou cinq cents piastres d'argent de notre monnaie. »

Maître de Constantinople, Mahomet II consentit à ratifier, en 1460,
la convention signée par son prédécesseur. Il s'engagea, moyennant
un tribut annuel de dix mille piastres et la reconnaissance de sa suprématie, à protéger la Valachie, à la défendre contre tout ennemi,
et à en respecter l'organisation intérieure.

La Moldavie conservait encore son indépendance. Son waïvode,
Etienne le Grand, qui avait glorieusement soutenu la guerre contre

Moldaves.

### LES PRINCIPAUTÉS DU DANUBE.

#### I.

La Moldavie et la Valachie, par leur position, par les qualités de
urs habitants, par la richesse de leur sol, ont une importance bien
périeure à celle d'autres pays plus étendus ou plus peuplés. Elles
isaient partie de l'ancien royaume de Dacie, lorsque Trajan s'en
mpara, et le nom de Roumains, dont s'enorgueillissent encore les
Moldo-Valaques, reste comme un souvenir d'une conquête qui amena
ne modification profonde dans la population, le sang des vainqueurs
'ayant pas tardé à se mêler à celui des vaincus.

Au milieu des invasions des Goths, des Avares, des Slaves, des
artares, ces deux provinces réussirent à conserver leur nationalité.
ous la suzeraineté de l'empire grec, elles eurent des princes quali-
és indistinctement des noms de waïvodes, d'hospodars (mot slavon
ui signifie seigneur), myrtzas, despotes ou palatins. Ces princes
uttèrent avec succès contre les Osmanlis, qu'ils repoussèrent à plu-
eurs reprises au delà des Balkans; mais il fallut enfin céder au
ombre.

En 1392, le sultan Bajazet, auquel la rapidité de ses conquêtes
vait valu le surnom d'*Iderim* (la foudre), dompta les Valaques. Tou-
efois, craignant de les exaspérer en abusant de la victoire, il signa
à Nicopolis une convention, dont voici les dispositions principales :

les troupes ottomanes, s'abandonna au découragement. Se sentant
près de sa fin, il convoqua une assemblée à Soutchava en 1546, et
donna à son fils Bogdan, et à ses compagnons d'armes, le conseil de
se soumettre au sultan : « Je suis, dit-il, sur le point de payer le tribut à la nature; toute ma gloire est comme un beau fantôme qui se
perd dans la nuit; la mort vient prendre ses droits; mais ce n'est pas
ce qui m'épouvante, car je sais que l'instant de ma naissance a été
mon premier pas vers le tombeau. Ce qui m'alarme, c'est la pensée
accablante que Soliman nous menace. Il a déjà subjugué la plus
grande partie de la Hongrie; les Valaques, qui sont chrétiens comme
nous, ont dû reconnaître sa supériorité; il va fondre sur nous, et nous
n'avons pas à compter sur l'appui de nos voisins. C'est pourquoi je
vous exhorte, dans ces derniers instants de ma vie, à tâcher de faire
vos conditions avec lui. Si vous pouvez obtenir la conservation de
vos lois ecclésiastiques et civiles, ce sera toujours une paix honorable; fût-ce à titre de fief : il vous sera plus avantageux d'éprouver sa
clémence que son épée. Mais si, au contraire, il veut vous prescrire
d'autres conditions, n'hésitez pas à mourir l'épée à la main pour la
défense de votre religion et la liberté de votre patrie! »

Conformément à ces instructions, Bogdan, qui succéda peu de
temps après à son père, envoya son grand chancelier Teutul au sultan Sélim II, successeur de Soliman, pour lui proposer un accommodement. Le sultan fut d'autant plus sensible à la soumission des Moldaves, qu'ayant plus d'une fois mesuré leurs forces avec les siennes,

il était obligé d'avoir l'œil sur leurs mouvements, sans pouvoir tourner ses armes contre eux à cause des affaires importantes qui l'occupaient ailleurs. L'acte qu'il signa portait :

Que la Moldavie s'étant portée de plein gré et sans contrainte à permettre obéissance à l'empire ottoman, la volonté du sultan était que toutes les églises, avec les rites de la religion, seraient inviolables, et que les lois subsisteraient en leur entier.

Pour la personne du prince, on n'exigeait de lui que l'envoi annuel de quatre mille écus d'or, quarante cavales de service et vingt-quatre francs, sous le titre de *peschthesch* ou présent.

L'élection des princes par leurs compatriotes et le libre exercice des lois étaient également reconnus.

## II.

Peu à peu la Porte étendit son empire, des garnisons occupèrent les places fortes d'Ibraïl, de Thurnel et de Giurgiewo. Les gouverneurs de ces places eurent, comme on le pense bien, des difficultés fréquentes, sanglantes parfois même, avec les Moldo-Valaques, animés de leur côté aussi de vifs préjugés religieux qu'exploitaient la Russie et l'Autriche.

Plusieurs fois, à l'instigation de ces puissances, la Moldavie et la Valachie se soulevèrent, et la Russie, qui couvrait dès lors ses vues ambitieuses d'un masque d'humanité et de religion, surexcita leur mécontentement.

En 1711, lorsque Pierre Ier passa le Pruth à la tête de cent mille hommes pour marcher sur Byzance, où il voulait, disait-il, être enterré, il ne manqua pas de se poser en protecteur des Moldo-Valaques, et par un traité d'alliance il leur garantit la conservation de leurs lois, de leurs propriétés, de leurs usages. Mais ce conquérant en espérance de Constantinople fut vaincu et obligé d'acheter au prix des supplications et des diamants de sa femme la permission de rentrer dans ses propres Etats avec une armée démoralisée et réduite numériquement de moitié.

Sous Catherine II, les Russes, commandés par le comte de Romanzow, occupèrent de nouveau les principautés danubiennes. Dans le traité de Kaïnardji (21 juillet 1774), la Russie essaya de se faire accepter par la Porte comme une des puissances protectrices des *chrétiens d'Orient*, et nous avons déjà fait remarquer la manière cauteleuse qu'elle employa pour obtenir, quoi ? d'élever à ses frais une seule église du rite grec dans le faubourg de Galata.

En ce qui concernait les principautés, elles étaient restituées à la Porte à la condition que celle-ci n'empêcherait en aucune manière le libre exercice de la religion chrétienne ; qu'elle rendrait aux monastères leurs possessions, respecterait le clergé, et apporterait tous les ménagements possibles dans l'imposition des tributs. Le czar se gardait bien alors d'afficher la prétention d'être le chef de l'Eglise grecque orientale, sachant de longue date, et c'est le lieu de le rappeler ici, que l'Eglise moldo-valaque est autochthone, et ne veut relever que d'elle-même.

Le traité définitif conclu à Jassy le 9 janvier 1792 ratifia purement et simplement ces dispositions. Elles furent renouvelées, le 28 mai 1812, par le désastreux traité de Bukarest, dont l'Angleterre doit porter la responsabilité devant l'histoire, responsabilité dont elle aura d'autant plus de peine à se dégager, qu'en 1808 elle avait osé faire demander à la Porte par l'amiral Dukeworth de céder les principautés du Danube à la Russie. C'est de ce traité surtout que datent les envahissements clairement avoués des Russes. Ils se firent céder la Bessarabie, c'est-à-dire tous les pays situés sur la rive gauche du Pruth, qui devint la frontière des deux empires depuis l'endroit où il entre en Moldavie jusqu'à son embouchure dans le Danube. A partir de ce point, la limite était la rive gauche du Danube jusqu'à Kilia, et à son embouchure dans la mer Noire. La navigation continuait à être commune. N'osant pas s'établir encore dans les petites îles qui se trouvent d'Ismaïl à Kilia, la Russie exigea du moins qu'elles restassent désertes, ainsi que les îles plus considérables situées vis-à-vis Ismaïl et Kilia.

Usant toujours du même artifice, le czar, par la convention d'Akerman, stipula le maintien des priviléges de la Moldavie et de la Valachie. Depuis 1716, les hospodars avaient été pris parmi les Phanariotes, descendants des familles grecques anciennement établies à Constantinople dans le quartier du Phanar. Une insurrection terrible avait éclaté au mois de janvier 1821, sous la direction du boyard Théodore Wladimisko, et un prince indigène, plus sympathique à la population, avait succédé au dernier Phanariote. La convention d'Akerman décida que les hospodars seraient désormais choisis par les boyards entre les plus anciens et les plus capables, et que le candidat élu recevrait l'investiture de la Sublime Porte si toutefois il était agréé par les deux puissances protectrices. Il fut convenu en outre que la durée de l'administration de l'hospodar resterait fixée à sept ans, et qu'il ne pourrait être destitué que pour délit constaté par la Porte et par le ministre de Russie.

Cet arrangement à peine mis à exécution fut modifié, dès le 14 septembre 1829, par le traité d'Andrinople. D'après ce traité, les hospodars sont investis de leur dignité à vie, sauf les cas d'abdication volontaire ou de destitution pour cause de délits. Ils règlent librement toutes les affaires intérieures de leurs provinces, en consultant leurs divans respectifs, sans pouvoir néanmoins porter aucune atteinte aux droits que garantissent aux deux pays les traités et hatti-chérifs. Ils ont la faculté d'établir le long du Danube ou ailleurs des cordons sanitaires et des quarantaines, et d'entretenir le nombre de gardes armés nécessaire au maintien de l'ordre.

Les deux pays se divisent en districts, qui sont eux-mêmes subdivisés en *okoles* ou arrondissements. Il y a dans chaque district un *ispravnick* ou préfet ; un *samich* ou receveur ; un tribunal civil composé de deux juges et d'un président. Les hospodars sont élus par une assemblée composée du métropolitain, de deux évêques, de boyards, et de treize députés des districts, nommés par la petite noblesse et les négociants patentés.

Pour mieux assurer l'inviolabilité des territoires moldave et valaque, la Sublime Porte s'est engagée à ne conserver aucun point fortifié, à ne tolérer aucun établissement de ses sujets musulmans sur la rive gauche du Danube.

Le divan de chaque hospodar est formé d'un ministre de l'intérieur, du ministre des finances, du *postelnick* ou ministre des affaires étrangères, de l'*hetman* ou ministre de la guerre, du ministre de la justice et des cultes.

La Porte Ottomane a renoncé aux redevances qu'elle tirait de la Valachie et de la Moldavie en grains, en chevaux, moutons, de bois et bois de construction. Elle se contente d'un tribut dont la quotité a été fixée par le hatti-chérif de 1802.

Les Moldo-Valaques se partagent en catégories bien distinctes. La noblesse elle-même se subdivise : après les boyards de première classe viennent les *néamours*, dont la race est moins antique et l'opulence moins grande ; les *postelnizeis* (privilégiés), nobles de fraîche date, mais qui n'en sont pas moins exempts d'impositions. Dans la bourgeoisie, les négociants patentés occupent le rang suprême ; dehors des corporations de boutiquiers, de fabricants et d'ouvriers. Les villageois constituent une autre classe, soumise à un impôt de trente piastres par tête, et astreinte à la corvée pour l'entretien des routes, le pavage et la réparation des ponts. Les paysans moldovalaques ont conservé le costume que portent leurs ancêtres représentés sur la spirale de la colonne Trajane : un long bonnet de fourrure, un pantalon large et une blouse blanche, sur laquelle ils jettent une peau de mouton pendant l'hiver. Leur principale nourriture est une bouillie de maïs, blé dont la culture fut introduite au dix-huitième siècle par l'hospodar Constantin Mavrocordato. Au-dessous d'eux est une dernière classe, celle des esclaves *tzigo* débris d'une peuplade asiatique qui, émigrant en masse pendant le moyen âge, s'est répandue dans le monde sous les dénominations de *zinguénes, gitani, zingari*, ou bohémiens.

Le peuple roumain est intelligent malgré son ignorance, robuste malgré ses privations. Belliqueux par tempérament, le Roumain marche rarement sans avoir un fusil sur l'épaule et des balles dans sa bourse de cuir.

Les forces militaires des principautés se composent de milices recrutées parmi les paysans, et commandées par des officiers nobles ; elles n'ont ni artillerie ni corps de génie ; mais les *Slougitors* de Moldavie et les *Dorobantzes* de Valachie forment un excellent corps de cavalerie irrégulière. Armés chacun d'une lance, d'une carabine et d'un pistolet d'arçon, montés sur des chevaux indigènes qui, endurcis à la fatigue, ce seraient d'excellents auxiliaires pour la Turquie si la Russie, par tous les moyens en son pouvoir, ne comprimait leur élan.

## III.

Nous montrerons dans un instant par un fait qui défie toute crédulité que la protection dont la Russie prétend couvrir les principautés n'est qu'une basse tyrannie se cachant sous un terme de nature à imposer au vulgaire. Mais auparavant il importe d'achever l'esquisse commencée des provinces que le czar veut enlever à l'empire ottoman, comme il lui a enlevé la Crimée, comme l'Autriche a pris à l'ancienne Dacie la Transylvanie, la Buckowine, le Bannat de Temeswar.

La Valachie est bornée au nord par la Transylvanie et la Moldavie, à l'est et au sud par la Bulgarie, à l'ouest par la Bulgarie, la Serbie et les frontières militaires de l'Autriche. Son territoire s'élève graduellement depuis les bords du Danube jusqu'aux monts Carpathes. Sa superficie est de quatre mille sept cent vingt-cinq lieues carrées et sa population d'environ trois millions et demi d'habitants. On compte vingt-deux villes, douze bourgs et trois mille cinq cent quatre-vingt-dix villages. La capitale, Bucharest ou Bukarest, n'a pas moins de cent mille habitants, soixante églises, vingt couvents grecs, une église catholique, une luthérienne et une synagogue. Les autres localités remarquables sont Tergovitz, ancienne résidence des hospodars, Giurgewo, Ibraïlow, port situé au confluent du Danube et du Sereth, Plogesti, où se tient une célèbre foire pour les laines.

Moldavie, qui emprunte son nom à une petite rivière, la Mol-
est bornée au nord et à l'est par la Bessarabie, au sud par le
…e et par la Valachie, à l'ouest par la Transylvanie et par la
…wine, qui en a été détachée en 1776 au profit de l'Autriche.
…erficie est de huit cents lieues environ, et sa population d'un
…n cinq cent mille habitants. On y trouve trente-quatre villes,
…uf cent dix-neuf villages et cent vingt-deux monastères. La ca-
…, Jassy, a soixante-quinze mille habitants, dont trente à trente-
…ille juifs. Elle a été dévastée par un incendie au mois de juil-
…27. Le port de Galatz, situé au confluent du Danube et du Pruth,
…is de l'importance depuis qu'il a été déclaré port franc par acte
…août 1834.

…provinces danubiennes produisent en abondance des céréales,
…uits, du lin, du chanvre, du tabac. Les mûriers y ont été im-
…avec succès; les vignes y donnent d'excellents vins, qui cou-
…les flancs accidentés des montagnes, fournissant une quantité
…ase de bois de construction, de douves et de mâts; de nom-
…es rivières, qui, formant leurs sources sur les hauteurs, vont
…r les flots du Danube, entretiennent la fertilité du sol. Les
…es d'eaux minérales abondent dans les deux principautés; la
…recèle de la houille, du bitume, du nitre, du sel, du soufre,
…ercure, du cuivre, de l'or et de l'argent.

…voit que la Russie ne poursuit pas une médiocre proie; mais,
…merci, un événement dont il est temps de parler est venu
…e à nu les intentions du czar et enlever à la Russie tout ce qu'à
…de mensonges et d'astuce elle pouvait avoir conquis de par-
…honnêtes dans les principautés.
…1848, obéissant à la commotion électrique donnée à l'Europe
…France, les Moldo-Valaques réclamèrent le droit de nommer
…ement leurs gouverneurs, de participer par une représentation
…e au maniement des affaires de l'Etat; ils réclamèrent de plus
…tion du servage, de la corvée, et osèrent même parler de liberté
…presse. Le sultan, qui est un barbare, ne fit point d'objections
…antes à ces réformes, pensant que plus les Moldo-Valaques se-
…t heureux, mieux ils comprendraient l'avantage résultant pour
…ans leur position géographique de vivre sous la suzeraineté de
…rte. Le czar reçut des événements de 1848 une tout autre im-
…ion; il pensa, non sans raison, que c'en était fait de son protec-
…menteur si la liberté prenait pied dans les principautés, et il
…ya en toute hâte des soldats pour ramener *vi et armis* les pro-
…s sous l'ordre de choses établi en 1812 et 1829.

…Turquie comprit qu'elle allait perdre les principautés si elle
…envoyait à son tour une armée, et une double occupation
…aire fut le résultat du mouvement que les Roumains avaient
…é du côté de la liberté. Mais la lumière s'était faite. Les Moldo-
…ques avaient vu clairement que la Russie ne voulait que les ex-
…er, tandis que la Turquie se montrait prête à les soutenir dans
…ie du progrès. Vivent les Turcs! A bas les Russes! furent les
…qui marquèrent une occupation à laquelle le sultan ne put
…re un terme qu'en signant, en 1849, la convention de Balta-
…n, dont l'article 4 laisse éclater les vues de la Russie, qui, pour
…oment du moins, n'espérant pas pouvoir tromper, met en avant
…rce ouverte.
…Les troubles qui viennent d'agiter si profondément les princi-
…és ayant démontré, dit cet article, la nécessité de prêter à leurs
…ernements l'appui d'une force militaire capable de réprimer
…ptement tout mouvement insurrectionnel et de faire respecter
…utorités établies, les deux cours impériales sont convenues de
…onger la présence d'une certaine partie des troupes russes et
…naues qui occupent aujourd'hui le pays, et notamment pour
…erver la frontière de Valachie et de Moldavie des accidents du
…rs, il a été décidé qu'on y laisserait, *pour le moment*, de vingt-
…à trente-cinq mille hommes de chacune des deux parts. Après
…tablissement de la tranquillité desdites frontières, il restera dans
…eux pays dix mille hommes de chaque côté, jusqu'à l'achèvement
…travaux d'amélioration organique et la consolidation du repos
…ieur des deux provinces. Ensuite, les troupes des deux puis-
…es évacueront complétement les principautés, mais resteront en-
…à portée d'y rentrer immédiatement, dans le cas où des circon-
…ces graves, survenues dans les principautés, réclameraient de
…veau l'adoption de cette mesure. Indépendamment de cela, on
…a soin de compléter sans retard la réorganisation de la milice in-
…ene, de manière qu'elle offre, par sa discipline et son effectif, une
…antie suffisante pour le maintien de l'ordre légal. »
…a sagesse et la résignation des Moldo-Valaques n'ayant pas per-
…au czar de trouver un prétexte dans cette série de prévisions
…coniennes, il fallut prendre un autre biais et se saisir des princi-
…tés comme d'un gage matériel en attendant des satisfactions mo-
…es. Ce coup de tragi-comédie n'ouvrit qu'à demi les yeux des
…vernements, mais il ouvrit en plein ceux des peuples.
…Nous voudrions pouvoir parler ici de la Servie, où la Russie joue
…rôle analogue à celui qu'elle remplit dans les principautés, mais
…événements courent devant nous; ils nous appellent, allons à leur
…x.

## LA CONFÉRENCE DE VIENNE.

### I.

La Porte Ottomane ne s'était pas bornée à protester avec sa modération ordinaire contre l'invasion des principautés, événement dont
la nouvelle était parvenue le 5 juillet à Constantinople. Le 24 du
même mois, à la suite d'un grand conseil extraordinaire, auquel, suivant l'usage, avaient été appelés tous les ministres avec ou sans
portefeuille, tous les hauts dignitaires et tous les hauts fonctionnaires de l'empire en exercice ou hors d'exercice, le gouvernement ottoman adopta un projet de note renfermant toutes les garanties que le sultan peut accorder à ses sujets chrétiens sans porter
atteinte à ses droits souverains. Ce projet de note fut adressé par la
Porte aux ambassadeurs de France, d'Angleterre, d'Autriche et de
Prusse, qui s'étaient depuis plusieurs mois réunis en conférence à
Vienne. Le projet turc alla se heurter à une note que ces ambassadeurs avaient eux-mêmes rédigée, et qui forme dans l'histoire de la
diplomatie une page qu'il serait à souhaiter que l'on pût déchirer.

Lorsque cinq ou six diplomates sont assis autour d'un tapis vert,
l'amour-propre leur dit toujours qu'ils sont les arbitres de la situation. Cela est faux jusqu'au ridicule. La diplomatie ne fait ni ne défait
les situations. Celles-ci se forment, indépendamment de la volonté
des gouvernements, par cette logique des événements appelée vulgai-
rement la force des choses. Lorsque les événements ont atteint le but
plus ou moins momentané auquel ils tendent, arrivent les traités où
des ministres inscrivent des résultats que, pour la plupart du temps,
ils n'ont pas amenés, et dont ils ne mesurent presque jamais exactement la portée, l'avenir procédant par coups imprévus, venant tantôt
de si haut, tantôt de si bas, qu'ils passent toujours soit par-dessus,
soit par-dessous la prudence humaine.

La conférence de Vienne était d'ailleurs inexcusable dans ses illusions, qui ne s'appuyaient sur aucun fait réel. Elle avait peur de la
guerre, et se disait : Je veux la paix, je l'aurai, comme un enfant,
voyant l'image de la lune dans l'eau, se dit : Je l'aurai, je la veux.
Pour tout esprit vraiment politique et dégagé des préoccupations ha-
bituelles de la diplomatie, il était évident qu'ayant envahi les principautés danubiennes, dont nous venons d'indiquer l'importance sous
le double rapport de la situation géographique et de la richesse nationale, la Russie n'en sortirait pas sans avoir obtenu des concessions
directes ou indirectes qui lui permissent de faire vers Byzance une étape
de faite vers Byzance. Si la France et l'Angleterre étaient résolues,
et elles l'étaient au fond, à ne pas tolérer un tel résultat, les négociations ne pouvaient qu'augmenter l'arrogance de la chancellerie
moscovite. Ou le savait à Paris, on le soupçonnait fortement à Londres, et si l'on s'y prêtait aux manœuvres de la conférence, il faut
croire qu'en août comme en décembre, c'était en vue de l'Autriche
bien plus que de la Russie.

On se disait, nous craignons qu'on ne se dise encore : « A force de
ménagements, de concessions, de pourparlers, si nous n'amenons pas
un arrangement acceptable par les parties belligérantes, certainement
nous finirons par engager l'Autriche dans la cause de l'Europe contre
l'ambition plus ou moins spontanée de l'empereur Nicolas. L'autocrate et le jeune chef de la maison de Habsbourg sont unis par un
lien de reconnaissance tissu en Hongrie; mais, se disait-on encore,
les princes ne sont pas tenus des mêmes sentiments que les particuliers. L'intérêt public fait taire chez eux les mouvements du cœur,
et François-Joseph, vérifiant le mot de son ministre Schwartzenberg,
étonnera le monde par une grande mais politique ingratitude. »

Certes, un lien d'amitié formé par la corde qui a pendu les généraux hongrois après avoir fait le même office envers les généraux
russes de la conjuration de 1825 n'est pas fort respectable. Mais les
raisons qui retiennent l'Autriche, nous voulons dire le gouvernement
autrichien, du côté de la Russie, ne sont pas des raisons personnelles.
Entre les Habsbourgs et les Romanoffs, il existe une solidarité de
principe gouvernemental qui peut être mise en oubli lorsqu'il s'agit
d'arrangements purement territoriaux, mais qui ne saurait être dé-
clinée dès que dans une question se rencontrent les mots nationalité
et droits des peuples. Tant qu'il n'y a que des phrases à faire sur le
*status quo ante bellum*, sur le respect des traités, sur les avantages
de la modération, le cabinet de Vienne parle aussi bien qu'un autre.
Entrez dans l'action qui découle des propres paroles de ce cabinet,
la scène change : il ne veut plus, il ne peut plus vous suivre, car il
est lui-même par essence contempteur des droits des peuples, oppres-
seur des nationalités.

L'Autriche, — il est toujours bien entendu que nous parlons ici
du gouvernement et de l'oligarchie qui le pousse en ayant l'air de le
suivre, — l'Autriche, c'est la Russie devenue grasse, musicienne et
valsante. Ce que fait le czar dans l'ancien royaume de Pologne, en
Lithuanie, dans les provinces allemandes de la Baltique et en Finlande, l'Autriche le fait en Italie, en Hongrie, en Gallicie, à Cracovie, en Transylvanie, en Bohème. Elle est même plus odieuse en
ce sens que la Russie qui pour opprimer se sert de machines humaines
n'ayant pas la conscience du crime qu'elles commettent, tandis que

l'Autriche opprime les uns par les autres des peuples ayant le sentiment des droits que leur ravit un despotisme qui est une honte pour
l'Europe occidentale.

Et ce que nous disons ici, pas un homme d'Etat qui ne l'avoue
dès qu'il n'est plus obligé de parler le langage officiel. Cent fois pour
notre part, nous avons entendu confesser que l'occupation purement
militaire de l'Italie, où le sentiment national se soulève toujours au
seul nom de l'Autriche, que la destruction, et par une main étrangère encore, des droits constitutionnels de la Hongrie, forment une
situation déplorable, intolérable. Mais que voulez-vous? ajoutait-
on aussitôt, le gouvernement autrichien est, après tout, un grand
gouvernement; s'il était renversé, que mettriez-vous à sa place dans
l'Europe centrale? Notre réponse est ici ce qu'elle a toujours été :
Là où vit l'odieux édifice moyen âge appelé l'Autriche, nous lais-
serions vivre dans leur droit, leur force, leur liberté des nationalités qui, ayant résisté à toute assimilation, ne peuvent être sans
crime privées de leurs places distinctes au soleil.

Autre raison qui ne nous touche guère. On dit : Telle qu'elle est,
l'Autriche forme un contre-poids en l'absence duquel la Prusse, s'emparant de l'Allemagne entière, pourrait rompre l'équilibre européen.
Si l'Allemagne est destinée à l'unité, prête pour l'unité, vous n'avez
pas le droit de l'empêcher d'y arriver et vous ne l'en empêcherez pas.
Seulement, y arrivant malgré vous, elle y viendra en ennemie au lieu
d'y venir en amie. Si, au contraire, comme tout l'atteste, — la déconfi-
ture de la constituante de Francfort plus encore peut-être que tout le
reste, — il y a une Allemagne qui n'est et ne veut être ni prussienne
ni autrichienne, laissez faire et laissez passer la liberté : elle arran-
gera toutes choses sans avoir besoin d'immoler aux frayeurs diplomatiques les droits de l'Italie, de la Hongrie, de la Pologne.

Nous n'aimons ni ne cherchons les bouleversements; mais ne sont-
ce pas de véritables bouleversements que ces sacrifices d'hommes, de
constitutions, de nationalités, que l'on fait à la crainte de compromettre le *statu quo* en Autriche? Sacrifices vains du reste, car c'est
une illusion, et une illusion dangereuse, de croire que si la Russie
est en mesure de soutenir une lutte sérieuse, profonde, le cabinet de
Vienne voudra ou pourra suivre la ligne de conduite tracée dans
une conférence. Tant que la guerre ne touche qu'à l'Asie, à la mer
Noire, aux provinces danubiennes, lorsque M. le comte de Buol a
parlé, vous dites : Voilà le sentiment de l'Autriche. Fort bien! Mais si
la Hongrie et l'Italie se prennent à remuer en sentant tomber sur
elles quelques étincelles jaillissant des coups que l'on échange avec
les Russes; si vous êtes obligés de demander passage par l'Italie pour
quelque corps d'armée destiné à refouler les soldats du czar au delà
du Pruth, et peut-être du Dniéper, est-ce que l'Autriche tiendra
compte du protocole du 5 décembre?

La maison de Habsbourg sait aussi bien que nous que la Russie
étant renvoyée dans ses limites naturelles, l'empire d'Autriche ne
saurait subsister tel qu'il est. On ne vit pas d'un principe vaincu moralement et matériellement en face d'un principe vainqueur sur toute la
ligne. Par esprit de conservation d'elle-même, l'Autriche souhaite une
transaction qui n'humilie pas trop la Russie. Si cette transaction ne
peut être obtenue par un grand et unique effort, l'Autriche deman-
dera de rester dans une neutralité qui couvre le czar mieux que ne
le ferait un concours armé. En dehors de là, n'attendez rien du cabinet de Vienne. Le gouvernement autrichien peut périr par les armes, il ne se suicidera pas, et ce n'est rien moins qu'on lui conseille,
en l'invitant à rester l'allié de la France et de l'Angleterre dans une
guerre de nationalités.

Il n'est pas même vrai que la conférence pût avoir pour résultat
de rendre un arrangement plus facile. La Russie s'arrêtera sous les
coups que lui portent ou que les flottes menacent de lui porter, ou
bien, entraînée par le fanatisme religieux et le fatalisme qui forment
le fond du caractère de ses peuples, la Russie ne saurait plus s'arrêter qu'épuisée et vaincue. La guerre sera ce qu'elle doit être indépendamment de tous les papiers qu'on a noircis à Vienne, tandis qu'il
eût fallu agir sur la mer Noire, sinon même sur le Danube.

Nous allons maintenant placer sous les yeux du lecteur, dûment
averti, la célèbre note qui fut envoyée par la conférence à Constantinople, où elle arriva le 10 août après avoir été acceptée par la Russie, dont elle comblait les vœux les plus insolents.

*Projet de note rédigé à Vienne par les représentants des quatre
puissances.*

« S. M. le sultan n'ayant rien de plus à cœur que de rétablir entre
elle et S. M. l'empereur de Russie les relations de bon voisinage et
de parfaite entente qui ont été malheureusement altérées par de récentes et pénibles complications, a pris soigneusement à tâche de rechercher les moyens d'effacer les traces de ce différend.

« Un *iradé* suprême, en date de..., lui ayant fait connaître la décision impériale, la Sublime Porte se félicite de pouvoir la communiquer à S. Exc. le comte de Nesselrode.

» Si, à toute époque, les souverains de Russie ont témoigné leur
active sollicitude *pour le maintien des immunités et priviléges de
l'Église orthodoxe grecque dans l'empire ottoman, les sultans ne se*

*sont jamais refusés à les consacrer de nouveau par des actes so[...]
qui attestaient de leur ancienne et constante bienveillance à[...]*
de leurs sujets chrétiens. S. M. le sultan Ab-dul-Medjid, aujo[...]
régnant, animé des mêmes dispositions, et voulant donner à[...]
l'empereur de Russie un témoignage personnel de son amitié[...]
sincère, n'a écouté que sa confiance infinie dans les qualités é[...]
tes de son auguste ami et allié, et a daigné prendre en sérieu[...]
sidération les *représentations* dont S. Exc. le prince Menschiko[...]
rendu l'organe auprès de la Sublime Porte.

» Le soussigné a reçu l'ordre, en conséquence, de déclarer[...]
présente que S. M. le sultan restera fidèle à la lettre et à l'esp[...]
stipulations *du traité de Kaïnardji et d'Andrinople, relativeme[...]*
protection du culte chrétien, et que *Sa Majesté regarde* comm[...]
de son bonheur de faire observer à tout jamais et de préser[...]
toute atteinte, soit présentement, soit dans l'avenir, la jouissar[...]
priviléges spirituels qui ont été accordés par les augustes aï[...]
Sa Majesté à l'Eglise orthodoxe d'Orient, et qui sont maint[...]
confirmés par elle, et, en outre, à faire participer, dans un es[...]
haute équité, le rite grec *aux avantages concédés aux autres rite[...]
tiens par conventions ou dispositions particulières.*

» Du reste, comme le firman impérial qui vient d'être donné[...]
triarcat et au clergé grecs, et qui contient la confirmation de[...]
priviléges spirituels, doit être regardé comme une nouvelle[...]
de ces nobles sentiments, et comme, en outre, la proclamation[...]
firman, qui donne toute sécurité, devra faire disparaître toute[...]
à l'égard du rit qui est la religion de S. M. l'empereur de Ru[...]
suis heureux d'être chargé de faire la présente notification.

» Quant à la garantie qu'à l'avenir il ne sera rien changé au[...]
de visitation de Jérusalem, elle résulte du firman revêtu du[...]
chérif du 15 de la lune de Rebiul-Ewel 1268, expliqué et co[...]
par les firmans des..., et l'intention de S. M. le sultan est d[...]
exécuter sans aucune altération ses décisions souveraines.

» La Sublime Porte, en outre, promet officiellement qu'il n[...]
apporté aucune modification à l'état de choses qui vient[...]
réglé, sans entente préalable entre les gouvernements de Fr[...]
de Russie, et sans préjudice pour les différentes communautés[...]
tiennes.

» Pour le cas où la cour impériale de Russie en ferait la de[...]
il serait assigné une localité convenable dans la ville de Jér[...]
ou dans les environs pour la construction d'une église consacr[...]
célébration du service divin pour les ecclésiastiques russes, [...]
hospice pour les pèlerins indigents ou malades de la même n[...]

» La Sublime Porte s'engage, dès à présent, à souscrire à cet[...]
un acte solennel qui placerait ces fondations pieuses sous la su[...]
lance spéciale du consul général de Russie en Syrie et en Pales[...]

*Note explicative adressée par la Porte aux gouvernements de F[...]
d'Angleterre, d'Autriche et de Prusse, pour exposer les mot[...]
ont décidé le sultan à pratiquer plusieurs changements dans[...]
de la conférence de Vienne, et préciser la portée de ces change[...]*

« Le projet de note qui a été récemment fait à Vienne et rem[...]
Sublime Porte a été lu et examiné au conseil des ministres. Ce[...]
avait été rédigé précédemment à Constantinople et remis aux g[...]
puissances sous une forme propre à faire disparaître le différe[...]
existe entre la Sublime Porte et la Russie faisait espérer un r[...]
satisfaisant.

» Aussi le gouvernement de S. M. I. le sultan est-il très-pe[...]
voir que ce projet n'a pas été pris en considération. Quoique la[...]
de note rédigé auparavant par la Sublime Porte pour être rem[...]
prince Menschikoff ait été pris pour base, en ce qui regarde le[...]
graphe du projet arrivé de Vienne concernant les priviléges reli[...]
la question n'a pas été circonscrite dans ce cercle. Certains pa[...]
phes superflus et incompatibles avec le droit sacré du gouvern[...]
de S. M. le sultan y ayant été introduits, la Sublime Porte se[...]
encore dans la pénible obligation d'émettre ses observations à ce[...]

» Le gouvernement impérial est habitué de longue date à re[...]
des témoignages d'amitié des hautes puissances ses augustes a[...]
Il est tout particulièrement reconnaissant de tant d'efforts ple[...]
bienveillance qu'elles n'ont cessé de faire depuis le commence[...]
de la question actuelle. Il est donc évident qu'il lui répugne, en[...]
sidération de ses égards particuliers pour ces puissances, d'h[...]
sur un point qui a obtenu leur commun accord.

» Mais le gouvernement de S. M. le sultan, qui avait été dé[...]
au commencement de l'affaire, seul juge compétent des question[...]
latives à ses droits et à son indépendance, n'ayant pas été ma[...]
reusement consulté sur la rédaction du nouveau projet, est[...]
dans une position difficile.

» On pourra dire que le gouvernement de Russie, aussi, n'a p[...]
consulté sur la rédaction de ce projet; mais les droits que l'on[...]
che à défendre sont ceux de la Sublime Porte, et c'est elle qu[...]
signer la note qui sera donnée à cet égard. Il appartient aux g[...]
puissances de juger, dans leur équité reconnue, s'il est juste de[...]
ter sur ce point les deux parties sur un pied égal ; il a été par[...]
séquent jugé convenable de ne pas s'étendre en détails sur ce[...]

e premier des points qui font hésiter la Sublime Porte est le
raphe suivant :

, à toute époque, les empereurs de Russie ont témoigné de leur
ve sollicitude pour le maintien des immunités et priviléges de
lise grecque orthodoxe dans l'empire ottoman, les sultans ne se
t jamais refusés à les consacrer de nouveau par des actes so-
els. »

ue les empereurs de Russie témoignent leur sollicitude pour la
érité de l'église et de la religion qu'ils professent, ceci est natu-
t il n'y a rien à dire. Mais d'après le paragraphe ci-dessus cité,
mprendrait que les priviléges de l'Eglise grecque dans les Etats
Sublime Porte n'ont été maintenus que par la sollicitude active
mpereurs de Russie.

est à remarquer, cependant, que le fait de mettre dans une note
ner par la Sublime Porte le paragraphe ci-dessus mentionné,
'il se trouve dans le projet, pour des priviléges religieux qui
té, depuis le règne du sultan Mehmed le Conquérant, de glo-
mémoire, jusqu'à ce jour, octroyés et maintenus sans la par-
tion de qui que ce soit, impliquerait et offrirait des prétextes
uvernement russe pour prétendre à s'immiscer dans de pareilles
s.

ersonne ne saurait consentir à s'attirer les reproches et le blâme
ntemporains, aussi bien que de la postérité, en admettant qu'un
e choses aussi nuisible pour le présent que pour l'avenir s'éta-

as un serviteur de l'auguste famille impériale ottomane n'ose-
ne serait capable de mettre par écrit des paroles qui tendraient
rmer la gloire des institutions que les empereurs ottomans ont
es par un mouvement spontané de leur générosité personnelle
leur clémence innée.

e second point à relever est le paragraphe du projet de note
f au traité de Kaïnardji. Comme personne ne saurait nier que
aité existe, et qu'il est confirmé par celui d'Andrinople, il est
ute évidence que les dispositions précises en seront fidèlement
vées.

i, en insérant le paragraphe susmentionné, l'on a l'intention de
dérer les priviléges religieux comme le résultat naturel et l'es-
commenté du traité de Kaïnardji, la disposition réelle et précise
traité est limitée à la seule promesse de la Sublime Porte de
ger elle-même la religion chrétienne. Les paragraphes que la
me Porte pourrait, en ce qui regarde les priviléges religieux,
er dans la note qu'elle signera ne devraient, comme il a été à
époque déclaré, soit par écrit, soit verbalement, exprimer que
ssurances propres à faire disparaître les doutes mis en avant par
uvernement de Russie, et qui ont formé le sujet des dissensions.
Mais en fortifiant par de nouveaux liens l'identité religieuse déjà
stante entre une grande communauté des sujets de la Sublime
rte et une puissance étrangère, donner au gouvernement de
ssie des motifs de prétendre à exercer un droit de surveillance
d'immixtion dans de pareilles matières, ce serait partager en
lque sorte les droits souverains et mettre en danger l'indépen-
ce de l'empire. Aussi est-il de toute impossibilité pour le gou-
nement de S. M. le sultan d'y donner un assentiment sans y
e forcé. »

i enfin le but n'est que de faire renouveler les engagements du
é de Kaïnardji, la Sublime Porte pourrait le faire par une note
ée.

Or, le gouvernement impérial attache la plus grande importance
que, ou le paragraphe relatif à ce traité du projet envoyé soit
rmé, ou bien que, s'il est maintenu, la promesse de protéger
contient le traité de Kaïnardji et la question des priviléges reli-
x soient séparées d'une manière explicite pour qu'il soit compris,
remier d'œil, que ce sont deux choses différentes.

Et le troisième point, c'est celui de faire participer le rite grec
avantages octroyés aux autres cultes chrétiens. On ne saurait
er que le gouvernement impérial n'hésitera pas à faire partici-
le rite grec non-seulement aux avantages qu'il a, de sa propre
ité, accordés aux autres communions de la religion chrétienne
essées par les communautés ses sujets, mais aussi à ceux qu'il
rait leur octroyer à l'avenir.

Il est donc superflu d'ajouter que la Sublime Porte sera justifiée
elle ne peut pas admettre l'emploi d'expressions aussi équivoques
e celles de conventions ou de dispositions particulières en faveur
une grande communauté de tant de millions de sujets qui profes-
nt le rite grec. »

Tels étant les points qui offrent des inconvénients à la Sublime
e, elle ne peut, malgré ses plus grands égards pour les conseils
hautes puissances ses alliées, et son désir sincère de renouer ses
tions avec le gouvernement impérial de Russie, son ami et voi-
elle ne peut, dis-je, s'empêcher de confier à l'équité et à la jus-
des grandes puissances les considérations relatives à ses droits
ouveraineté et à son indépendance.

Si, enfin, le dernier projet de note qui a été rédigé par la Su-
me Porte est accepté, ou bien si celui de Vienne reçoit les modi-
tions désirées, le cabinet ottoman ne tardera pas à signer l'un ou

l'autre de ces deux projets, et d'envoyer immédiatement un ambassadeur extraordinaire, sous la condition de l'évacuation des principautés. Le gouvernement de la Sublime Porte attend encore une garantie
solide de la part des hautes puissances contre toute ingérence à l'a-
venir et toute occupation de temps en temps des principautés de
Moldavie et de Valachie. Et le but du gouvernement ottoman, en se
prémunissant de précautions à ce degré, consiste en celui d'éviter
tout ce qui pourrait ramener une mésintelligence entre les deux empires, une fois que la Sublime Porte aura renouvelé ses relations
avec la cour de Russie.

» Les points du projet de Vienne relatifs à l'affaire des lieux saints
et à la construction d'une église et d'un hôpital à Jérusalem ont reçu
l'adhésion complète de la Sublime Porte.

» Une copie de la note de Vienne, contenant aussi des modifications que le gouvernement impérial a jugé convenable de faire, a été
transmise à Votre Excellence.

» La Sublime Porte, dans l'intention de donner encore une preuve
de ses égards tout particuliers pour les puissances signataires du
traité de 1841, lors même que le projet qu'elle a rédigé précédemment lui fût naturellement préférable, est prête à accepter le projet
de Vienne avec les modifications qu'elle y a faites, et espère que les
puissances, qui n'ont cessé de reconnaître, dès le principe de la question, les droits du gouvernement impérial, et de donner des témoignages de leur bienveillance, appréciant ces modifications, agiront
en conséquence.

» S. M. le sultan m'ayant ordonné de communiquer ce qui précède
à Votre Excellence, ainsi qu'aux autres représentants ses collègues, je
m'acquitte de ce devoir en priant Votre Excellence d'agréer en cette
occasion, etc.

» *Signé* RÉCHID. »

*Dépêche du comte de Nesselrode adressée de Saint-Pétersbourg le
26 août (8 septembre) 1853 à M. le baron de Meyendorff à Vienne,
pour lui faire connaître le rejet des modifications proposées par la
Porte.*

« Nous recevons à l'instant, avec les rapports de Son Excellence,
du 16-28 août, les modifications que la Porte Ottomane a faites au
projet de note rédigé à Vienne.

» M. le comte de Buol n'aura qu'à se rappeler les expressions de
notre communication du 25 juillet pour se rendre compte de l'impression que ces changements ont dû produire sur S. M. l'empereur.

» En acceptant, au nom de Sa Majesté, le projet de note que l'Autriche nous annonçait comme un *ultimatum*, après l'avoir préalablement fait admettre et approuver par les cours de France et d'Angleterre, qu'elle se proposait de soumettre à la Porte, et de l'adoption
duquel devait dépendre la continuation de ses bons offices, j'ajoutais
dans une dépêche que vous, monsieur le baron, étiez chargé de communiquer au cabinet autrichien les observations et les réserves qui
suivent :

« Je considère comme superflu de faire observer à Votre Excel-
» lence qu'en acceptant l'expédient arrêté à Vienne dans un but de
» conciliation et l'envoi d'un envoyé turc, nous présupposons que
» nous n'aurons pas à examiner et à discuter de nouvelles proposi-
» tions et de nouveaux changements qui pourraient être préparés à
» Vienne sous l'empire des inspirations guerrières qui, à cette heure,
» paraissent animer le sultan et la majorité de ses ministres, et que,
» dans le cas où le gouvernement ottoman croirait encore devoir re-
» pousser ce dernier arrangement, nous ne nous croirions plus liés
» par l'acquiescement que nous lui donnons aujourd'hui. »

» Des expressions aussi positives ne pouvaient laisser au gouvernement autrichien aucun doute sur nos présentes résolutions.

» Nous regrettons qu'il n'en ait pas été ainsi, mais le cabinet de
Vienne reconnaîtra que s'il ne s'agissait pas d'un *ultimatum*, mais
d'un projet de note auquel chacune des deux parties pou ait apporter
des changements, nous recouvrions nous aussi par cela le droit auquel nous avions renoncé volontairement, de proposer de notre côté
nos variantes, de soumettre à un examen le projet d'arrangement, et
d'en changer non-seulement les termes, mais aussi la forme.

» Pareil résultat pouvait-il être dans les intentions de l'Autriche?
Les puissances pouvaient-elles le vouloir lorsqu'elles adoptaient le
projet de note et en faisaient leur œuvre commune? C'est à elles à
peser les retards qui en seront la conséquence ou d'examiner s'il ne
convient pas de les faire cesser dans l'intérêt de l'Europe.

» Nous ne voyons qu'un seul moyen d'y mettre fin, c'est que l'Autriche et les puissances déclarent franchement et énergiquement à la
Porte qu'après avoir inutilement frayé l'unique voie qui pût conduire au rétablissement immédiat de ses rapports avec nous, elles
lui abandonnaient à l'avenir la tâche à elle seule. Nous croyons que
dès que les puissances tiendront unanimement ce langage à la Porte,
les Turcs se rendront aux conseils de l'Europe, et qu'au lieu de
compter sur les secours de celle-ci dans une lutte contre la Russie,
elle acceptera la note telle qu'elle est, et cessera de compromettre
aussi sérieusement sa position pour se donner la satisfaction puérile

de changer quelques expressions dans un document que nous avons admis sans discussion.

» Je ne veux pas examiner en détail ici les changements de rédaction introduits à Constantinople. J'en ai fait l'objet d'un travail spécial dans une autre dépêche. Je veux me borner pour à présent à demander si l'empereur, après avoir renoncé pour lui-même au droit de changer un seul mot dans un projet de note arrêté sans sa participation, peut consentir que la Porte Ottomane se réserve ce droit pour elle seule; s'il peut souffrir que la Russie soit placée de cette façon dans une position d'infériorité vis-à-vis de la Porte. Nous croyons que cela est contraire à la dignité de l'empereur. Qu'on se rappelle la marche des choses.

» Au lieu de la note Menschikoff, de l'adoption de laquelle sans modification nous faisions une condition du rétablissement de nos rapports avec la Porte, on nous proposa une note différente. Nous aurions, pour ce motif seul, pu nous refuser à l'examiner ; nous pouvions, tout en consentant à la prendre en considération, trouver l'occasion d'élever plus d'une objection, de proposer plus d'un changement dans les expressions employées. Vous savez, monsieur le baron, que, du moment où nous consentions à renoncer à notre *ultimatum*, la forme d'une note ne nous satisfaisait nullement; que nous eussions préféré une autre façon d'agir, une autre forme de convention.

» Nous n'avons pas insisté sur cette manière de voir; nous y avons renoncé complètement. Pourquoi ? Parce qu'aussitôt que nous eussions fait des contre-propositions, nous nous serions exposés au reproche de vouloir traîner les choses en longueur, de prolonger de propos délibéré la crise qui tient l'Europe dans l'inquiétude. Au lieu de cela, parce que nous désirons faire cesser la crise aussitôt que possible, nous avons sacrifié nos objections tant relatives à la teneur qu'à la forme.

» A la réception du premier projet de note, avant même que nous sussions s'il serait approuvé à Londres et à Paris, nous avons fait connaître notre assentiment par la voie du télégraphe. Plus tard, le projet finalement arrêté nous fut transmis et quoiqu'il eût été modifié dans un sens que nous ne pouvions méconnaître nous n'avons ni retiré notre assentiment ni soulevé la moindre difficulté. Pouvions-nous montrer plus de bon vouloir, des sentiments plus conciliateurs? En agissant ainsi, c'était, bien entendu, à la condition qu'un projet que l'empereur acceptait sans discussion serait agréé de même par la Porte ; c'était dans la conviction que l'Autriche le considérait comme un ultimatum auquel il n'y avait plus rien à modifier, comme un dernier effort de son intervention amicale qui viendrait à cesser d'elle-même si elle échouait contre l'obstination de la Porte.

» Des deux choses une seule est possible : ou les changements que la Porte demande sont importants, et alors il est tout simple que nous refusions d'y donner notre acquiescement; ou ils sont insignifiants, auquel cas il y a lieu de se demander pourquoi sans nécessité la Porte en fait dépendre son acceptation.

» Pour résumer brièvement ce qui précède, je dirai : L'ultimatum arrêté à Vienne n'est pas le nôtre, c'est celui de l'Autriche et des puissances qui l'ont débattu après en être convenues préalablement, en ont modifié le texte primitif et l'ont reconnu admissible par la Porte sans qu'il en résulte aucun danger pour ses intérêts ou pour son honneur. De notre côté, nous avons fait tout ce qui dépendait de nous pour éviter d'inutiles retards en renonçant à toute contre-proposition lorsque l'arrangement nous fut soumis. Personne ne refusera de rendre ce témoignage à la loyauté de l'empereur.

» Après avoir depuis longtemps épuisé la mesure des concessions sans que jusqu'à présent la Porte en ait fait une seule, Sa Majesté ne saurait aller au delà sans compromettre toute sa position et sans s'exposer à renouer ses rapports avec la Turquie sous des auspices défavorables, qui leur enlèveraient toute solidité pour l'avenir et amèneraient inévitablement une rupture nouvelle et décisive. Même dans ce moment, de nouvelles concessions relativement aux termes proposés par la Porte n'aideraient à rien, car nous voyons par vos dépêches que le gouvernement ottoman n'attend que notre acceptation des changements réclamés à la note de Vienne pour subordonner à de nouvelles conditions sa signature et l'envoi de l'ambassadeur qui doit l'apporter ici, et que déjà elle a fait des propositions inadmissibles en ce qui touche l'évacuation des principautés.

» Quant à ce dernier point, nous ne pouvons que nous en référer aux assurances et aux déclarations contenues dans notre dépêche du 10 (22 août) et répéter que l'arrivée à Saint-Pétersbourg de l'ambassadeur turc qui apportera la note autrichienne sans changement suffira pour que nous donnions immédiatement à nos troupes l'ordre de repasser nos frontières. »

*Examen par la Russie des trois modifications que la Porte Ottomane a introduites dans la note autrichienne.*

« 1° Le projet de Vienne porte :

« Si, à toutes les époques, les empereurs de Russie ont témoigné de leur active sollicitude pour le maintien des immunités et privilèges de leur Eglise orthodoxe grecque dans l'empire ottoman, les sultans ne se sont jamais refusés à les consacrer de nouveau par des actes solennels. » Ce passage, on le modifie comme suit :

» à toute époque, les empereurs de Russie ont témoigné de le(ur) active sollicitude pour le culte et l'Eglise orthodoxe grecque, l(es sul)tans n'ont jamais cessé de veiller au maintien des immun(ités et) privilèges de ce culte et de cette Eglise dans l'empire otton(man) de les consacrer de nouveau... »

» Les mots *dans l'empire ottoman*, et ceux : *le maintien des (immu)nités et privilèges*, etc., sont supprimés pour être placés plus (...) être appliqués exclusivement aux sultans. Cette suppression (...) toute signification, tout sens même au passage tronqué, car pe(rsonne) ne conteste aux souverains de Russie leur sollicitude active (pour la) croyance qu'ils professent eux-mêmes et qui est celle de leurs (...) Ce qu'on voulait méconnaître, c'est qu'à toutes les époques l(a Rus)sie a montré une sollicitude active pour ses coreligionnaires e(n Tur)quie, de même que pour le maintien de leurs franchises reli(gieuses) et que le gouvernement est résolu à tenir compte de cette sol(licitude) et à conserver intacts ces privilèges.

» La tournure donnée à la phrase est d'autant plus inacc(eptable) que, par les expressions qui suivent, on attribue aux sulta(ns le monopole) que de la sollicitude pour le culte orthodoxe. On affirme qu'i(ls n'ont) jamais cessé de veiller au maintien de ces immunités et de ce(s privi)lèges, et de les confirmer par des actes solennels. Les faits so(nt dia)métralement contraires à ce qu'on affirme ; ce qui, attendu c(e qui a) eu lieu plus d'une fois dans ces derniers temps, et notamme(nt dans) l'affaire des lieux saints, nous a forcés à y chercher un rem(ède en) exigeant des garanties plus positives pour l'avenir.

» Si nous consentons à reconnaître que le gouvernement o(ttoman) n'a jamais cessé de veiller au maintien des privilèges de l'(Eglise) grecque, que deviennent alors les plaintes que nous avons (élevées) contre lui ? Nous reconnaissons nous-mêmes par là que nous n(e avons) pas de griefs fondés ; que la mission du prince Menschikoff éta(it sans) motif; qu'en un mot, la note qu'on nous adresse est elle-mê(me super)flue.

» 2° Les omissions et additions de mots, qui ont lieu ici ave(c une) frappante affectation, ont pour but évident d'affaiblir le tra(ité de) Kaïnardji tout en ayant l'air de le confirmer. La rédaction p(rimiti)vement adoptée à Vienne portait : « Fidèle à la lettre et à l'(esprit) » des stipulations des traités de Kaïnardji et d'Andrinople rela(tives à) » la protection du culte chrétien, le sultan regarde comme ét(ant de) » son honneur de préserver de toute atteinte les immunités e(t privi)» léges accordés à l'Eglise orthodoxe. » La rédaction qui fais(ait dé)couler de l'esprit du traité, c'est-à-dire du principe général (posé) dans l'article 8, le maintien des immunités, répondait à la m(anière) de voir que nous avons exprimée et que nous avons encor(e, car) dans notre opinion, la promesse de protéger un culte et ses (franchises) comprend d'elle-même le maintien des immunités qu'ils pos(sèdent). Ce sont là deux choses inséparables.

» Cette rédaction, primitivement adoptée à Vienne, a su(bi en)suite à Londres et à Paris une modification, et si à cette (...) nous n'avons pas élevé d'objection, comme nous étions en d(roit de) le faire, ce n'est pas que nous nous soyons fait illusion sur le s(ens de) ce changement. Nous avions très-bien compris la différence (qu'elle) établissait entre deux points qui pour nous sont inséparableme(nt liés). Mais cette distinction était indiquée d'une façon si délicat(e, et) dans un esprit de conciliation et dans le désir d'en venir aussi (vite que) possible à une solution, nous pouvions encore admettre cette (rédac)tion, que dès ce moment nous considérions comme invariabl(e).

» Ces motifs de condescendance ne sont plus applicables a(u nou)veau changement qu'on a apporté au même passage à Constan(tinople). La ligne de démarcation entre les deux objets est trop rigou(reuse)ment tracée pour que nous puissions l'admettre sans renier t(out ce) que nous avons dit et écrit. La mention du traité de Kaïnar(dji de)vient superflue et sa confirmation sans but, du moment où o(n cesse) d'appliquer le principe général au maintien des immunités rel(igieuses) du culte chrétien ; c'est dans ce but qu'on a supprimé les de(ux mots) *la lettre et l'esprit*.

» On fait ressortir sans aucune nécessité le fait que la pr(otection) du culte chrétien est exercée par la Porte, comme si nous é(levions) la prétention d'exercer nous-mêmes cette protection dans l(es États) du sultan ; et comme on omet en même temps de rappeler qu(e, d'a)près la lettre du traité, cette protection est une promesse fait(e par le) sultan, une obligation acceptée par lui, il semblerait qu'on v(eut) révoquer en doute le droit que nous avons de veiller au p(arfait) accomplissement de cette promesse.

» 3° La modification introduite à ce passage de la note autri(chienne) est surtout inadmissible. Le gouvernement ottoman s'obligera(it seu)lement à laisser participer le culte orthodoxe aux avantag(es qu'il) accorderait aux autres communautés religieuses *sujettes de la (Porte)*. Mais du moment où ces communautés, catholiques ou autres, (ne se)raient pas formées de rayas indigènes, mais de prêtres et l(aïques) étrangers (et c'est ce qui existe pour presque tous les couve(nts, hô)pitaux, séminaires et évêchés du rite latin en Turquie); du m(oment) disons-nous, où il plairait à la Porte d'accorder à ces établiss(ements) de nouveaux avantages et privilèges, les communautés ort(hodoxes) n'auraient pas, d'après les mots qu'on veut introduire dans la (...)

...roit de réclamer les mêmes faveurs pour elles-mêmes, et la Rus-...elui de s'employer pour elles.

L'intention malveillante des ministres de la Porte devient encore ...évidente si nous indiquons un exemple, un cas possible. Suppo-...le cas vraisemblable que le patriarche latin de Jérusalem, le ...ier nommé, reçoive de la Porte des priviléges que le patriarche ...n'a pas. Toute réclamation de ce dernier serait repoussée, parce ...est sujet de la Porte. La même objection serait faite par le mi-...ère ottoman en ce qui touche les établissements catholiques en ...stine dès que par la suite un avantage nouveau non mentionné ...le dernier firman leur serait accordé au détriment des commu-...és indigènes.

» *Signé* Nesselrode. »

## II.

...imaginez pas qu'après un tel échec l'Autriche ait renoncé à né-...er; non. La Porte venait de prouver qu'elle savait avoir raison ...modestie contre ses ennemis et même contre ses amis. Il n'y ...plus de doute permis sur les intentions de la Russie. Ce qu'elle ...ait, ce qu'elle veut, c'est un protectorat religieux qui la mette en ...age dans les droits souverains du sultan. Bien plus encore, ra-...ant par une parole honnête et ferme le mouvement de faiblesse ...les avait portées à s'associer à la note de Vienne, la France et ...gleterre venaient de déclarer qu'il y aurait déloyauté à proposer ...ore à la Porte des conditions dont elle avait si péremptoirement ...ontré le danger. Cependant si par pudeur le cabinet de Vienne ...entit à laisser considérer la conférence comme dissoute, ce n'é-...que pour reprendre haleine et se donner le temps de chercher ...ouveaux artifices diplomatiques.

...e 21 septembre arriva à Constantinople la nouvelle officielle du ...s de la Russie d'adhérer aux changements de rédaction demandés ...la Porte. M. de Bruck, internonce d'Autriche, avait eu dès le ...par dépêche télégraphique, connaissance de cet événement, dont ...était bien gardé de faire part à ses collègues, dont il espérait sur-...dre la résolution avant qu'ils fussent informés de l'étonnement ...sé d'abord à Paris et à Londres par le refus de la Porte y avait ...promptement place à un sentiment complet d'approbation. En ...t, les ambassadeurs réunis à la hâte tinrent diverses conférences, ...ans la nuit du 24 au 25 ils convinrent de combiner leurs efforts ...r amener le gouvernement ottoman à accepter purement et sim-...ment la note de Vienne. Mais, Dieu merci, le sultan était en trop ...ne veine d'argumentation et de prévisions pour admettre que ce ...-là lord Redcliffe et M. de Lacour exprimassent les sentiments de ...rance et de l'Angleterre. Abd-ul-Medjid avait pris sa résolution ...poser la guerre à la guerre, et les armes à la main de faire appel ...s fidèles alliés.

...outefois, pensant qu'il ne convenait pas à un prince qui aime et ...ecte ses peuples de les engager dans une lutte à outrance par un ...de sa seule volonté personnelle, le sultan voulait qu'un grand ...seil s'assemblât sous la présidence du grand vizir pour décider de ...estion de paix et de guerre. Il va sans dire qu'Abd-ul-Medjid eut ...de ne pas afficher ses propres résolutions, qui eussent enlevé au ...d conseil son indépendance et le sentiment de sa propre dignité. ...conseil, composé de deux cents membres tant civils que mili-...es, tint deux séances, la première le 25, la seconde le 26 sep-...bre, et à l'unanimité des voix il se déclara pour le maintien des ...ifications faites par la Porte à la note de Vienne. A la fin de la ...nière séance, le scheck ul-Islam, avec cette gravité simple et mo-...te qui le caractérise, apposa son fetva sur le procès-verbal, et par ...e formalité à la fois religieuse et judiciaire, la déclaration de ...rre à la Russie, tant que ses troupes n'auraient pas repassé le ...th, devint sacrée et irrévocable. ...ais avant de rapporter les actes que dut faire le gouvernement ...man en conséquence de la résolution du grand conseil, résolu-...à laquelle Abd-ul-Medjid avait donné sa sanction souveraine, il ...vient de retourner à Vienne pour y voir de près le jeu double ...par l'Autriche, que la Prusse laisse agir de peur de mettre à ...ouvert l'esprit de rivalité inextinguible qui anime les Hohenzol-...contre les Habsbourg.

...e comte de Buol, ministre des affaires étrangères et président de ...du conseil des ministres en Autriche, ne se borna pas à donner ...I. de Bruck, internonce en Turquie, des instructions secrètes au ...yen desquelles ce diplomate engagea M. de Lacour et lord Red-...fe à s'unir à lui et au ministre de Prusse pour conseiller à la ...te Ottomane l'acceptation de l'inacceptable note de Vienne, il ...mit au comte de Westmoreland, ambassadeur d'Angleterre, et à ...de Bourqueney, ambassadeur de France, de rapporter d'Olmutz, ...il allait voir l'empereur de Russie, des conditions qui rendraient ...paix certaine et même facile. M. de Buol était-il convaincu de ce ...'il disait si affirmativement? Dieu le sait, qui lit dans les cœurs. ...ut ce que nous pouvons dire d'après les faits extérieurs et tangi-...es, c'est que l'empereur de Russie ne venait pas à Olmutz pour y ...rler de paix, il y venait pour y nouer une nouvelle coalition, et ...mme c'est à l'oreille qu'il a parlé au jeune François-Joseph, l'ave-...r seul révélera les conditions qui furent alors offertes à l'Autriche,

puis, quelques jours plus tard à la Prusse, pour prendre les armes contre la France et l'Angleterre.

L'entrevue d'Olmutz eut lieu le 25 septembre, le jour même que s'assemblait à Constantinople le grand conseil chargé de délibérer sur les propositions difficilement qualifiables des ambassadeurs. Le 3 octobre, le roi de Prusse vint rejoindre à Varsovie les empereurs de Russie et d'Autriche, et le 8 le czar arriva à Berlin. Encore une fois, l'avenir, qui, dans sa course infinie, perce tous les voiles, éclaire toutes les ténèbres, découvrira ce qui s'est passé dans ce triple conseil des monarques du Nord. En attendant, il est déjà visible que ce conseil inspire à l'Autriche l'audace de faire présenter le 20 octobre à la Porte, par M. de Bruck, une note secrète si étrange, que pour s'excuser de l'avoir rédigée ou de s'y être associé on a affirmé qu'elle avait été conçue à Olmutz avant que l'on connût la résolution du sultan de soutenir ses droits par la guerre. Quoi qu'il en soit de cette affirmation, voici le projet confidentiel de note remis à Réchid-Pacha par l'internonce autrichien, baron de Bruck :

« En conseillant unanimement à la Sublime Porte d'adopter le projet de note concerté à Vienne, les cours d'Autriche, de France, d'Angleterre et de Prusse sont pénétrées de la conviction que ce document ne porte nullement atteinte aux droits souverains et à la dignité de S. M. le sultan.

» Cette conviction est fondée sur les assurances positives que le cabinet de Saint-Pétersbourg a données quant aux intentions qui animent S. M. l'empereur de Russie en demandant une garantie générale des immunités religieuses accordées par les sultans à l'Eglise grecque dans leur empire.

» Il ressort de ces assurances qu'en demandant, en vertu du principe posé dans le traité de Kaïnardji, que le culte et le clergé grecs continuent à *jouir de leurs priviléges spirituels sous l'égide de leur souverain*, l'empereur ne demande rien de contraire à l'indépendance et aux droits du sultan, rien qui implique une intention d'ingérence dans les affaires intérieures de l'empire ottoman.

» Ce que veut l'empereur de Russie, c'est le maintien strict du *statu quo* religieux de son culte, savoir : une égalité entière de droits et d'immunités entre l'Eglise grecque et les autres communautés chrétiennes sujettes de la Porte, par conséquent la jouissance en faveur de l'Eglise grecque des avantages accordés à ces communautés. Il n'entend point ressusciter les priviléges de l'Eglise grecque tombés en désuétude par l'effet du temps ou des changements administratifs, mais demande que le sultan la fasse participer à tous les avantages qu'il accorderait à l'avenir à d'autres rites chrétiens.

» Le cabinet impérial d'Autriche aime, par conséquent, à ne pas douter que la Sublime Porte, en pesant encore une fois, avec toute la sérieuse attention que la gravité de la situation exige, les explications données par la Russie dans le but de préciser la nature et l'extension de ses demandes, ne se décide à l'adoption pure et simple de la note de Vienne.

» Cette adoption, tout en assurant au gouvernement ottoman un nouveau titre à la sympathie et à l'appui des puissances qui la lui ont conseillée, lui offre à la fois un moyen aussi prompt qu'honorable d'opérer sa franche réconciliation avec l'empire de Russie, réconciliation que tant d'intérêts majeurs réclament si impérativement,»

La Porte repoussa cette note sans même y vouloir opposer une réponse en forme, mais il n'en est pas moins remarquable au plus haut point que deux puissances comme l'Angleterre et la France aient cru devoir permettre à l'Autriche de s'attribuer dans cette grande affaire d'Orient un rôle qui n'est certes pas marqué au coin de la franchise. Il y a ici une cause que l'historien doit nécessairement rechercher.

## III.

Et d'abord écartons le reproche de manque de courage, que dans une certaine opposition on a le mauvais goût ensemble et la sottise d'adresser aux gouvernements. Le courage militaire est chose qui court les rues et les champs; cela est si vrai, qu'en Europe il se lève, dès qu'on veut les appeler, un ou deux millions d'hommes pour faire bravement le métier de soldat. Les différences existant entre les peuples et les armées ne portent pas sur le courage, mais sur l'entrain, l'aplomb, l'intelligence, avec lesquels le courage est employé. Vainement essayerait-on de dire que ce n'est pas leur vie que les gouvernants craignent de risquer, mais les jouissances attachées au pouvoir. Ce calcul est contredit par la nature de l'homme. Il y a en nous des instincts puissants qui nous poussent vers les scènes de violence et de destruction. L'accusation que princes et gouvernants ont le plus souvent méritée est celle de trop aimer la guerre, qui porte en elle un attrait souvent fatal aux raisons les plus hautes.

Le colonel Labédoyère, celui qui fut fusillé en 1815, étant aide de camp du maréchal Lannes, lui faisait un matin un rapport où il peignait poétiquement les feux du fusil des tirailleurs se mariant aux feux avant-coureurs du soleil qui allait monter sur l'horizon. Le maréchal l'arrêta dans son récit, en lui disant d'un ton sévère : — Monsieur, c'est sous un aspect plus grave que la guerre doit être considérée. Le jeune aide de camp était atterré. Voyant son chagrin,

l'illustre soldat de Montebello et d'Arcole le prit à part, et lui dit :
— Le tableau que vous avez tracé tout à l'heure était vrai. Quel magnifique spectacle! J'eusse été heureux et fier de le voir. Mais que voulez-vous? ces spectacles sont achetés au prix du sang humain, et il ne faut pas s'avouer à soi-même qu'ils remuent et transportent l'âme. Le peuple ne nous accuse déjà que trop d'aimer la guerre.

Il n'est pas vrai non plus que la paix amollisse et corrompe les cœurs. Nombre de professions industrielles sont aussi dangereuses que celle des armes, et n'offrent pas aux ouvriers ce qui est assuré aux soldats : le vivre, le vêtement, l'asile, les soins dans la maladie, et une retraite soit dans la vieillesse, soit dans le cas de blessures entraînant incapacité de travail. La paix, qui doit être l'état normal des sociétés, n'est point de sa nature un état de choses corrupteur. Elle offre à chaque pas et dans chaque pays à tout homme qui se respecte l'occasion de développer le courage civil, un million de fois plus rare que le courage militaire. Mais, comme toutes les choses humaines, la paix est mélangée de bien et de mal, et les peuples peuvent

de lord Palmerston couvre à peine ses frais, tandis que le ?
est riche à millions! Ne demandez donc plus qui a dicté ou
tolérer la note de Vienne et cette note secrète du 20 octobre
vous venez de lire; qui a retenu jusqu'au 20 novembre à Besik
flottes alliées, qui auraient dû entrer dans le Bosphore le 3 ju
en même temps que les troupes russes dans les principautés; n
demandez plus, vous le savez : c'est la bourse.

Et si l'Italie, la Pologne, la Hongrie ne parviennent pas, grâ
la guerre d'Orient, à desserrer les liens qui les oppriment, ce
la bourse qui l'aura voulu. Il faut prendre garde de faire tombe
métalliques d'Autriche. L'honneur qui coûte ne vaut pas à la bo
le déshonneur qui rapporte. Là, l'argent n'a ni sentiments ni p
La nouvelle du désastre de Waterloo a fait monter les fonds de qu
francs en un jour. C'est, dit-on alors, que les écus sont royali
A la bonne heure !

Certes, nous ne sommes pas assez insensés pour penser q
doive supprimer le crédit public à cause des abus et des scan

Bataille d'Oltenitza.

recevoir pendant la paix, et à l'aide de la paix, une fausse direction.

Or, n'est-ce pas ce qui arrive en Angleterre et en France, lorsque l'on pousse vers ces abominables palais, qu'on appelle bourse, les détenteurs du capital, qui est l'instrument des instruments, puisqu'il les représente tous? Vous voulez que le droit triomphe de l'insolence, vous le voulez, fallût-il recourir aux armes. La bourse ne le veut pas; elle baisse à chaque acte de dignité des gouvernements. Qu'importe? dira-t-on. Cela importe beaucoup. A la bourse, on spécule, on joue sur toutes les valeurs composant la fortune mobilière dont les oscillations influent toujours plus ou moins sur la fortune territoriale. Pour faire la guerre, il faut de l'argent; la bourse, par ses manœuvres, jette la panique dans les capitaux, et voilà les gouvernements obligés de compter avec MM. du parquet et de la coulisse, lesquels verraient avec satisfaction toutes les humiliations de la patrie si ces humiliations devaient leur valoir une liquidation favorable.

Devant un parlement, devant la presse on discute, et l'on finit par emporter la majorité par le talent, la dignité de la parole et surtout de l'action ; avec une bourse, il faut subir toutes les ignobilités de l'égoïsme et de la bêtise. Qui est-ce qui a défendu la politique si peu nationale et si peu clairvoyante de lord Aberdeen ? Le journal de la Cité de Londres, le journal qui s'est donné la mission non-seulement de servir mais de caresser les plus grossiers intérêts de l'Angleterre. Et le journal qui exprime depuis des années la politique

de l'agiotage. Le crédit est passé dans le sang des Etats moder
et Napoléon ne répéterait pas aujourd'hui ce qu'il disait à M. I
vée : « Le crédit est républicain de sa nature, je n'en veux à au
prix. » Mais s'il faut un crédit public, faut-il une bourse où les o
rations faites contre argent n'égalent pas la centième partie de ce
qui n'ont pour objet que le payement de différences, c'est-à-d
qu'un jeu désavoué seulement par la loi et qu'elle devrait punir
Est-ce à une telle institution qu'on peut immoler indéfinimen
principe primordial qui ne veut pas que l'idée du gain soit sépa
de celle du travail? Est-ce devant ce veau d'or aux entrailles infec
que la dignité des peuples et des gouvernements devra à jamais s
cliner comme devant le vrai dieu de la paix ? Non ! la paix ne s
rait être le règne de l'agiotage; la paix, c'est le règne du travail d
le progrès moral et dans la liberté.

Fermez la bourse à tout marché qui n'est pas ferme et réel,
vous verrez si, en Angleterre et en France, quelqu'un osera enc
parler de négociations en commun avec l'Autriche foulant sous
pieds de plomb trois nationalités. Déjà même, et qu'elle en soit
remerciée, la reine Victoria, si elle n'a pas cru pouvoir s'affranc
de la conférence de Vienne, n'a pas fait aux gouvernements d'A
triche et de Prusse, complices à différents degrés de la Russie, l'ho
neur de les nommer dans son discours d'ouverture du parlem
britannique.

# GUERRE ENTRE LA TURQUIE ET LA RUSSIE.

e 14 juillet la Porte Ottomane avait protesté contre l'invasion des
cipautés. De ce jour, jusqu'au 25 septembre, la conférence de
ne n'avait cessé de faire des efforts pour amener le gouverne-
t turc à céder aux injustes prétentions de la Russie, et, comme
pu s'en convaincre en lisant les pièces citées dans le chapitre
édent, il avait été plus difficile au sultan d'échapper aux embû-
de l'amitié de l'empereur François-Joseph qu'aux exigences impé-
ses du czar. La Russie avait révolté toutes les consciences, l'Au-
e les endormait par de bonnes paroles pour les tromper. On ne
pas assez, on ne saura jamais bien complétement tout ce que l'in-
e a tenté pour donner à croire que la présence des Russes dans
rincipautés répondait en partie aux vœux secrets des habitants.
a a lu la proclamation du prince Gortschakoff aux Moldo-Vala-

de leur situation envers la Turquie et la Russie. En se retirant à
l'instant même devant les soldats du prince Gortschakoff, les princes
Ghika et Stir-Bey eussent écarté des doutes funestes entretenus pendant trois mois sur les conséquences possibles de l'invasion d'un territoire ottoman.

Conformément à ses habitudes formalistes, la Porte Ottomane, à
la suite du grand conseil tenu les 25 et 26 septembre, publia dans le
*Journal de Constantinople* une communication officielle annonçant au
public qu'aucun projet d'arrangement n'ayant pu réussir, l'état de
guerre était constaté entre la Russie et la Turquie. Le même jour le
gouvernement ottoman adressa aux puissances un manifeste portant
déclaration de guerre à la Russie et rappelant minutieusement toutes les
raisons connues du monde entier qui avaient déterminé le sultan à

La guerre en Circassie.

. M. de Nesselrode, par une dépêche du 15 juin, avait déclaré
l'occupation des provinces danubiennes ne devait rien changer à
ninistration civile du pays. *Seulement*, les deux hospodars de-
nt cesser leurs relations avec Constantinople et le tribut être
é dans les caisses russes. Devant un tel état de choses la Porte
pouvait se dispenser d'ordonner le rappel des hospodars. Une
e de Réchid, en date du 25 juillet, l'ordonna en effet. Ceci ne
ut point le compte de la Russie et de ses adhérents, ceux-ci ma-
vrèrent si bien dans les divans de Bucharest et de Jassy, que les
ces Ghika et Stir-Bey demandèrent et obtinrent de la Porte l'au-
sation de rester provisoirement à la tête de leurs provinces.
mme on le pense bien, cet excès de condescendance du sultan
rêta pas les empiétements des Russes. Malgré leurs déclarations
lus formelles, ils s'emparèrent du gouvernement des principau-
d'une manière complète, absolue. L'usurpation était si flagrante,
tolérable, que les consuls de France et d'Angleterre durent ame-
leur pavillon. Quant aux princes Stir-Bey et Ghika, ils restèrent
ur poste, plus tard, ce nous semble, que ne l'exigeait leur devoir
rs la Porte Ottomane. Ce ne fut que le 28 octobre, vingt jours
s avoir eu connaissance de la déclaration de guerre, qu'ils rési-
ent leurs fonctions et quittèrent les principautés. Il n'est pas
notre pensée d'accuser la loyauté des hospodars; mais, nous
sitons pas à blâmer l'appréciation qu'ils ont faite l'un et l'autre

recourir aux armes pour préserver l'intégrité et l'honneur de son
empire. Quatre jours plus tard (le 8 octobre) le grand vizir adressa
aux habitants de Constantinople et de ses trois faubourgs, Eyoub,
Galata et Scutari, une proclamation que nous pensons devoir reproduire, car elle justifie tout ce que nous avons dit de la tolérance et
de l'esprit de liberté religieuse qui animent les Turcs.

*Le grand vizir aux habitants de Constantinople, d'Eyoub, de Scutari
et de Galata.*

« L'acceptation des propositions telles qu'elles nous ont été faites
par la Russie, propositions relatives aux priviléges religieux, eût été
non-seulement une infraction directe aux droits souverains et à l'indépendance de l'empire ottoman, mais elle eût encore entraîné dans
la suite une foule de désastres, dont Allah nous préserve !

» La Russie a pris une attitude menaçante en faisant d'immenses
préparatifs de guerre.

» De son côté, la Sublime Porte, tout en prenant des mesures de
précaution, en envoyant des troupes aux frontières de l'empire, en
Anatolie et en Roumélie, a épuisé tous les moyens de négociation.
Elle a proposé un arrangement plein de modération ; elle a fait tous
les efforts possibles pour la conservation de la paix, chose toujours
aimée et toujours sacrée.

» Tous ses efforts ont été vains ; enfin les Russes ont passé le Pruth, et une armée a envahi les provinces de S. M. le sultan. Malgré cet état de choses, la Sublime Porte a eu recours à la médiation dans un but de réconciliation et dans l'intérêt du maintien de la paix ; tout encore a été inutile.

» En conséquence, un conseil national a été convoqué le 22 et le 23 du mois de zelludge. Ce conseil se composait d'ulémas et de caserkers, de chefs militaires et autres fonctionnaires. La question leur a été soumise.

» Il était clair et évident que la Russie ne voulait pas accepter un arrangement auquel la Sublime Porte pût adhérer. La solution du différend ne pouvait donc pas être pacifique.

» Il était reconnu du monde entier que c'était la Russie qui avait violé les traités en envahissant l'empire ottoman. Cet état de choses ne pouvait se supporter plus longtemps ; aussi a-t-il été décidé à l'unanimité que nous nous confierions à la Providence et à notre saint prophète. La guerre a donc été décidée. Cette détermination du conseil a donc été confirmée par un fetva du sheik ul-Islam, fetva que l'on jugea propre à être mis à exécution.

» Un rapport à cet effet ayant été mis au pied du trône pour provoquer un ordre du sultan, la décision du conseil général a été sanctionnée par un hatti-schériff et portée à la connaissance des caserkers des divisions de l'armée de Roumélie et d'Anatolie et des habitants de tout l'empire par la publication des firmans.

» C'est pourquoi vous aussi vous rassemblerez les imans des districts, vous leur direz que c'est la Russie qui a soulevé cette affaire, que c'est sur elle que doit en retomber toute la responsabilité. Ils adresseront des prières au Dieu des batailles pour le triomphe de la Sublime Porte et des troupes impériales. Ils leur enjoindront de prier nuit et jour et avec ferveur pour le succès de notre cause.

» Qu'il soit en même temps bien compris que cette guerre est une guerre contre un gouvernement qui, sans la moindre provocation, a violé les droits de l'indépendance de l'empire ottoman. Les relations amicales qui existent entre la Sublime Porte et les autres nations amies ne doivent pas souffrir la moindre altération, par suite des conséquences de cette situation. Personne donc ne doit molester les marchandises ou les sujets de ces puissances, quelle que soit leur religion. La vie, l'honneur et les propriétés des rayas doivent être sacrés comme les nôtres.

» Notre conduite doit être dirigée selon la loi sacrée, en toute circonstance, avec justice et loyauté. En un mot, il répugne à la loi sacrée comme au sens commun, ainsi qu'il a déjà été déclaré anciennement, de regarder les rayas de la Sublime Porte qui professent une religion conforme à celle de la Russie comme responsables de la conduite du gouvernement de Saint-Pétersbourg. Ce que demande ce gouvernement, il le demande dans son intérêt et pour augmenter son influence.

» Les sujets de la Sublime Porte ont joui pendant des siècles des priviléges religieux que leur avaient accordés les empereurs turcs, sous la protection spéciale de la Sublime Porte, et ces priviléges reçoivent tous les jours plus de force et plus d'extension. Les sujets de l'empire ottoman savent parfaitement que les prétentions du gouvernement russe à les prendre sous sa protection ne feraient que diminuer la somme de ces priviléges.

» Vous ferez bien connaître à tous que l'une des causes de succès, c'est de vivre en bonne harmonie. Personne ne doit humilier ni molester autrui ; tous doivent essayer de vivre en union parfaite et servir leur pays en commun.

» Si, par négligence, ignorance ou mauvais vouloir, quelqu'un agissait en opposition à ces ordres légitimes, il serait sévèrement puni.

» Toutes les dispositions ci-dessus ont été décrétées dans le conseil général tenu dernièrement. Vous aurez donc soin que personne n'agisse contrairement à ces ordres.

» Fait le 5 moharrem 1270 (1853).

» Mustapha-Pacha. »

Ce langage n'honore pas seulement le gouvernement qui a su le tenir, il honore le peuple qui a su y conformer sa conduite, malgré des excitations venues du dedans par les Grecs stipendiés de la Russie, et du dehors par le parti qui veut à tout prix que l'on croie les chrétiens d'Orient exposés à d'horribles et sanglantes persécutions. Les prêtres chrétiens ont droit ici aux mêmes éloges que nous avons donnés aux ulémas. Les uns et les autres ont résolûment fermé l'oreille aux conseils du fanatisme religieux pour n'écouter que les grandes lois de l'humanité. Ils ont également bien mérité de la civilisation et de leur patrie commune.

Omer-Pacha, général en chef de l'armée de Roumélie, reçut le 8 au matin à son quartier général de Schumlá une lettre qu'il devait signer et faire remettre le plus promptement possible au prince Gortschakoff. Cette lettre était ainsi conçue :

*Omer-Pacha, généralissime des troupes turques en Roumélie, au prince Gortschakoff.*

« Monsieur le général, c'est par ordre de mon gouvernement que j'ai l'honneur d'adresser cette lettre à Votre Excellence.

» Tandis que la Porte épuisait tous les moyens de conciliation de maintenir la paix en même temps que son indépendance, la de Russie n'a cessé de faire naître des difficultés, et elle a été ju violer les traités par l'occupation des principautés de Moldavie Valachie, qui forment partie intégrante de l'empire.

» Fidèle à son système pacifique, la Sublime Porte, au lieu d de son droit de représailles, s'est bornée alors à protester, san carter de la voie qui pouvait encore mener à un arrangemen Russie, au contraire, se gardant bien de montrer des sentiments logues, a fini par rejeter les propositions recommandées par les gustes cours médiatrices, et nécessaires à l'honneur comme sûreté du gouvernement ottoman. Il ne reste, par conséque celui-ci que l'indispensable obligation de recourir à la guerre, puisque l'invasion des principautés et la violation des traité l'accompagne sont les causes inévitables de la guerre, la Su Porte, pour dernière expression de ses sentiments pacifiques, Votre Excellence, par mon intermédiaire, à évacuer les deux cipautés, et elle vous accorde, pour vous y conformer, un dél quinze jours. Si, dans ce délai, je recevais de Votre Excellenc réponse négative, le commencement des hostilités en serait la c quence naturelle. C'est ce que j'ai l'honneur de faire savoir à Excellence, en saisissant cette occasion pour lui offrir les assu de ma parfaite considération.

» Au quartier général de Choumla, le 8 octobre (26 septembre 1853)

» *Signé* Omer. »

Le prince Gortschakoff reçut cette lettre, le 11 au soir, à B rest, et le lendemain il y répondit qu'il n'avait aucun pouvo l'empereur son maître pour traiter de la paix, de la guerre, l'évacuation des principautés.

Après sept mois d'infructueuses négociations, on allait donc passer des paroles aux actes, lorsque la diplomatie tenta d'ar un dernier atermoiement. Par suite de cette note secrète, prés par M. de Bruck, et que nous avons citée plus haut, les quatre ambassadeurs obtinrent de la Porte de prescrire à Omer-Pacha d ter sur la défensive jusqu'au 1er novembre, si toutefois les hos n'étaient pas commencées avant la réception de cet ordre. merci, elles l'étaient! Le 23 octobre, jour marqué pour l'expi du délai accordé aux Russes pour évacuer les principautés, un gement avait eu lieu à Issatcha, poste fortifié sur la rive gauc Danube et appartenant aux Turcs.

Issatcha est située entre Ismaïl et Rheni, placées toutes deu l'autre rive du fleuve. Deux vapeurs et une flottille de canon russes ayant tenté de remonter le Danube pour gagner Gala delà de l'embouchure du Pruth, les Ottomans avaient dû s'opp ce mouvement, et quoique le poste d'Issatcha fût trop faible barrer le chemin à l'ennemi, la petite garnison l'essaya ave grande résolution. Le même jour (23 octobre) une rencontre av lieu non loin de Tourtoukaï, en face d'Oltenitza, entre quelque dats du contingent égyptien et deux compagnies de soldats russ sang avait coulé, la guerre était bien et dûment ouverte.

D'ailleurs il est à remarquer que le 31 octobre, avant qu'il pû informé de l'insuccès de la dernière tentative de la diplomatie, percur Nicolas lançait un deuxième manifeste, ne laissant pl doutes sur sa résolution de poursuivre par les armes ses entre contre la Turquie.

Voici ce document :

*Deuxième manifeste de l'empereur de Russie.*

« Par la grâce de Dieu, nous, Nicolas Ier, empereur et auto de toutes les Russies, etc., etc., etc.

» Savoir faisons :

» Par notre manifeste du 14 juin de la présente année, nous fait connaître à nos fidèles et bien-aimés sujets les motifs qui ont mis dans l'obligation de réclamer de la Porte Ottomane de ranties inviolables en faveur des droits sacrés de l'Eglise orthod

» Nous leur avions annoncé également que tous nos efforts ramener la Porte, par des moyens de persuasion amicale, à de timents d'équité et à l'observation fidèle des traités, étaient infructueux, et que nous avions, par conséquent, jugé indispen de faire avancer nos troupes dans les principautés du Danube. en adoptant cette mesure, nous conservions encore l'espoir q Porte reconnaîtrait ses torts et se déciderait à faire droit à nos réclamations.

» Notre attente a été déçue.

» *En vain même les principales puissances de l'Europe ont ch par leurs exhortations à ébranler l'aveugle obstination du gou ment ottoman. C'est par une déclaration de guerre, par une pr mation remplie d'accusations mensongères contre la Russie, q répondu aux efforts pacifiques de l'Europe, ainsi qu'à notre lon mité. Enfin, enrôlant dans les rangs de son armée les révolution de tous les pays, la Porte vient de commencer les hostilités Danube. La Russie est convoquée au combat; il ne lui reste*

s, se reposant en Dieu avec confiance, qu'à recourir à la force des
nes pour contraindre le gouvernement ottoman à respecter les
ités et pour en obtenir la réparation des offenses par lesquelles il
épondu à nos demandes les plus modérées et à notre sollicitude
itime pour la défense de la foi orthodoxe en Orient, que professe
lement le peuple russe.

» Nous sommes fermement convaincu que nos fidèles sujets se join-
nt aux ferventes prières que nous adressons au Très-Haut, afin
e sa main daigne bénir nos armes dans la sainte et juste cause
a trouvé de tout temps d'ardents défenseurs dans nos pieux an-
res.

» *In te, Domine, speravi, non confundar in æternum.*

» Donné à Tsarskoé-Sélo, le 20e du mois d'octobre (1er novembre)
l'an de grâce mil huit cent cinquante-trois, et de notre règne le
gt-huitième.

» *Signé* Nicolas. »

On a beau savoir *Tartufe* par cœur et l'avoir vu représenter cent
s, cette manière de couvrir du manteau de tout ce qu'on révère
projets de la convoitise la plus odieuse a toujours quelque chose
surprend autant qu'il révolte. Il existe d'ailleurs entre le deuxième
nifeste de l'empereur Nicolas et la troisième circulaire de son
ncelier une sorte de contradiction prouvant combien il est diffi-
e de mentir à deux, et mettant en lumière le trait de génie de
lière, qui n'a point donné de confident à son *Imposteur*. Remar-
ez, en effet, que le manifeste loue et remercie indirectement les
ssances des efforts qu'elles ont faits auprès de la Turquie en fa-
r de la paix, tandis que la circulaire implique les mêmes puis-
ces dans le débat en déclarant qu'il dépendra d'elles que la guerre
sorte point des limites de la défensive que la Russie veut lui as-
ner.

Quoique nous ayons déjà donné plus de citations qu'il n'en faut
r justifier nos assertions contre la duplicité de la politique mos-
ite, nous pensons devoir reproduire encore le texte de cette troi-
ne circulaire, en soulignant le passage qui a fait croire aux puis-
ces que l'affaire de Sinope ne devait pas être prévue, et celui qui
stitue la contradiction implicite que nous venons de signaler.

*Troisième dépêche circulaire de M. de Nesselrode.*

« Saint-Pétersbourg, le 19 octobre 1853.

» Monsieur le

» Les efforts que nous ne cessons de faire depuis huit mois pour
ver à l'arrangement à l'amiable de nos différends avec la Porte
tomane sont malheureusement restés infructueux jusqu'ici. Il y a
s : la situation semble tendre à s'aggraver tous les jours davan-
ge. Tandis que l'empereur offrait, durant son entrevue à Olmütz
ec *son intime ami et allié l'empereur François-Joseph*, de nouvelles
tilités au cabinet autrichien pour éclaircir le malentendu qui s'est
taché aux motifs exposés par nous pour rejeter les modifications
e la Porte avait voulu introduire dans la note concertée à Vienne,
Porte, cédant, malgré les conseils des représentants européens à
onstantinople, à l'impulsion des idées belliqueuses et du fanatisme
usulman, vient, comme vous l'aurez déjà appris, de nous déclarer
rmellement la guerre. Cette mesure précipitée n'a pourtant rien
angé pour le moment aux dispositions pacifiques de l'empereur.
ous n'abandonnons point encore pour cela les résolutions énoncées
s l'origine dans notre circulaire du 20 juin (2 juillet).

» A cette époque, Sa Majesté a déclaré qu'en occupant temporai-
ment les principautés, comme gage matériel destiné à lui assurer
satisfaction qu'elle réclame, elle ne voulait pas pousser plus loin
s mesures de coercition et éviterait une guerre offensive aussi long-
mps que le lui permettraient sa dignité et ses intérêts.

» A l'heure qu'il est, et en dépit de la nouvelle provocation qui
ent de lui être adressée, les intentions de mon auguste maître
stent les mêmes. Nantis du gage matériel que nous donne l'occu-
tion des deux provinces moldo-valaques, bien que toujours prêts,
ivant nos promesses, à les évacuer du moment que réparation nous
ra été faite, nous nous contenterons provisoirement d'y maintenir
os positions en restant sur la défensive *aussi longtemps que nous n'au-
ns point été forcés de sortir du cercle dans lequel nous désirons
nfermer notre action. Nous attendrons l'attaque des Turcs sans
rendre l'initiative des hostilités. Il dépendra donc entièrement des
utres puissances de ne point élargir les limites de la guerre, si les
urcs s'obstinent à vouloir nous la faire absolument, et de ne point
ui imprimer un caractère autre que celui que nous entendons lui
isser.*

» Cette situation tout expectante ne met point obstacle à la pour-
uite des négociations. Comme de raison, après la déclaration de
erre qu'on vient de lui faire, ce n'est point à la Russie à chercher
e nouveaux expédients, à prendre l'initiative des ouvertures de
onciliation. Mais si, mieux éclairée sur ses intérêts, la Porte est
lus tard disposée à mettre en avant ou à accueillir de pareilles ou-

vertures, ce n'est point de l'empereur que viendront les obstacles à
ce qu'elles soient prises en considération.

» Voilà, monsieur, pour le moment, tout ce qu'il est permis de
vous dire, dans l'incertitude où nous sommes de savoir si la Porte
Ottomane donnera une suite immédiate aux projets belliqueux qu'elle
vient d'adopter. Faites part de nos intentions éventuelles au cabinet
auprès duquel vous vous trouvez accrédité. Elles attesteront une fois
de plus le désir de notre auguste maître de circonscrire, autant que
possible, le cercle des hostilités si elles doivent avoir lieu malgré
lui, et d'en épargner les conséquences au reste de l'Europe.

» Recevez, etc.

» *Signé* Nesselrode. »

FORCES DE LA TURQUIE ET DE LA RUSSIE SUR LE DANUBE.

### I.

Lors même que le temps a permis de se livrer à des enquêtes contradictoires, il est toujours fort difficile de savoir au juste les forces
employées de part et d'autre dans une guerre. Heureusement un historien parlant de faits en cours d'exécution n'est-il pas tenu de procéder comme un intendant militaire dressant des états pour aligner
la solde. La vérité, au moment où nous écrivons, est dans les déclarations de forces faites par les parties belligérantes, et acceptées par
l'opinion publique après un contrôle sommaire. Disons donc simplement des forces de la Turquie sur le Danube ce que cette puissance
en a dit et laissé dire elle-même ; car si la Turquie a estimé trop
haut les ressources de sa défense, la Russie n'a pas manqué d'exagérer
aussi de son côté, et une exagération balance l'autre.

L'armée de Roumélie (c'est sous le nom de Roumélie que la Porte
désigne en général ses possessions d'Europe) était, à l'époque de
l'ouverture des hostilités, forte de cent soixante mille hommes, à
savoir :

| | |
|---|---|
| Infanterie . . . . . . . . . . . | 105,000 |
| Contingent égyptien . . . . . . | 15,000 |
| Cavalerie régulière. . . . . . . | 12 régiments. |
| Artillerie. . . . . . . . . . . | 40 batteries. |
| Zaltiés ou gendarmes à cheval. | 10,000 |
| Albanais irréguliers . . . . . . | 12,000 |

Placée sous le commandement en chef d'Omer-Pacha, muchir ou
maréchal, cette armée se divisait en quatre corps principaux ainsi
répartis :

A Schoumla, sous le commandement direct d'Omer-Pacha, 50,000
hommes, plus deux bataillons de tirailleurs nouvellement formés,
composés d'hommes d'élite et armés de carabines à tige, fournies par
la France, et exactement semblables à celles de nos tirailleurs de
Vincennes ;

A Baba-Dagh (Dobritchia), sous le commandement d'Alim-Pacha,
25,000 hommes ;

Depuis Sistow jusqu'à Rustuck et au-dessous, 30,000 hommes, sous
le commandement de Mustapha-Pacha ;

Sur le Danube, depuis Sistow jusqu'à Widdin, et dans le Sud jusqu'à Bergoriza, Soumoundji et Chibka, sous le commandement d'Is-
maïl-Pacha, 30 000 hommes ;

En outre, à Varna, Pravardin, Tirnova et dans les différents ou-
vrages de fortification élevés dans les Balkans, au sud de Tirnova,
35,000 hommes.

Ces forces actives, dont l'emplacement subit des modifications
journalières, sont appuyées par une armée de réserve forte de 50,000
hommes, et placée sous le commandement de Rifaat-Pacha, ayant
son quartier général à Sophia, ville importante de la Bulgarie, sur
la grande route de Constantinople à Belgrade.

### II.

La valeur d'une force militaire ne réside pas absolument dans les
chiffres de son effectif ; c'est beaucoup d'avoir des masses sous la
main, mais ce n'est pas tout, il faut savoir comment ces masses sont
organisées et quel esprit les anime. Or, on s'est trompé grossière-
ment et obstinément en Europe sur le mérite des nouvelles institutions militaires de la Turquie, en les croyant si inférieures à celles
de la Russie, que pendant six mois celui qui tient ici la plume avait
l'air d'avoir inventé, pour le besoin de son opinion, une armée ottomane capable de lutter en rase campagne contre les soldats du
czar. Je n'avais rien inventé ni même rien deviné, seulement j'avais
suivi d'un œil attentif les efforts que fait la Turquie depuis 1833
pour organiser ses troupes à l'européenne, et je n'ignorais pas tout à
fait les mérites de l'organisation de 1843, due à Riza-Pacha, devenu ministre de la marine après le désastre de Sinope.

La forme et l'étendue de cet ouvrage ne nous permettent pas d'entrer
dans les détails ; il nous suffira de dire que le principal mérite, à nos
yeux du moins, de l'organisation militaire réside dans la division du
service en deux catégories, le service actif et la réserve, ou le redif.
Lorsque les soldats ont passé un certain nombre d'années sous le

drapeau, ils sont renvoyés dans leurs foyers après avoir fait le serment de revenir si la patrie est menacée. C'est cette organisation qui explique la rapidité avec laquelle il a été possible au sultan de doubler en quelques mois son armée, dont l'effectif en temps ordinaire est de 170,000 hommes.

L'infanterie, la cavalerie et le génie sont soumis, en Turquie, aux manœuvres de l'ordonnance française; le système de l'artillerie tient à peu près le milieu entre le système français et le système prussien.

L'armée turque est partagée en ordous ou divisions, commandées par un ferik, général de division, ayant sous ses ordres trois livas ou généraux de brigade. L'ordou ou division se compose de onze régiments, six d'infanterie, quatre de cavalerie et un d'artillerie. L'effectif de chaque ordou ou division est de 20,980 hommes, à savoir : 16,800 hommes d'infanterie, 2,880 cavaliers et 1,300 artilleurs.

La hiérarchie et les fonctions des grades dans l'infanterie, la cavalerie et le génie, sont les mêmes qu'en France, et les différences, s'il en existe dans l'artillerie, sont si minimes, qu'elles ne méritent pas d'être mentionnées. Les régiments d'infanterie sont divisés en bataillons, les bataillons en compagnies. Les régiments de cavalerie sont divisés en escadrons ayant, absolument comme chez nous, un capitaine en premier, un capitaine en second, un lieutenant en premier, un lieutenant en second, et le reste à l'avenant. Les régiments d'artillerie comptent douze batteries, neuf à pied, trois à cheval, ayant ensemble soixante-douze pièces de canon, plus quatre obusiers de montagnes, dans le système de ceux qu'emploie notre armée d'Afrique.

Or, comme les Turcs sont braves, sobres, bons tireurs, qu'ils possèdent une aptitude remarquable pour le service de l'artillerie, et qu'ils ont eu dix ans au moins pour se rompre à leur nouvelle organisation militaire, il n'y a pas eu grand mérite à prédire qu'ils soutiendraient avec méthode et avec courage une guerre d'indépendance. Nous nous souvenions d'ailleurs de ce que nous dit, lors de son voyage en France, Ibrahim-Pacha, l'illustre vainqueur de Konia et de Nezib : « Dans quelques années on ne distinguera plus que par l'uniforme nos armées ottomanes des armées européennes. Tout notre mérite à nous Égyptiens, c'est d'avoir appris un peu plus tôt ce qu'on saura un peu plus tard dans tout l'empire du sultan. » Ce langage n'était pas seulement modeste, il exprimait une vérité dont un général du mérite d'Ibrahim-Pacha devait être profondément convaincu.

## III.

Il n'y a rien de particulier à dire aux lecteurs sur l'organisation de l'armée russe, qui s'est approprié depuis longtemps tout ce qui, dans les organisations militaires des autres nations, lui a paru pouvoir être appliqué à la nature lourde et opiniâtre de ses soldats.

L'armée russe, dans les principautés, est commandée par le prince Gortschakoff, qui a pour chef d'état-major général le général Kotzebue.

Au moment de l'ouverture des hostilités, elle se composait : du 4e corps (corps Dannenberg), d'une partie du 5e corps (corps Luders), et de quatorze régiments de Cosaques du Don avec leur artillerie, comprenant sept batteries à cheval, commandés par le comte Orlow; de deux équipages de pont, et d'un parc d'artillerie de fort calibre, pouvant au besoin servir aux siéges.

La partie du 5e corps annexée au 4e comprenait, à cette époque, une division d'infanterie de ligne, une division de cavalerie, quatre batteries d'artillerie à pied, deux batteries d'artillerie à cheval, un bataillon de chasseurs d'élite.

Cette armée, ne comptant que 100 à 120,000 hommes en première ligne, avait pour réserve le corps d'Osten-Saken, cantonné en Bessarabie. Mais les Russes étant organisés et prêts de longue main, et les Turcs se trouvant obligés d'élargir leurs cadres en marchant pour y recevoir la réserve appelée en hâte sous le drapeau, on peut sans crainte d'erreur considérer comme égales les forces des deux armées sur le Danube.

### FORCES DE LA RUSSIE ET DE LA TURQUIE EN ASIE.

L'armée russe en Asie, connue sous le nom d'armée du Caucase, ne compte pas moins de 150 à 160,000 hommes. Elle est commandée par le vieux prince Woronzoff, dont la réputation militaire est sans éclat, mais qui passe pour le plus habile et le seul intègre administrateur de l'empire moscovite. Si cette armée n'avait pas à contenir des populations insoumises et à résister aux attaques incessantes de Schamyl, elle pourrait, en massant ses forces, mettre, — il faut bien le dire, — la Turquie en péril, et, marchant sur Constantinople par la rive asiatique de la mer Noire, arriver à Scutari après une ou deux batailles gagnées. Mais un tel danger n'est point imminent, d'abord par les raisons que nous venons d'indiquer, ensuite parce que la Turquie a organisé en Asie deux armées qui, fussent-elles vaincues, feraient subir à l'armée russe avant leur défaite des pertes telles, que le prince Woronzoff aurait besoin de ce qui lui resterait de forces pour résister à l'insurrection caucasienne.

Des deux armées turques en Asie, la première et la plus considérable était placée, à l'ouverture de la campagne, sous le commandement d'Abdi-Pacha ; la seconde, destinée à agir le long du littoral, est sous les ordres de Selim-Pacha : c'est cette armée qui est spécialement chargée de donner la main à Schamyl. On porte l'effectif de ces deux armées à 150,000 hommes; mais sans parler de l'exagération du chiffre, qui nous semble visible, on compte comme troupes de ligne 50,000 irréguliers environ, qui, ne connaissant pas les lois de la discipline, ne peuvent être employés sans inconvénient que pour charger et poursuivre une armée rompue par les troupes régulières. Toutefois, tenant compte des difficultés réciproques, nous estimons qu'en Asie, de même que sur le Danube, il y a, au début de la guerre, égalité de forces entre les Turcs et les Russes.

### COMMENCEMENT DES OPÉRATIONS MILITAIRES DANS LES PRINCIPAUTÉS.

L'affaire d'Issatcha et la rencontre entre quelques Égyptiens et deux compagnies russes n'avaient d'importance qu'au point de vue légal ; elles constataient que les hostilités étaient ouvertes. La Russie aurait bien voulu s'en tenir à des escarmouches, car, avec la réputation dont elle a eu l'art d'environner ses armes, il lui convenait de gagner du temps en affectant de rester sur une forte défensive et d'avoir l'air de dédaigner une trop facile victoire sur les Turcs. Omer-Pacha comprenant la nécessité de déjouer ce calcul, résolut de mener promptement, mais sans retard, au combat contre les Russes ses troupes, auxquelles il adressa la proclamation suivante, marquée au coin de cette originalité qui plaît au soldat et le porte à faire résolûment le sacrifice de sa vie :

« SOLDATS IMPÉRIAUX !

» Quand nous combattrons notre ennemi, fermes et courageux, nous ne fuirons pas, et, pour nous venger de lui, nous sacrifierons notre tête et notre âme. Voyez le Coran; nous l'avons juré sur le Coran. Vous êtes musulmans et je ne doute pas que vous ne sacrifiiez votre tête et votre âme pour la religion et pour le gouvernement.

» Mais s'il est parmi vous un seul homme qui ait peur de la guerre, qu'il le dise; car il est trop périlleux de se présenter à l'ennemi avec de tels hommes. La peur est une maladie du cœur. Celui qui a peur sera employé dans les hôpitaux et à d'autres services; mais plus tôt quiconque tournera le dos à l'ennemi sera fusillé !

» Les hommes courageux qui veulent, au contraire, s'immoler pour la religion et pour le trône, qu'il restent. Leur cœur est uni à Dieu, fidèles à la religion et s'ils se montrent valeureux, Dieu leur donne certainement la victoire !

» Soldats ! purifions notre cœur et puis confions-nous dans l'assistance de Dieu !

» Combattons et faisons le sacrifice de nous-mêmes comme nos aïeux, et comme ils nous ont légué notre patrie et notre religion, nous devons les léguer à nos fils.

» Vous savez tous que le but de cette vie est de servir dignement Dieu et le sultan, et de gagner ainsi le ciel.

» Soldats ! quiconque a de l'honneur doit penser et servir dans ces sentiments. Dieu nous protége !

» *Le muchir* OMER-PACHA. »

On a dit bien des choses sur cet homme dont ceux qui le connaissent le mieux ne savent pas le nom de famille, car on peut tenir pour certain que de tous les noms qu'on lui a attribués dans les journaux, aucun n'est celui qu'il portait avant le nom d'Omer, qu'il reçut en embrassant l'islamisme. Ce qui est hors de doute, c'est qu'il est d'origine croate, comme l'indiquent du reste clairement ses traits, spécialement son nez un peu fort et légèrement retroussé, et qu'il possédait en 1831, lors de son arrivée en Turquie, de forts et bons rudiments de la science militaire. Il avait même des connaissances spéciales qui déterminèrent le gouvernement turc à le charger de lever les provinces danubiennes et d'en dresser la topographie, travail dont il s'acquitta avec une habileté remarquable, et qui lui donne aujourd'hui sur les généraux russes l'avantage de connaître personnellement le théâtre de la guerre jusque dans ses moindres détails. Il ne faut pas, du reste, exagérer cet avantage. L'homme vraiment doué du génie de la guerre comprend, devine les accidents du terrain avant de les avoir vus et par une sorte d'intuition. Or, on s'accorde à reconnaître dans Omer-Pacha plusieurs des dons caractéristiques du vrai général. Il aime le soldat, et sait s'en faire aimer, quoiqu'il traite avec une sévérité qui va parfois jusqu'à la rudesse. Sa sollicitude pour le bien-être de ses troupes est non moins clairvoyante qu'infatigable. Il est riche de ces mots soudains qui remuent l'âme d'un camp tout entier. D'ailleurs, il a été heureux et habile dans les nombreuses expéditions qu'il a commandées pour étendre et régulariser l'action du pouvoir central et plier les populations aux lois qui découlent du hatti-schériff de Gulhané. L'intervention de l'Autriche a pu seule l'empêcher de soustraire les Monténégrins à l'influence russe, et, de pillards qu'ils sont, d'en faire des vassaux honnêtes de la Porte.

sse. Mais les Tchetchens, à l'abri dans les caves et dans les sou-
rains, en sortaient subitement pour abattre d'un coup, toujours
juste, tout soldat russe osant se montrer à découvert. Trois as-
sauts, qui coûtèrent au général Grabbe chacun quinze cents hommes,
ient échoué. Un quatrième assaut favorisé par une imprudence
que commirent les Tchetchens, en quittant leur retraite, livra, le
août 1839, Akulcho aux Russes. Cette fois ils se crurent assurés
voir Schamyl mort ou vif; car toutes les issues étaient occupées,
et les moyens fermés à la fuite.

Schamyl s'apprêtait à mourir comme son maître Khasi-Mollah.
Cependant, les murides avaient fabriqué avec des poutres brisées un
petit radeau; ils le jettent dans le fleuve Koyson, et se précipitent
dessus du haut des rochers en disant : « Maître, c'est à vous de vivre,
à nous de mourir. » Les Russes croient que c'est Schamyl qui s'é-
chappe, ils courent, ils crient, ils tirent. Schamyl, profitant de ce
moment de confusion, s'élance dans le Koyson, le traverse à la nage,
reparaît bientôt avec l'auréole d'un nouveau miracle au milieu des
populations qui pleuraient leur iman enseveli sous les ruines d'Akulcho.

Quatre ans plus tard, à Dargo, Schamyl fit expier au général Grabbe,
par une sanglante défaite, la prise d'Akulcho. Ce général perdit son
commandement, et toute l'année 1843 fut marquée pour les Russes
par des désastres qui amenèrent la nomination du prince Woronzoff
au gouvernement général du Caucase. Tout ce que la Russie possède
de plus intègre et de plus habile ne l'était pas trop pour lutter contre
Schamyl. Il ne s'agissait plus, en effet, de combattre l'iman des Tchetchens. Les Awares, les Lesgkes, les Kistes, les Kumikes, et bien d'autres, d'origines diverses et de langages différents, abjurant leurs divisions, se sont rangés sous les lois de Schamyl, qui est maintenant le
chef d'un peuple, car il n'a pas seulement dompté l'orgueil des chefs
de tribus, il a réuni les tribus sous une même loi religieuse, civile et
militaire. Prophète, général, législateur, Schamyl, eu égard aux populations par lesquelles il a fait accepter son gouvernement, a droit au
respect de tous les amis du progrès.
Toujours aussi simple, aussi sobre, et personnellement aussi pauvre
quoiqu'il ait su établir un système d'impôts qui remplit sans efforts
le trésor public, Schamyl s'est donné au luxe, commandé par l'agrandissement de son pouvoir. Il a une garde de mille hommes, et ne
marche plus qu'entouré de cinq cents cavaliers prêts à mourir avec lui
ou pour lui. Devant un tel homme, le prince Woronzoff a renoncé à l'offensive. Il ne cherche pas à le vaincre, il s'applique à le
priver d'armes et de munitions en l'entourant d'une ligne de forts
que Schamyl renverse et que les Russes relèvent avec une impertur-
bable patience. Mais, nous l'avons dit, ce système de séquestration
commence à tomber sous les efforts des Turcs et de leurs alliés. Schamyl aura des munitions et des armes. On peut compter qu'il saura
s'en servir, et rien n'empêche d'espérer qu'au printemps nos flottes,
longeant la côte asiatique de l'Euxin, verront apparaître l'iman par-
dessus les barrières qui le séparent encore aujourd'hui de la mer, et
diront un matin : Salut à Schamyl! Hourra pour Schamyl !

V.

Par les attaques qu'il a faites, et contre les forts russes, depuis
Anjouck-Kalé jusqu'à Navinghinskoï, et contre les troupes du prince
Woronzoff aux bords du Terk, et dans les défilés de Jakortola, Schamyl s'était montré disposé à poursuivre une vigoureuse offensive dès
que les armées ottomanes auraient pris en Asie des positions assez
fortes, assez bien assises, pour qu'il ne fût pas imprudent de lier,
avec Abdi et Sélim-Pacha, des opérations combinées. Les deux généraux turcs entrèrent dans la pensée de Schamyl, et leurs débuts
furent assez heureux pour qu'il fût permis d'en attendre des résultats, qui ne sont pas venus du côté d'Abdi-Pacha, rappelé et remplacé par suite d'échecs prononcés dont nous aurons à parler dans
un instant. Rendons compte d'abord de la prise par l'armée de Sélim-
Pacha du fort Saint-Nicolas, petite conquête, sans doute, mais qu'il
su garder.
Dans la nuit du 27 octobre, quatre jours après l'ouverture légale
des hostilités, le corps d'armée ottoman de Tchourouk-Sou, qui
compte huit mille soldats de ligne, six mille redifs (soldats de la réserve) et dix mille irréguliers, détacha, par ordre du général en chef
Sélim, une brigade composée d'un bataillon de la garde impériale,
de plusieurs milliers d'irréguliers, pour enlever le fort de Chekvétil,
nommé Saint-Nicolas par les Russes. Ce fort, situé sur la rive de la
mer Noire, avait pour garnison deux bataillons d'infanterie, trois
compagnies ou sotnias de Cosaques, et une compagnie d'artillerie.
Le 28, au point du jour, les troupes ottomanes arrivèrent devant
le fort, et l'attaquèrent à l'improviste avec tant de résolution et de
courage, qu'elles l'enlevèrent après un combat de quatre heures,
malgré la résistance la plus opiniâtre.
Pendant l'attaque, des troupes russes, appartenant à la garnison
d'un fort voisin, vinrent au secours de Chekvétil; mais le bataillon
turc de la garde marcha à leur rencontre, et après une seule décharge,
les attaqua et les culbuta ensuite à la baïonnette : leur déroute fut
aussi complète que rapide.

Dans ce combat de quatre heures, les Russes ont perdu le fort de
Chekvétil, deux mille fusils dont mille trois cents de première qualité, quatre canons et mille hommes. La perte en hommes des Turcs
a été peu considérable.
Les troupes ottomanes firent une centaine de prisonniers, au nombre desquels se trouve le fils du prince géorgien Gouriel.
Sélim-Pacha, général en chef du corps d'armée de Batoum, pensant bien que les Russes ne supporteraient pas patiemment une telle
perte, donna aussitôt les ordres nécessaires pour que le fort de Chekvétil fût mis dans le meilleur état de défense possible.
La précaution n'était pas inutile. En effet, le 18 novembre une
escadre russe composée de quatre bateaux à vapeur, de quatre frégates, chargés de troupes et de munitions, et d'un grand transport,
vint avec la ferme confiance de reprendre Chekvétil sur les Turcs.
Les Ottomans, sans se déconcerter devant cette force imposante, ont
vigoureusement repoussé l'attaque. Le combat a duré depuis dix
heures du matin jusqu'à deux heures après midi. Un bateau à vapeur et une frégate ont été fort maltraités par le canon du fort. La
frégate, qui était ce même *Foudroyant* sur lequel le prince Menschikoff était arrivé le 28 février à Constantinople, n'a pu continuer sa
route lorsque l'escadre russe a dû se retirer devant le feu des Ottomans, et elle a été prise à la remorque par les autres vapeurs.
Dans le transbordement de ses troupes que *le Foudroyant* opérait
pour s'alléger, une grande embarcation chargée de soldats fut coulée
à fond par l'artillerie du fort, et tous ceux qui la montaient ont péri.
La nuit suivante, une rencontre eut lieu entre les troupes ottomanes
et les Russes, près de Ouf, village aux environs de la forteresse. Les
Russes furent mis en pleine déroute, et éprouvèrent des pertes considérables relativement au nombre des troupes engagées de part et
d'autre.
Disons tout de suite ici que la fermeté de la garnison turque de
Chekvétil ne s'est pas démentie pendant deux mois d'attaques incessantes. Vers le 12 janvier, lorsque les flottes alliées, escortant un
convoi d'hommes, de munitions, de vivres, arrivèrent devant Saint-
Nicolas, la petite forteresse tenait encore, et ses défenseurs secourus
ont promis de se faire tuer jusqu'au dernier pour conserver Chekvétil
au sultan.

VI.

Les premiers pas d'Abdi-Pacha semblaient promettre une course
qui n'a pas été soutenue.
Des nouvelles officielles, en date du 14 et du 16 novembre, arrivées
aux bureaux du ministère de la guerre, annonçaient que le 13 le chef
de l'état-major de l'armée d'Anatolie, Ahmed-Pacha, s'était mis en
marche avec les troupes placées sous son commandement contre la
forteresse d'Alexandropol, et avait occupé le village de Bayandir, qui
se trouve aux environs de cette forteresse. Le 14, à une heure après
midi, les Russes avaient fait une sortie et avaient vigoureusement attaqué les troupes ottomanes. Le combat avait duré jusqu'à trois heures
après le coucher du soleil, et malgré les efforts désespérés des troupes
russes, la sortie avait complétement échoué.
Pendant la nuit, les Russes s'étaient occupés d'enlever leurs morts;
toutefois, en inspectant le lendemain matin le champ de bataille, les
Turcs trouvèrent sur le terrain vingt caissons et voitures et les cadavres de deux cents Russes. La perte des troupes ottomanes n'avait
pas été comparable à celle des Russes. A la suite de ce combat,
Abdi-Pacha est arrivé avec des troupes et de nombreuses pièces d'artillerie au village de Bayandir, et a immédiatement commencé le siège
d'Alexandropol.
De son côté, ajoutaient les nouvelles officielles, Ali-Riza-Pacha, qui
se trouvait aux environs de la place d'Akiska, avait occupé six districts voisins : Kuplian, Abastoman, Ashour, Isvanda, Tchétchérek
et Kabirtiz. Les populations de ces provinces ont immédiatement reconnu avec joie et enthousiasme l'autorité du sultan, et sur leur propre demande, il leur avait été donné des gouverneurs ottomans. Des
fonctionnaires également turcs avaient été chargés de la surveillance
des approvisionnements, que ces populations ne cessaient de faire
parvenir avec le plus grand empressement au camp impérial ottoman.
Mais nous manquerions de sincérité si nous cherchions à dissimuler
que ni Abdi, ni même Sélim, malgré la prise hardie du fort Nicolas,
n'ont répondu à l'attente du gouvernement turc. Non-seulement Abdi
a été forcé de lever le siège d'Alexandropol, qu'il avait entrepris
sans être en mesure de couvrir l'armée assiégeante, mais il s'est fait
battre, et battre sérieusement, le 26 novembre, par le prince Andronnikoff, et le 2 décembre par le prince Beboutoff, tous deux d'o-
rigine géorgienne. Sans doute les Russes, selon leur habitude, ont
exagéré de plus de moitié leurs succès, mais il y a eu succès à ce
point, qu'après la destitution d'Abdi le gouvernement ottoman a reconnu la nécessité de *réorganiser* l'armée d'Asie.
C'est à Akhalzick qu'a eu lieu la rencontre entre les troupes du
prince Andronnikoff et celles d'Abdi-Pacha. Le général Russe avait
sous ses ordres sept bataillons et demi de troupes régulières, neuf
compagnies (sotnias) de Cosaques, quinze cents hommes de milice

répartis en trois bataillons, et dix-sept pièces d'artillerie. Les Turcs, commandés par le général de division Ali-Pacha et les généraux de brigade (slivas) Mustapha et Ali, avaient une force d'environ douze mille hommes et treize pièces de canon seulement. Il n'est pas vrai, comme le dit le rapport du prince Andronnikoff, que les Ottomans fussent au nombre de dix-huit mille, dont huit mille d'infanterie régulière et trois mille de cavalerie régulière aussi. L'infanterie turque appartenant à l'armée de ligne comptait à peine dix-huit cents baïonnettes, et la cavalerie régulière quatre cents sabres.

Ce sont les irréguliers, composant pour plus des trois quarts la majorité des forces ottomanes, qui ont tout compromis, tout perdu, en sortant de leurs positions sans ordre, pour courir sus, *more antiquo*, à l'ennemi. Attendus de pied ferme par les Russes, qui les laissèrent venir à demi-portée, les irréguliers furent criblés par des feux secs et bien nourris. Une troupe qui charge en tumulte ne saurait, si sa furie ne fait pas une trouée, opérer une bonne retraite ; les irréguliers regagnèrent pêle-mêle leurs positions, d'ailleurs bien choisies, où ils furent suivis par les Russes. Le courage est comme la poudre, le plomb, les boulets, il en faut absolument à la guerre, mais la question est de savoir s'en servir. L'homme ignorant des choses militaires ne comprendra jamais bien la supériorité d'un soldat brave sur un homme brave. Or, les irréguliers n'étant que des hommes braves, ils commencèrent par prétendre que la bravoure est tout, puis ils embarrassèrent les réguliers dans l'usage de leurs armes et de leur tactique, et finirent par les entraîner dans la débâcle.

Dans cette affaire, comme toujours, l'artillerie turque, bien qu'inférieure en nombre, fit des prodiges de valeur ; il fut même un moment où les réguliers appuyés par cette artillerie, dont les canonniers se sont fait tous tuer sur leurs pièces, avaient rétabli les chances du combat. Mais les Russes ayant réussi à traverser la rivière malgré la rapidité de son courant, la position des Turcs fut tournée, puis dominée, et il fallut songer à la retraite en abandonnant une partie des canons, extrémité à laquelle les canonniers turcs préfèrent la mort.

Aucun rapport officiel venant de Constantinople n'ayant fait connaître les pertes subies par les Ottomans, nous sommes obligé d'enregistrer celles que leur attribue le prince Andronnikoff, en avertissant de nouveau le lecteur qu'entre les Russes et la vérité il y a une insurmontable antipathie

« Dans cette journée mémorable pour nous et pour l'ennemi, dit le prince Andronnikoff, les braves troupes de S. M. I. ont enlevé douze canons dont dix de campagne, avec leurs avant-trains et leurs affûts, et deux de montagnes, neuf caisses à gargousses et deux caissons d'artillerie, cinq grands drapeaux et douze drapeaux de compagnies, six guidons, deux parcs d'artillerie, dans lesquels on a trouvé quatre-vingt-dix charges de cheval de gargousses et de cartouches, quarante-deux barils de poudre et cent soixante mille cartouches. De plus, la chancellerie d'Ali-Pacha, qui commandait le corps turc, le camp ennemi, une grande quantité d'armes, d'objets d'équipement, de chevaux, de grands approvisionnements de farine, d'orge, etc., tombèrent entre nos mains, sans parler de tout ce qui avait été enlevé par les habitants, accourus pendant que nos troupes poursuivaient l'ennemi. »

Abdi-Pacha pouvait dire qu'il n'avait pas été battu en personne, quoique ce soit là une assez mauvaise excuse, un commandant en chef étant responsable de ce qui advient à ses lieutenants quand il les expose à être attaqués sans être soutenus. Mais, plus ou moins valable, l'excuse ne put pas être longtemps alléguée, car dès le 2 décembre, le mouchir Abdi avait bu à la même tasse que le ferik Ali-Pacha. Seulement, c'était le prince Béboutoff qui avait versé au général en chef de l'armée d'Anatolie les amertumes de la défaite.

Béboutoff, comptant, dit-on, trouver Abdi-Pacha attaché au siége d'Alexandropol, se mit en marche pour l'attaquer ; mais le séraskier se retira sur son propre territoire, de sorte qu'il devint fort difficile aux Russes de le poursuivre. Mais le séraskier fit volte-face, et comprenant la nécessité de réparer l'échec d'Akhalzick, il accepta la bataille.

Les deux armées se trouvèrent en présence, le 2 décembre, au village de Basch-Kadyk-Laz.

Les Russes ont dit dans leurs rapports, répétés par les journaux anglais et allemands, qu'Abdi avait sous la main, ce jour-là, vingt mille hommes de troupes régulières, outre les irréguliers, et quarante-cinq canons. Nous doutons fort de l'exactitude de ces chiffres. Si Abdi-Pacha avait eu le nombre de réguliers qu'on lui attribue, il aurait probablement combattu en rase campagne, car il a fait ses études militaires en Allemagne, et ce n'est ni la science stratégique ni la science manœuvrière qui peuvent lui manquer. Toutefois, ceci n'est qu'une supposition. Il en est de la science comme du courage : tout dépend de la manière de l'appliquer. Le fait accepté pour vrai par tout le monde et que rien ne nous autorise à révoquer en doute, c'est qu'à Basch-Kadyck-Laz se reproduisirent toutes les fautes, tous les actes malentendus de bravoure qui avaient marqué la journée d'Akhalzick. Abdi attendit les Russes dans son camp ; le camp fut enlevé, et les canonniers, trahis par la fortune, se firent aussi massacrer sur leurs pièces. Les Russes disent avoir pris dans cette affaire

trente-neuf canons, et ils ajoutent qu'une partie de l'armée ottom… s'est débandée.

Or, cela ne saurait être vrai des troupes de ligne turques qu… elles ont été culbutées par les irréguliers, qu'on aura eu la maladr… de mettre ou de laisser aller en avant. Les règles de la guerre ne… vent qu'à ceux qui seraient capables de faire eux-mêmes ces règ… Le grand Frédéric a gagné la bataille de Rosbach en culbutant l'av… garde du prince de Soubise sur le gros de l'armée, dont elle n'a… pas été placée à une distance suffisante pour manœuvrer libre… en cas d'attaque par une force supérieure. Eh bien ! en 1814, dan… campagne de France, un général prussien perdit une bataille… avoir placé ses deux lignes de cavalerie si près l'une de l'autre… la première, ayant été renversée, tomba sur la seconde et l'entr… sans qu'elle pût reprendre la charge ni même se servir de ses ar… Il n'en est pas moins du devoir de l'historien de rappeler les rè… en toutes choses.

Nous prendrons donc humblement la liberté de répéter qu'i… dangereux de mêler ensemble des réguliers et des irréguliers. Ce… doivent être employés à inquiéter l'ennemi sur ses flancs, sur ses… rières, à le tracasser sans cesse et partout ; mais ils ne doivent… placés ni en avant des troupes de ligne, par la raison que nous ve… de dire, ni faire partie du corps de bataille, dont il y a mille à pa… contre un qu'ils embarrasseront les manœuvres et rompront les… gnements par leur fougue indisciplinée, sinon par leurs paniques…

L'emploi des irréguliers est même si difficile, si rempli d'inco… nients, à moins qu'il ne s'agisse seulement de cavalerie dans le g… des Cosaques russes, que la Porte a pris le meilleur parti en co… gnant les irréguliers de contracter des engagements et de se ra… sous le régime des troupes de ligne. Cela ne donnera pas des résu… bien immédiats, mais quand ils viendront, ces résultats seront n… sairement bons. L'uniformité de la discipline militaire est d'ail… un corollaire de l'uniformité politique et administrative, qui e… clef de toutes les réformes durables en Orient.

Cette part faite à la critique, ou pour parler plus exactement,… vérité, il convient de dire que les insuccès de l'armée turque d'… n'ont pas été bien profonds, car les Russes, après leurs victoires,… été en mesure de rien entreprendre de sérieux. Ils ont simple… repris le territoire devenu russe que les Ottomans avaient occup… est même résulté de l'occupation temporaire par les Turcs un fa… nature à donner à réfléchir au prince Woronzoff. Toutes les po… tions que l'on prétendait russifiées sont allées avec enthousiasme… devant des soldats du sultan, et ont réorganisé d'elles-mêmes un… vernement à la turque. Cela est significatif pour la puissance… dans ces contrées.

Quant à la réorganisation de l'armée d'Anatolie, nous dirons… crivant une histoire et non une prédiction, il nous est simple… permis d'exprimer l'espérance que, grâces aux enseignements fo… par le début de la campagne, aux talents de Khurchid-Pacha (l… néral Guyon, que sa haine de la Russie a fait musulman) et au… cours de la France et de l'Angleterre, les Ottomans acquer… bientôt en Asie la ferme attitude qu'ils ont prise sur les bords du… nube, et donneront à l'insurrection caucasienne l'élan et les d… loppements qu'elle est impatiente de prendre.

### AFFAIRE DE SINOPE.

#### I.

Après Navarin, les hommes politiques dirent : Malheureuse… toire ! — Après Sinope, on peut dire avec plus de raison enc… Heureux désastre !

La flottille commandée par Osman-Pacha ne croisait pas da… mer Noire ; elle n'avait ni l'intention ni la force de provoqu… flotte russe au combat ; sa seule mission était d'entretenir des… munications entre Constantinople et l'armée d'Anatolie, et cette… sion Osman-Pacha la remplissait sur la foi de la parole du czar… entendait rester sur la défensive tant que, malgré l'état de gu… les négociations ne seraient pas rompues avec les puissances occi… tales. Les bâtiments turcs se trouvaient donc mouillés dans la… de Sinope de manière à reprendre facilement la mer dès que le… du nord serait calmé bien plus que dans l'ordre nécessaire pour… voir une attaque. La sécurité d'Osman-Pacha était même telle, qu… 27 novembre, il ne s'émut pas et n'envoya point demander de sec… aux escadres alliées, quoique deux vaisseaux et un brick russes… sent venus reconnaître la rade en passant à portée des batteri… terre de Sinope, qui étaient restées muettes.

Sécurité bien trompeuse ! Le 30 novembre, vers midi, une esc… russe, commandée par le vice-amiral Nakimoff et composée de… vaisseaux à trois ponts, trois vaisseaux de deuxième rang, de… frégates et de trois bateaux à vapeur, entrèrent dans la baie d… nope, tandis que quatre frégates stationnaient en dehors et que… du cap Indighé et plus loin, à la hauteur d'Amarrah, croisaient… sieurs autres bâtiments de guerre avec mission de surveiller et… rêter tout secours venant de Constantinople.

On sait que Sinope, située sur la rive asiatique à cent lieue…

ron du Bosphore et presque en face de Sébastopol, est une ville
une certaine importance, ayant un chantier de constructions na-
les, et que son port ou plutôt sa baie est défendue par quelques
tteries sous la protection desquelles la flottille d'Osman avait
mpté plus qu'il ne convenait peut-être. Un ingénieur qui a dressé
plan de l'affaire affirme d'ailleurs que les bâtiments turcs n'étaient
s disposés de façon à recevoir des batteries de terre le secours le
us efficace possible. Quoi qu'il en soit de cette opinion, qui paraît
ndée, voici le nom et la force des bâtiments composant l'escadre
Osman-Pacha :
Le *Nizamié* de 60 canons, capitaine Kadry-Bey, frégate ayant à
rd Hassein-Pacha; le *Naveik* de 52, capitaine Aly-Bey; le *Nesim*
e 52, capitaine Hassan-Bey; le *Kaïd* de 50, capitaine Edhem-Bey;
*Dimial*, frégate égyptienne de 44, montée par l'amiral Osman; le
ani-Illah de 36, capitaine Réchid-Bey; le *Fayl-Illah* de 38, capi-
ne Ali-Nahir-Bey; le *Faïzi-Maabad* de 22, capitaine Izzet-Bey;
*Djiulu-Safid* de 24, capitaine Salvy-Bey; le *Redjibi-Féchan* de 24;
bateau à vapeur *Izegli* de 4 canons, capitaine Ismaïl-Bey; le *Taïf*,
tre vapeur qui, sur un signal de l'amiral, était parti pour Constan-
nople au moment de l'ouverture du combat.
Les onze bâtiments turcs qui devaient supporter l'attaque de l'es-
dre russe comptaient donc 406 canons. Les six vaisseaux russes en
rtaient à eux seuls 600, les deux frégates chacune 60, et les trois
peurs ensemble 40, au total 760, pièces la plupart d'un très-fort
libre. Mais la force d'une escadre ne s'estime pas seulement par le
mbre des canons.
L'échantillon des bâtiments, leur élévation, l'épaisseur de leurs
urailles, sont des éléments très-significatifs de leur puissance. Un
ulet de 24 tiré à bonne portée traverse les bordages d'une frégate
niveau de la flottaison; ce même boulet tiré contre un vaisseau à
ois ponts s'arrête dans la muraille de la seconde batterie. Qu'on
ge par là de l'impossibilité où était la flottille d'Osman de résister
l'escadre de Nakimoff. Ce n'est pas tout encore : les vaisseaux, à
use de leur élévation, envoient des feux qui plongent sur le pont
es bâtiments de rang inférieur et en balayent les états-majors et les
mbattants. Il n'y a donc aucune exagération à dire que, en tenant
mpte des batteries de terre, les Russes présentaient à Sinope une
rce triple de celle des Turcs, et que leur triomphe ne pouvait en
cun cas avoir rien de glorieux.
Dès qu'il fut entré dans la baie, l'amiral russe ordonna à tous ses
isseaux de mouiller par le travers des bâtiments turcs; la manœu-
re s'exécuta en silence et avec assez de précision. Lorsqu'elle fut
chevée, Nakimoff fit mettre un canot à la mer avec un officier
état-major pour aller sommer Osman d'amener son pavillon.
lui-ci n'attendit pas la consommation de l'insulte : la *Dimial* ou-
it le feu contre le vaisseau amiral russe. Alors commença sur toute
ligne un combat si inégal, malgré le concours des batteries de la
lle, qu'on peut hardiment l'appeler un massacre. A trois heures et
demie, la flottille turque était détruite.
Kadri-Bey et Hassein-Pacha s'étaient fait sauter avec le *Nizamié*;
ly-Bey s'était fait sauter aussi avec le *Navick*; Hassan-Bey, mou-
nt d'un boulet, avait coulé son pavillon haut avec le *Nezim*; le
aïd avait coulé également, mais son capitaine, Edhem-Bey,
ait été rejeté vivant par le flot sur la rive; le capitaine du *Ani-
lah*, Réchid-Bey, avait échappé à la nage à la submersion de son
isseau; le *Fayl-Illayh* avait coulé, et son capitaine, Nahir-Bey, avait
é pris par les Russes en cherchant à gagner le rivage; le capitaine
lvi-Bey, du *Safid*, qui coulait, avait pu atteindre la terre; le
edjibi-Féchan et le vapeur *Izegli*, tous deux coulés, n'avaient ce-
endant pas perdu leurs capitaines; quant à Osman-Pacha, il avait
mbattu sur la *Dimial*, qui coulait, tant que ses canons n'avaient
as été submergés, puis, la cuisse fracassée, il avait été pris par les
usses, qui l'ont emmené prisonnier à Sébastopol avec cent vingt
atelots turcs, dont la mort n'avait pas voulu.
Quatre mille cent cinquante-cinq hommes ont péri à Sinope; cent
ngt ont été pris par les Russes; trois cents, quoique grièvement
essés, auraient pu être sauvés s'ils eussent été secourus à temps.
ais l'amiral russe ne s'était pas borné à écraser des navires incapa-
es de résister aux forces qui les accablaient et d'incendier le chan-
er où se trouvait une frégate en construction, il avait brûlé la ville
noffensive de Sinope, dont les habitants désarmés avaient dû fuir
ans la campagne. Cet acte de vandalisme était même si évidemment
e nature à révolter la conscience publique en Europe, que l'amiral
Nakimoff, avant de quitter la rade de Sinope, crut devoir s'en
ccuser par une lettre au consul autrichien, accusé publiquement
d'avoir été le complice et l'espion des Russes.
Voici cette lettre, où une fausse pitié s'unit au mensonge :

« MONSIEUR LE CONSUL,

» Permettez que je m'adresse à vous comme au seul représentant
uropéen dont je vois flotter le pavillon pour que vous fassiez sa-
oir aux autorités de la malheureuse ville de Sinope le seul et unique but de la venue des vaisseaux de la flotte impériale sur la rade.

» Ayant appris que les bâtiments turcs qui allaient continuellement
ur les côtes d'Abasto pour révolter les peuplades soumises à la Rus-

sie s'étaient réfugiés sur la rade de Sinope, j'ai été réduit à la déplorable nécessité de les combattre, au risque de causer du dommage à
la ville et au port d'ici.

» Je sympathise au triste sort de la ville et des habitants inoffen-
sifs, car ce n'est que l'opiniâtre défense des bâtiments ennemis et
surtout le feu des batteries qui nous ont obligés d'employer les bom-
bes comme seul moyen de les faire taire plus promptement; mais le
plus grand dommage causé à la ville est certainement provenu des
débris enflammés des bâtiments turcs, incendiés pour la plupart par
leurs propres équipages.

» Dès que le feu de l'ennemi me l'a permis, j'ai envoyé un officier
comme parlementaire pour expliquer aux autorités de la ville mes
vraies intentions; mais l'officier est resté une heure sans trouver personne.

» Pendant toute la journée d'hier, personne n'a paru, excepté
quelques Grecs, se disant députés par leurs compatriotes habitants
de cette ville, et qui me suppliaient de les prendre sur la flotte. Mes
instructions n'étant que d'agir contre les vaisseaux de guerre turcs,
j'ai adressé ces malheureux aux consuls européens. Maintenant je
quitte le port, et je compte sur vos bons offices pour faire savoir que
l'escadre impériale n'a eu aucune intention hostile ni contre la ville
ni contre le port de Sinope.

» Agréez, monsieur le consul, etc.

» *Le vice-amiral de la flotte impériale russe,*
» *Signé* S. NAKIMOFF. »

L'empereur Nicolas ne chercha pas, lui, à dissimuler sa joie : il
accepta le guet-apens de Sinope comme une juste et glorieuse réparation de la défaite de ses troupes à Oltenitza. On raconte même le
trait suivant, qui avait paru incroyable avant que l'on connût les
efforts et les arguties déployés par le chancelier Nesselrode pour lé-
gitimer l'attaque du 30 novembre et l'indigne conduite du vice-amiral Nakimoff.

L'officier envoyé à Pétersbourg par le prince Menschikoff pour
porter la nouvelle de ce que les Russes appellent la victoire de Sinope ayant été présenté tout couvert de boue et brisé de fatigue,
remit au czar ses dépêches en disant :

— J'apporte à Votre Majesté la nouvelle de l'heureuse issue d'une
affaire considérable.

L'empereur, enchanté, l'emmena dans son cabinet. Après la lecture
des dépêches, le czar, adressant la parole au courrier pour lui exprimer toute sa satisfaction, s'aperçut que la nature l'avait emporté sur
le respect, l'officier était endormi.

Le czar se mit alors à crier fortement : « Debout! debout! vos
chevaux sont prêts. » L'officier se réveilla et se mit en devoir de
remplir sa mission. « Quel grade avez-vous ? » demanda le czar. —
« Capitaine. — C'est bien. » Se tournant vers un aide de camp de
service : « Apportez-moi sur-le-champ une paire d'épaulettes. Je
vous nomme lieutenant-colonel; embrassez-moi. » Et lorsque l'officier eut embrassé le czar, celui-ci l'embrassa à son tour sur la joue.

Depuis ce moment, aucun rasoir n'a profané la joue sur laquelle
s'étaient posées les lèvres de l'autocrate.

II.

On a dit que les Russes avaient payé par des pertes considérables
leur triomphe de Sinope. Il est, ce nous semble, permis d'en douter. Les Turcs sont incontestablement d'habiles et braves canonniers;
mais s'ils avaient causé réellement aux vaisseaux de Nakimoff les
dommages que l'on suppose, le combat eût été plus long, tandis qu'il
n'a duré que juste le temps nécessaire pour briser et incendier les
onze bâtiments ottomans et mettre le feu au chantier et à la ville.
Les Turcs étaient dans une position et un état de faiblesse relative
tels qu'il ne leur était donné que de mourir pour l'honneur de leur
pavillon. On a vu que ce devoir ils l'ont rempli bravement, sain-
tement. Il serait donc puéril de chercher dans des suppositions, peu
probables d'ailleurs, des consolations à un malheur glorieux et dont
les conséquences seront, d'une manière ou d'une autre, humiliantes
pour la marine russe, qui déjà est condamnée aux arrêts forcés dans
ses ports de la mer Noire, où elle se prétendait maîtresse et souveraine.

En effet, lorsque *le Taïf* arriva, le 3 décembre, à Constantinople,
apportant la nouvelle d'un désastre dont il n'avait vu que le commencement, mais dont la fin était trop facile à prévoir, il y eut un
long frémissement dans les escadres alliées, qui, parties enfin de Bésika le 22 octobre, étaient à l'ancre dans le Bosphore depuis le 2 novembre. Est-ce pour être témoins impassibles de tels actes qu'on
nous a fait venir ici ? se disaient assez hautement les équipages. L'é-
motion était telle que les amiraux et les ambassadeurs tinrent conseil,
et que peu s'en fallut que les flottes n'entrassent immédiatement
dans la mer Noire pour infliger à la marine russe de justes représailles. L'influence diplomatique l'emporta encore. Il fut convenu
qu'on enverrait à Sinope, non pas les escadres, mais simplement une
frégate anglaise et une frégate française à vapeur, *la Rétribution* et

*le Mogador*, pour y chercher des renseignements positifs sur l'affaire du 30 novembre.

Les ambassadeurs ajournèrent donc, jusqu'à plus complètes informations, leur réponse à la demande de concours armé formulée dans les termes suivants, le 1 décembre, par le ministre des affaires étrangères de la Porte Ottomane :

« Une note officielle a, il y a quelques jours, annoncé aux ambassadeurs qu'on avait vu des vaisseaux de guerre russes en croisière dans le voisinage de Sinope. Le vapeur *Taïf* vient d'arriver de cette localité, et il résulte du rapport du capitaine que mercredi dernier, 29 sépher (30 novembre), trois bâtiments russes à trois ponts, deux à deux ponts et deux frégates étaient entrés dans le port de Sinope et avaient attaqué une division de la flotte ottomane qui y était mouillée et se composait de six frégates ainsi que de trois corvettes. Bien que le résultat de l'action ne soit pas connu encore, considérant la situation de nos vaisseaux et la supériorité des forces ennemies, on présume qu'il s'en est suivi un grand désastre.

instructions armés de tous les pouvoirs nécessaires à cet effet. pendant près d'un mois encore devait s'écouler avant que l'Angleterre et la France fissent un acte réel de participation à la guerre que le sultan soutient contre le czar. Inutile d'annoncer, le lecteur l'a déjà deviné, que c'était la conférence de Vienne un protocole à la main, se jetait à la traverse d'événements qu'elle n'avait su ni empêcher ni prévoir.

## LE PROTOCOLE ET LA NOTE COLLECTIVE DU 5 DÉCEMBRE

La nécessité de ménager les passions effrénées de spéculation et lucre à tout prix, qui en France comme en Angleterre déshonorent les bienfaits de la paix, nous pensons devoir le redire encore, sont d'un tel poids sur les gouvernements et aussi sur les peuples, qu'il faut que la diplomatie trouve des moyens d'arrangement lorsqu'il en a plus depuis longtemps. Ces moyens sont exposés dans ce bel et grammaticalement beau langage, qui sait donner une sorte de

Schamyl.

« Les flottes anglaise et française ont été envoyées dans le Bosphore avec l'intention bien sincère de protéger les rivages de l'empire ottoman. Ce dernier événement prouve assez que la Russie est déterminée à attaquer avec sa flotte les points contre lesquels des opérations peuvent être le mieux dirigées. L'impossibilité toutefois de défendre une si vaste étendue de côtes sans avoir une force suffisante dans la mer Noire est parfaitement évidente, et quoique le gouvernement du sultan ait dessein d'y envoyer la flotte, il sera incapable d'atteindre le but qu'il se propose.

» La Sublime Porte se voit donc dans la nécessité d'avoir recours à la sollicitude efficace des deux gouvernements alliés. Cette notification est faite en conséquence, et en même temps aux ambassadeurs d'Angleterre et de France.

» Signé RÉCHID. »

Le *Mogador* et la *Rétribution* étaient de retour de leur mission le 12. Ces deux navires ramenaient quatre cents marins turcs échappés au désastre et une centaine de blessés, auxquels des soins avaient été donnés par des chirurgiens européens. Le doute n'était plus possible, encore moins l'hésitation. La Russie avait outrageusement violé sa promesse de rester sur la défensive tant que les négociations avec la conférence ne seraient pas définitivement closes; les flottes devaient occuper la mer Noire, et rétablir ainsi l'équilibre des forces et le respect du droit des gens. Les ambassadeurs étaient par leurs

gnité aux concessions que personne n'approuve hors du parquet et la coulisse. Voici donc ce que la conférence de Vienne, qui semble avoir depuis plus d'un mois donné sa langue aux chiens, comme madame de Sévigné, libella sous forme de protocole et de note collective du 5 décembre :

### Nº 1. — *Protocole.*

« Les soussignés, représentants de l'Autriche, de la France, de la Grande-Bretagne et de la Prusse, conformément aux instructions leurs cours, se sont réunis en *conférence* à l'effet de rechercher les moyens d'aplanir le différend survenu entre la cour de Russie et la Sublime Porte.

» Les proportions que ce différend a prises et la guerre qui a éclaté entre les deux empires, malgré les efforts de leurs alliés, sont devenues pour l'Europe entière l'objet des plus sérieuse préoccupation en conséquence, LL. MM. l'empereur d'Autriche, l'empereur des Français, la reine du royaume uni de la Grande-Bretagne et d'Irlande et le roi de Prusse, également pénétrés de la nécessité de mettre un terme à ces hostilités qui ne pourraient se prolonger sans affecter les intérêts de leurs propres États, ont résolu d'offrir leurs bons offices aux deux hautes parties belligérantes, dans l'espoir qu'elles ne voudraient pas elles-mêmes encourir la responsabilité d'une conflagration, alors que par un échange de loyales explications elles p ent encore la prévenir, en replaçant leurs rapports sur un pied de paix et de bonne entente.

» Les assurances données à différentes reprises par S. M. l'empereur de Russie excluent de la part de cet auguste souverain l'idée de porter atteinte à l'intégrité de l'empire ottoman. L'existence de la Turquie dans les limites que les traités lui ont assignées est en effet devenue une des conditions nécessaires de l'équilibre européen, et les plénipotentiaires soussignés constatent avec satisfaction que la guerre actuelle ne saurait en aucun cas entraîner dans les circonscriptions territoriales des deux empires des modifications susceptibles d'altérer l'état de possession que le temps a consacré en Orient, et qui est également nécessaire à la tranquillité de toutes les autres puissances.

» S. M. l'empereur de Russie ne s'est du reste point bornée à ces assurances; elle a fait déclarer que son intention n'avait jamais été d'imposer à la Porte des obligations nouvelles ou qui ne fussent pas exactement conformes aux traités de Kutchuck-Kaïnardji et d'An-

la Grande-Bretagne et de la Prusse à leurs représentants à Constantinople. »

Nº 2. — Note collective.

« Les soussignés, représentants de l'Autriche, de la France, de la Grande-Bretagne et de la Prusse, réunis en conférence à Vienne, ont reçu des instructions à l'effet de déclarer que leurs gouvernements respectifs envisagent avec un profond regret le commencement des hostilités entre la Russie et la Porte, et désirent vivement, en intervenant entre les puissances belligérantes, éviter toute nouvelle effusion du sang et mettre un terme à un état de choses qui menace sérieusement la paix de l'Europe.

» La Russie ayant donné l'assurance qu'elle était disposée à traiter, et les soussignés ne doutant pas que la Porte ne soit animée du même esprit, ils demandent, au nom de leurs gouvernements respectifs, d'être informés des conditions auxquelles le gouvernement ottoman consentirait à négocier un traité de paix. »

Le prince Woronzoff, général en chef des forces russes en Asie.

drinople, stipulations d'après lesquelles la Sublime Porte a promis de protéger dans toute l'étendue de ses Etats le culte chrétien et ses églises. La cour de Russie a ajouté qu'en réclamant du gouvernement ottoman un témoignage de sa fidélité à ses engagements antérieurs, elle n'avait nullement entendu amoindrir l'autorité du sultan sur ses sujets chrétiens, et que son but unique avait été de demander des éclaircissements de nature à prévenir toute équivoque et tout motif de mésintelligence avec une puissance amie et voisine.

» Les sentiments manifestés par la Sublime Porte pendant les dernières négociations attestent d'un autre côté qu'elle était prête à reconnaître toutes ses obligations contractuelles et à tenir compte, dans la mesure de ses droits souverains, de l'intérêt de S. M. l'empereur de Russie pour un culte qui est le sien et celui de la majorité de ses peuples.

» Dans cet état de choses, les soussignés sont convaincus que le moyen le plus prompt et le plus sûr d'atteindre le but désiré par leurs cours serait de faire en commun une communication à la Sublime Porte pour lui exposer le vœu des puissances de contribuer par leur intervention amicale au rétablissement de la paix, et la mettre en état de faire connaître les conditions auxquelles elle serait disposée à traiter.

» Tel est le but de la note collective ci-jointe, adressée au ministre des affaires étrangères du sultan, et des instructions identiques transmises en même temps par les cours d'Autriche, de France, de

Y a-t-il là un mot qui dise ce qui n'avait pas été dit, qui offre ce qui n'avait pas été offert? La Porte et la Russie n'avaient-elles pas fait connaître les conditions auxquelles elles consentaient à traiter de la paix? Ne savait-on pas que le sultan, désireux de maintenir et d'étendre la liberté religieuse dans ses Etats, ne voulait cependant pas abdiquer au profit d'une puissance étrangère les droits de sa souveraineté sur ses sujets non musulmans?

Etait-il encore en Europe, à la date du 5 décembre, quelqu'un qui ignorât que l'empereur de Russie ne voulait d'aucun traité où il ne pourrait pas attacher le sens de la note Menschikoff, et qu'il entendait écarter de ce traité toute garantie collective de la part de l'Europe? La conférence de Vienne créait donc une de ces situations dans laquelle un des personnages d'une pièce célèbre dit : « Qui diable trompe-t-on donc ici? » Ce n'était pas l'empereur de Russie, car tandis qu'on lui envoyait à brûle-pourpoint des compliments sur ses sentiments de modération et d'humanité, lui, il incendiait Sinope. Ce n'était pas non plus la France ni l'Angleterre. On a lu les notes dans lesquelles lord Clarendon et M. Drouyn de Lhuys prennent M. le chancelier de l'empire moscovite en flagrant délit de mensonge. La Prusse, l'Autriche surtout, connaissent trop bien et de trop longue date la Russie pour imaginer qu'aucun argument moral puisse influer sur la politique du cabinet de Saint-Pétersbourg. Encore une fois, qui trompait-on donc le 5 décembre à Vienne, puisque la conférence ne pouvait se tromper elle-même?

On avait dit d'abord que si les quatre ministres réunis en conférence avaient connu l'affaire de Sinope, ils n'auraient pas rédigé le protocole et signé la note collective. Cela paraissait plausible. Mais lorsque ces documents expédiés de Vienne le 6 au matin arrivèrent à Constantinople, les ambassadeurs de France et d'Angleterre étaient complétement instruits du désastre de la flottille d'Osman-Pacha; ils n'en prirent pas moins à cœur les propositions tendantes à un arrangement moralement impossible, et comme ils n'ont point été désavoués, tout au contraire, il est certain qu'ils avaient agi dans le sens de la pensée de leurs gouvernements. Le rappel de M. de Lacour et son remplacement par le général Baraguay-d'Hilliers n'avaient pas amené une nuance seulement dans l'attitude de la France à Constantinople. Le nouvel ambassadeur, qui avait remis le 19 novembre ses lettres de créance au sultan, enfourcha le protocole et galopa dessus ni plus ni moins que l'aurait fait son prédécesseur.

Il eût été difficile, nous ne disons pas impossible, aux ambassadeurs de s'écarter de leurs instructions, mais l'événement de Sinope les autorisait à envoyer les flottes dans la mer Noire avant d'avoir obtenu l'assentiment de la Porte aux nouvelles propositions de la conférence; ils ne les envoyèrent qu'après, de manière à laisser croire que le gouvernement ottoman n'eût pas obtenu le concours des puissances navales si le sultan avait refusé de se soumettre à la volonté de la conférence, à la suite d'une attaque qualifiée de déloyale par ceux mêmes qui font à l'empereur de Russie l'honneur de croire, après tant de preuves contraires, qu'il ne veut rien d'incompatible avec l'intégrité et l'indépendance de la Turquie. La supposition est même aux trois quarts vérifiée par une dépêche déposée sur le bureau du parlement, et dans laquelle lord Redcliffe dit en propres termes qu'il faut que les puissances soient maîtresses des conditions auxquelles la Turquie doit traiter de la paix.

Nous nous refusons cependant à penser que les flottes eussent pu rester inactives dans le Bosphore si le sultan eût cru qu'il était de sa dignité, en une telle occurrence, de ne pas se déclarer prêt à entrer en négociations avec un gouvernement tout dégouttant encore du meurtre impuni de Sinope. La Porte a refusé de souscrire à l'armistice demandé par la conférence, et la conférence a reconnu que les négociations ne suspendraient pas les hostilités; la France et l'Angleterre auraient à plus forte raison reconnu que le sultan pouvait n'accéder à des propositions nouvelles de négociations qu'après l'accomplissement par ses alliés du *casus fœderis* ouvert à Sinope le 30 novembre. La Porte, en agissant différemment, a cédé à deux considérations : elle n'a pas voulu placer ses deux alliés actifs dans une position trop difficile envers les puissances du Nord, qui n'ont pas d'autre engagement que celui de négocier en commun; puis elle a pensé que la Russie ne consentirait pas comparaître *ex æquo* avec la Turquie devant une conférence.

Voici, en effet, les passages essentiels de la dépêche adressée par les quatre gouvernements à leurs représentants à Constantinople pour l'application et l'explication du protocole et de la note collective du 5 décembre :

« ...Tout en reconnaissant qu'il appartient au gouvernement turc de répondre à la communication qui lui est faite dans les termes que lui suggérera sa sagesse, nous croyons cependant pouvoir vous charger de signaler à son attention les points sur lesquels il serait sûr de nous trouver d'accord avec lui.

» La Sublime Porte déclarerait d'abord que l'Autriche, la France, la Grande-Bretagne et la Prusse n'ont pas trop présumé de ses intentions conciliantes en la croyant toujours animée du désir de terminer à des conditions honorables le différend qui s'est élevé entre elle et la Russie et toujours prête à s'entendre à cet effet avec les autres puissances. Prenant acte de l'assurance que la Russie a donnée à diverses reprises qu'elle ne réclame pas de concessions nouvelles ni de droits attentatoires à la souveraineté du sultan, le divan se dirait prêt à renouveler ses offres et à discuter la forme dans laquelle la paix sera rétablie et la question religieuse réglée, à la seule condition de n'avoir à accéder à aucune des demandes qu'il a déjà refusées et de conclure un arrangement pour l'évacuation des principautés.

» Cette discussion aurait naturellement lieu entre un négociateur ottoman et un négociateur russe munis de pleins pouvoirs pour traiter; mais, afin de faciliter l'accord des deux parties, les plénipotentiaires ainsi désignés ne traiteraient pas seuls, mais en présence des représentants de l'Autriche, de la France, de la Grande-Bretagne et de la Prusse.

» Des raisons que nous comprenons ne permettraient pas sans doute à la Sublime Porte de négocier avec la Russie dans une partie de son territoire occupée par les armées de cette puissance; la Russie, de son côté, aurait des objections à élever contre toute autre ville de la Turquie; il conviendrait donc de laisser aux deux parties le soin de s'entendre pour faire choix d'un terrain neutre, et nous nous abstenons à l'égard d'aucune désignation prématurée.

» Le but que les quatre cours se proposent, ne serait pas, du reste, complétement atteint, si l'ouverture des pourparlers préliminaires de la paix n'était pas en même temps le signal de la cessation des hosti-

lités. Or, nous croyons que la Sublime Porte n'aurait aucune bonne raison à opposer à la conclusion d'un armistice dont les conditions de détail seraient ultérieurement débattues, si elle obtenait de nous l'assurance que les termes dans lesquels elle se déclarerait disposée à traiter seraient également acceptés par la Russie. C'est en tous une demande qu'elle peut nous adresser; et, dans l'hypothèse où les termes proposés par le gouvernement ottoman ne seraient pas acceptés, que la Russie dût préalablement consentir au débat des négociations, nous conseillerons encore l'envoi d'un plénipotentiaire turc et la désignation d'une ville neutre où les plénipotentiaires de Russie et de Turquie pourraient se rencontrer avec les représentants des quatre cours. »

La Turquie rejeta, comme nous venons de le dire, la condition de l'armistice, et s'engagea à négocier dans la forme ci-dessus indiquée sur les bases déjà posées par elle, et dont on connaît le sens par les modifications faites par la Porte à la première et célèbre note de Vienne, dont tout le monde désavoue maintenant la paternité.

Ces bases étant posées et des instructions nouvelles étant parvenues à lord Redcliffe et au général Baraguay-d'Hilliers, il fut convenu que les flottes prendraient possession de la mer Noire. Un mois s'était écoulé depuis l'événement de Sinope; mais quoique ici le temps fasse beaucoup à l'affaire, une mesure de justes représailles allait être mise à exécution, et tous ceux qui, en France, n'ont pas un d'écus à la place du cœur, respirèrent plus librement l'air natal après avoir lu la dépêche adressée, en date du 29 décembre, et publiée le lendemain par le *Moniteur* sous forme de circulaire diplomatique :

GÉNÉRAL,

« Animé du désir d'apaiser un différend qui, s'il concernait d'un côté les droits souverains du sultan, de l'autre touchait à la conscience de S. M. l'empereur Nicolas, le gouvernement de Sa Majesté Impériale, d'accord avec celui de S. M. Britannique, a recherché avec soin le moyen de concilier les intérêts à la fois si délicats et si complexes qui s'y trouvaient engagés. Le cabinet de Saint-Pétersbourg peut avoir oublié le zèle et la loyauté que nous avons mis à remplir cette tâche difficile; il ne saurait davantage disconvenir que la résistance de la Porte à accéder à un premier plan de transaction émané de la conférence de Vienne, n'a pas été la seule cause de nos insuccès.

» Pendant le cours de ces diverses négociations, des faits graves s'étaient produits : une armée russe avait franchi le Pruth et envahi en pleine paix, deux provinces de l'empire ottoman. Les escadres France et d'Angleterre avaient dû se rapprocher des Dardanelles, dès cette époque, si le gouvernement de Sa Majesté Impériale l'eût voulu, ces forces navales auraient mouillé dans les eaux de Constantinople. Cependant, s'il a jugé nécessaire d'établir son droit, ce n'a été, en quelque sorte, que pour faire ressortir davantage sa modération. La nature des rapports de la Russie avec l'Angleterre était devenue trop anomale pour que l'état de guerre ne succédât point à l'état de paix, ou, pour mieux dire, il fallait que les choses reprissent leur véritable nom, et que l'agression dont le territoire turc avait été l'objet produisît ses conséquences. Ce changement dans la situation a nécessité un nouveau mouvement de notre escadre, et à la demande du sultan, le pavillon français a paru dans le Bosphore en même temps que le pavillon britannique.

» Toutefois, général, nous n'avions pas renoncé à l'espoir d'un arrangement, et, d'accord avec l'Autriche et la Prusse comme de nous l'étions avec l'Angleterre, nous poursuivions encore un but pacifique. Des propositions nouvelles, au succès desquelles nous ne cesserons d'employer nos efforts, ont été adressées à la Porte par les représentants des quatre puissances.

» Aucun traité conclu avec la Russie n'interdisait à nos vaisseaux de guerre la navigation de la mer Noire. Le traité du 13 juillet 1841, en fermant en temps de paix les passages des Dardanelles et du Bosphore, réservait au sultan la faculté de les ouvrir en temps de guerre et du jour où Sa Hautesse nous avait laissé le libre accès des détroits, celui de l'Euxin nous était légalement acquis. Les mêmes motifs qui nous avaient retenus si longtemps dans la baie de Besika arrêtaient notre escadre dans la rade de Beïkos. Le gouvernement de Sa Majesté Impériale avait à cœur de témoigner jusqu'au bout des sentiments d'amitié qu'il professe pour la Russie, et de rejeter aux yeux du monde la responsabilité d'une aggravation dans un état de choses que tous ses ménagements n'étaient point parvenus à modifier. Il plaisait à penser, d'ailleurs, d'après le contenu de vos plus récentes dépêches, que le cabinet de Saint-Pétersbourg, satisfait d'une prise de possession qu'il considérait comme un gage, ne prendrait nulle part l'offensive dans la lutte qu'il a si malheureusement commencée avec la Turquie. Il nous paraissait suffire que la présence de notre pavillon dans les eaux de Constantinople attestât notre intention de protéger cette capitale contre un danger soudain, et nous ne voulions pas que son apparition prématurée dans les parages plus rapprochés du territoire russe risquât de passer pour une provocation.

» L'état de guerre rendait sans doute une collision possible sur mer comme sur terre entre les parties belligérantes, mais nous avions é-

torisés à croire que notre réserve serait imitée par la Russie, et que ses amiraux éviteraient avec le même soin que les nôtres les occasions d'une rencontre en s'abstenant de procéder à des mesures d'agression dans des limites où, si nous avions pu supposer le cabinet de Saint-Pétersbourg animé d'intentions différentes, notre escadre aurait certainement exercé une surveillance plus active.

» L'événement de Sinope, général, s'est donc produit en dehors de toutes nos prévisions, et ce fait déplorable modifie également l'attitude que nous aurions désiré garder.

» L'accord qui s'est opéré récemment à Vienne entre la France, l'Autriche, l'Angleterre et la Prusse a établi le caractère européen du différend qui existe entre la Russie et la Porte. Les quatre cours ont solennellement reconnu que l'intégrité territoriale de l'empire ottoman était une des conditions de leur équilibre politique. L'occupation de la Moldavie et de la Valachie constitue une première atteinte à cette intégrité, et il n'est pas douteux que les chances de la guerre puissent encore l'entamer davantage. M. le comte de Nesselrode, il y a quelques mois, représentait comme une compensation nécessaire à ce qu'il appelait dès lors notre *occupation maritime* l'envahissement des principautés du Danube. A notre tour, général, nous voyons qu'il est devenu indispensable de mesurer nous-mêmes l'étendue de la compensation à laquelle nous donnent droit et notre titre de puissance intéressée à l'existence de la Turquie et les positions militaires déjà prises par l'armée russe. Il nous faut un gage qui nous assure le rétablissement de la paix en Orient à des conditions qui ne changent pas la distribution des forces respectives des grands Etats de l'Europe.

» Le gouvernement de Sa Majesté Impériale et le gouvernement de Sa Majesté Britannique ont en conséquence décidé que leurs escadres entreraient dans la mer Noire et combineraient leurs mouvements de façon à empêcher le territoire ou le pavillon ottoman d'être en butte à une nouvelle attaque de la part des forces navales de la Russie. MM. les vice-amiraux Hamelin et Dundas vont recevoir l'ordre de communiquer à qui de droit l'objet de leur mission, et nous nous plaisons à espérer que cette démarche loyale préviendra les conflits que nous ne verrions éclater qu'avec le plus vif regret.

» Le gouvernement de l'empereur, je le répète, n'a qu'un but, celui de contribuer à opérer, à des conditions honorables, un rapprochement entre les deux parties belligérantes; et, si les circonstances l'obligent à se prémunir contre des éventualités redoutables, il conserve la confiance que le cabinet de Saint-Pétersbourg, qui a donné de si nombreux exemples de sa sagesse, ne voudra pas exposer l'Europe, à peine remise de ses secousses, à des épreuves que la haute raison des souverains a su lui épargner depuis de si longues années.

» Je vous autorise à donner lecture de cette dépêche à M. le comte de Nesselrode.

» Recevez, etc.       Drouyn de Lhuys. »

Une dépêche en date du 13 décembre de M. Drouyn de Lhuys au général Baraguay-d'Hilliers l'autorisait à faire entrer la flotte française dans l'Euxin. Il est, disait cette dépêche, une opération qui semble tout indiquée, c'est celle qui aurait pour but de ravitailler soit en hommes, soit en vivres, l'armée d'Anatolie et les places du littoral; l'assistance que nous prêterions à la flotte turque, aujourd'hui qu'une escadre de Sébastopol a pris l'offensive contre le territoire ottoman, ne serait plus qu'un acte entièrement conforme aux devoirs que nous avons acceptés en faisant avancer nos forces navales jusqu'à Constantinople. L'adhésion de la Porte aux ouvertures de la conférence de Vienne ne devrait pas, ajoutait cette dépêche, dans l'opinion du gouvernement de Sa Majesté Impériale, suspendre l'entrée de tout ou partie de notre escadre dans la mer Noire; le danger d'une nouvelle attaque subsistera tant qu'un armistice n'aura pas été conclu, et cette appréhension suffit pour expliquer de notre part une surveillance qui est devenue nécessaire dans le double intérêt de la Turquie et de notre propre dignité.

L'hésitation n'était donc plus possible, et si l'on veut trouver une raison au retard que mit la flotte à sortir du Bosphore, où elle était encore dix jours après la réception de cette dépêche, il faut la chercher dans la nécessité où étaient les cabinets de Paris et de Londres de se mettre d'accord sur les instructions à donner aux amiraux. On a vu en effet, par les pièces produites devant le parlement, que lord Clarendon pensait qu'il suffirait de protéger le territoire turc, et que c'est sur les instances de M. Drouyn de Lhuys qu'il a consenti à ce que la protection s'étendît au territoire et au *pavillon* ottoman. Dans toute cette histoire, les ambassadeurs n'ont pas une seule fois pris une initiative hardie et vraiment politique. Lord Redcliffe, qui passe pourtant pour un homme de résolution, n'a su entraîner M. de Lacour qu'à une mesure qui mériterait une épithète trop peu parlementaire pour que nous voulions la lui donner.

Dans la prévision que les fêtes du Beïram ne manqueraient pas d'amener une collision entre les musulmans et les chrétiens, MM. les ambassadeurs mandèrent à Constantinople deux frégates anglaises et deux frégates françaises. Ces quatre navires arrivèrent le 14 octobre devant la Corne d'Or. Les fêtes du Beïram avaient fini le 13 sans aucun trouble. Le sultan, allant processionnellement à la mosquée d'Eyoub, avait seulement recueilli plus encore de respects et d'applaudissements que de coutume.

ENTRÉE DES FLOTTES DANS LA MER NOIRE.

Le 3 janvier, à six heures du matin, par une pluie battante, la flotte combinée se mit en mouvement pour entrer dans la mer Noire. Il ventait frais du sud ouest.

L'escadre française, qui était mouillée en avant de l'escadre anglaise, depuis Beïcos jusqu'à Thérapia, se composait des navires suivants :

*La Ville de Paris*, de 120 canons, portant le pavillon de l'amiral Hamelin ; *le Valmy*, de 120 canons, portant le pavillon du contre-amiral Jacquinot; *le Friedland*, de 120 canons; *le Henri IV*, de 100 canons; *l'Iéna*, de 90 ; *le Bayard*, de 90 ; *le Charlemagne*, de 90 ; *le Jupiter*, de 86 ; *le Gomer*, de 450 chevaux et 24 canons, portant le pavillon du contre-amiral le Barbier de Tinan ; *le Mogador*, 16 canons et 650 chevaux ; *le Magellan*, 14 canons et 450 chevaux ; *le Sané*, 14 canons et 450 chevaux ; *le Caton*, 260 chevaux ; *la Sérieuse*, 30 canons; et *le Mercure*, de 18 canons.

Cette belle escadre était veuve du *Napoléon*, vaisseau à hélice de 90 canons, capitaine Dupouy, que des réparations nécessitées par un manque suffisant d'aplomb dans ses machines ont ramené vers le milieu de novembre à Toulon, d'où il ne pourra repartir qu'à la fin de février.

L'escadre anglaise était ainsi composée :

Le *Britannia*, de 120 canons, portant pavillon de l'amiral Dundas ; le *Queen*, de 120, portant le pavillon du contre-amiral Lyons ; le *Trafalgar*, de 120 ; l'*Albion*, le *London*, le *Redney*, la *Vengeance*, de 90 ; l'*Agamemnon*, vaisseau à hélice, de 90; le *Bellerophon*, de 80 ; le *Sans-Pareil*, à hélice, de 70 canons ; la frégate à voiles le *Leander*, de 50. Vapeurs : le *Firebrand*, de 6 canons ; le *Furious*, de 16 ; le *Fury*, de 6 ; le *Niger*, de 14 ; l'*Inflexible*, de 6 ; la *Retribution*, de 20; le *Sampson*, de 6 ; le *Terrible*, de 20 ; et le *Tiger*, de 16.

Par un effet naturel de sa position, l'escadre française marchait la première, ayant en tête le *Henri IV*, remorqué par un vapeur ; le *Queen*, portant le pavillon du contre-amiral Lyons, larguant ses voiles, devança les autres vaisseaux de sa nation, et entra fièrement dans le Bosphore sans attendre l'aide d'un remorqueur.

Une foule immense qui couvrait les rivages de Thérapia saluait les escadres de ses acclamations prolongées.

Mais tout à coup, vers une heure, le vent, qui portait vers l'Euxin, sauta presque cap pour cap au sud-est. Les vapeurs firent de leur mieux pour aider les navires à voiles à franchir le rapide courant du Bosphore ; une partie des escadres dut toutefois rester en arrière. Le *Valmy* ne quitta même le mouillage de Beïcos que le 4 au matin. A vrai dire, ce fut le 6 seulement que la flotte combinée, ralliée par les vapeurs turcs chargés de troupes et de munitions, fut en mesure de prendre possession de la mer Noire.

Ces vapeurs ottomans étaient : le *Médjidié*, le *Fetzi-Bahri*, le *Mahbiri-Susuz*, le *Saïdi-Chadi* et le *Chehper*. Ils portaient chacun mille hommes environ de troupes et de fortes quantités d'armes, de munitions, de vivres, destinés à l'armée d'Asie, et spécialement au fort Chekvetil (Saint-Nicolas), qui, privé de secours depuis deux mois, devait être dans une position critique. C'était là un véritable acte de participation à la guerre, car si les Russes, toujours bien informés de ce qui se passe sur la mer Noire, fussent venus attaquer le convoi escorté par la flotte combinée, une bataille eût été inévitable. Les Russes se sont abstenus, quoiqu'ils soient numériquement au moins en force pour soutenir la lutte. Voici en effet la liste des navires composant la flotte russe de la mer Noire :

Le *Varna*, les *Douze Apôtres*, le *Rostilas*, le *Sviatoslaf*, le *Selafond*, le *Sviatiteli*, tous six de premier rang et portant chacun 120 canons; le *Sultan Mahmoud*, le *Tschorchow*, l'*Uriel*, le *Yagoudib*, le *Chabry*, le *Czelem*, le *Silistria*, la *Catherine II*, tous les huit de 80 canons. A ces vaisseaux s'ajoutent huit frégates, toutes de 50 à 60 canons, à savoir : la *Midis*, la *Kovarna*, la *Flora*, la *Brahilow*, la *Misifria*, la *Zisopool*, la *Kagul*, l'*Agathopol;* plus, trois steamers de guerre, la *Bessarabie*, le *Gromonoz*, le *Grosney*, et quinze corvettes, bricks ou schooners à voiles.

Il y avait aussi le vapeur le *Foudroyant*, mais les canons turcs du fort Saint-Nicolas lui ont fait expier les insolences du prince Menschikoff, qu'il avait porté en ambassade extraordinaire à Constantinople.

Du reste, la Russie s'entoure d'un tel mystère, que nous n'oserions affirmer l'exactitude absolue de cette liste, qui a pourtant été communiquée à l'amirauté anglaise; nous croyons seulement pouvoir dire que les forces navales du czar dans la mer Noire sont plus considérables que celles qui viennent d'être énumérées. Il n'est probablement question ici que des navires en état complet d'armement.

Tout à l'heure nous faisions remarquer que si les amiraux russes eussent été impatients du combat, il dépendait d'eux de le provoquer en attaquant le convoi turc protégé par la flotte combinée. Quant à celle-ci, elle avait ordre, au contraire, de prévenir les conflits, ainsi

qu'on va le voir par la lettre que les ambassadeurs de France et
d'Angleterre écrivaient au gouverneur de Sébastopol.

### Au gouverneur de Sébastopol.

« Conformément aux ordres de mon gouvernement, l'escadre anglaise (française), de concert avec celle de France (d'Angleterre),
est sur le point de faire son apparition dans la mer Noire. Ce mouvement a pour objet de protéger le territoire ottoman contre toute
agression ou acte hostile.

» J'en informe Votre Excellence afin d'empêcher toute collision
tendant à troubler les relations amicales existant entre nos gouvernements, relations que je désire conserver, et que, sans nul doute,
Votre Excellence a non moins à cœur de maintenir.

» Je serais, en conséquence, heureux d'apprendre que Votre Excellence, animée de ces dispositions, a jugé utile de donner à l'amiral commandant les forces russes les instructions nécessaires pour
prévenir tout incident de nature à troubler la paix.

» REDCLIFFE. — BARAGUAY-D'HILLIERS. »

Cette lettre, infiniment au-dessous de la circulaire du 30 décembre
et des instructions expédiées le 13 du même mois au général Baraguay-d'Hilliers, avait en outre le tort de ne pas déclarer, de ne pas
même donner à supposer que la flotte combinée protégeait un convoi
turc de guerre et avait mission de le défendre contre toute attaque.
La diplomatie semble avoir juré de rester jusqu'à la fin au-dessous
de la pensée et même des actes des gouvernements. Ainsi comprise,
la prudence ferait aimer la témérité.

Telle quelle, la lettre des ambassadeurs devait être portée à Sébastopol par la *Retribution*, ayant à bord un officier français chargé
de remettre la dépêche signée par le général Baraguay-d'Hilliers.
Or, comme s'il eût senti le besoin de racheter à force d'audace ce
qu'il y avait de par trop politique dans la missive dont il était porteur, le capitaine de la *Retribution*, profitant d'un brouillard qui le
dérobait à la vue des batteries, enfila résolûment, et bien entendu
sans pilote, la passe qui conduit dans Sébastopol. Il était au beau
milieu du port quand les Russes s'aperçurent de sa présence. Un
coup de canon parti des batteries lui signifia de jeter l'ancre.

Dès que la frégate eut mouillé, un officier russe vint le long du
bord dans un canot, et déclara au capitaine Drummond que nul vaisseau de guerre étranger ne pouvait entrer dans Sébastopol. Il fallait,
avant toute communication écrite ou verbale, que la *Retribution* allât
en dehors des passes et se tînt hors de la portée des batteries de
terre. Le capitaine Drummond s'excusa d'avoir violé *sans le savoir
et sans le vouloir* les règlements du port, et promit de sortir le plus
promptement possible. Mais par une série de lenteurs et de mala-
dresses savamment calculées, il fit que l'opération dura une heure,
pendant laquelle les lunettes, les crayons, les daguerréotypes jouè-
rent si bien, que le plan de Sébastopol fut levé et que l'on sait
maintenant à peu près tout ce que la Russie avait intérêt à tenir sous
un impénétrable mystère.

Si l'officier russe n'eût pas été sottement esclave des règlements
sur la quarantaine, il fût monté à bord de la *Retribution* et eût au
moins singulièrement gêné s'il n'eût empêché la levée du plan de
Sébastopol. Mais non : cet officier tenait à sa comédie de quarantaine,
au moyen de laquelle, en 1820, les ingénieurs français chargés de
relever les côtes de la mer Noire furent toujours empêchés d'entrer
dans Sébastopol, quoiqu'ils eussent avec eux un ingénieur russe. Le
capitaine russe ne monta donc pas à bord de la *Retribution*, lors même
qu'elle eut jeté l'ancre en dehors du port à la distance voulue par
les consignes. C'est de son canot qu'il déclara au capitaine Drummond que le gouverneur était absent avec la majeure partie de la
flotte, et qu'il consentit, non sans quelques difficultés, à donner un
récépissé des lettres de lord Redcliffe et du général Baraguay d'Hilliers.

Ce que l'on sait maintenant de Sébastopol, grâce à l'aventureuse
histoire de la *Retribution*, est resté un secret pour le public. Nous
présumons toutefois que les amiraux Hamelin et Dundas ont des renseignements encore plus précis, un officier anglais, qui a été employé dans ce port pendant vingt ans par les Russes, ayant pris sa
retraite il y a dix-huit mois. Un autre Anglais, M. Olifant, qui a ré-
sidé longtemps à Sébastopol, a déclaré dans les journaux de Londres
que les fortifications de ce grand port sont en matières crayeuses qui
s'écrouleraient facilement sous le canon. Il a même ajouté que les
batteries couvertes avaient si peu d'élévation et d'air que les artilleurs russes y seraient asphyxiés au bout d'un quart d'heure par la
fumée et les émanations sulfureuses de la poudre. On peut seulement
tenir pour certain que, si Sébastopol est prenable, la flotte combinée
le prendra dès qu'on lui ordonnera de l'attaquer.

Nous voudrions que les proportions de notre livre nous permissent
de faire connaître par quelques mots sur chacun d'eux tous les officiers de cette flotte combinée, dont la formation réalise un des vœux
du prisonnier de Sainte-Hélène. « Que de mal se sont fait la France
et l'Angleterre! que de bien elles pourraient se faire ! » disait-il en
mourant. Mais devant nous borner, nous tracerons du moins une
courte esquisse des services des amiraux Dundas et Hamelin,
deux si dignes de commander à des équipages, à des états-majors
de grandes nations sont fières à bon droit.

### L'AMIRAL DUNDAS.

#### I.

Lorsque l'on parle d'un amiral anglais, il s'établit toujours
deux côtés de la Manche une comparaison tacite, involontaire m
avec Nelson. Cela n'est ni juste ni raisonnable. Voici quarante
Dieu merci, que nous sommes en paix avec l'Angleterre, et qu'i
s'est présenté qu'à peine une chance de figurer dans une bataille
vale. L'amiral Codrington, qui commandait en 1827 à Navarin, q
que alors plus que septuagénaire, n'avait occupé dans les gra
guerres de la république et de l'empire que le grade de capitain
vaisseau. L'habileté du marin ne se révèle d'ailleurs pas seuler
dans le combat. Le métier de la mer étant une lutte incessante co
les éléments, un assaut réglé entre le progrès scientifique et les
sistances matérielles des vents et des flots, il y a pour tout marin
occasions journalières de prouver son sang-froid, sa capacité,
aptitude au commandement. Ajoutons que le courage n'étant
chose en question chez des hommes qui passent leur vie à brave
dompter les dangers de toute espèce, le commandant en chef d'
escadre peut inspirer la plus entière confiance, quoiqu'il n'ait
vu le feu depuis le grade de lieutenant, et même n'eût-il jamais
tendu que le canon de l'exercice.

#### II.

Né le 4 décembre 1785, James Whitley Deans est fils d'un méd
de Calcutta. Dundas était le nom de sa mère; il le prit lui-mêm
épousant, en 1808, sa cousine, fille unique et seule héritière de Cha
Dundas (lord Amesbury).

Entré dans la marine le 19 mars 1799 en qualité de volontair
première classe, Dundas eut un avancement assez rapide, fut nom
lieutenant le 25 mai 1805, et capitaine le 8 octobre 1806.

Commandant le brick la *Rosamonde* pendant le siège de Stralsu
Dundas fut attaché à l'ambassade anglaise près du roi de Suè
En 1807, il fut blessé d'un éclat d'obus en travaillant activeme
éteindre le feu qui avait pris dans les chantiers de Copenhague q
ques jours après la reddition de cette ville.

De 1807 à 1809, il commanda le *Cambrian*, de 40 canons; pui
*Stately*, de 64, qui croisait dans la Baltique, portant le pavillon
contre-amiral Joseph Bertie. Il fut ensuite appelé au commandem
du *Pyrame*, à bord duquel il captura, en 1813 et 1814, les corsa
le *Zèbre* et la *Ville-de-Lorient*.

Le capitaine Dundas reçut, de 1815 à 1838, le commandement
vaisseaux le *Tage*, le *Prince Regent* et le *Britannia*.

Ainsi qu'il arrive à presque tous, sinon même à tous les capital
anglais, qui ne peuvent devenir amiraux qu'à l'ancienneté, la carri
active de Dundas fut interrompue pendant plus de douze ans
aborda alors la carrière parlementaire. Représentant de Greenw
au parlement, aide de camp naval de Guillaume IV, chevalier
Bain, Dundas obtint, le 23 juin 1841, le titre de lord de l'amira
et, le 23 novembre de la même année, le grade de contre-ami
Mais il ne reçut de service actif que dix ans plus tard. Vers la fin
1851, Dundas fut nommé au commandement de l'escadre de la M
terranée, et, dans le courant de 1852, l'ancienneté le porta au r
de vice-amiral.

C'est comme capitaine de pavillon de l'amiral William Par
sur le *Prince Regent*, et de sir Philippe Durham, sur le *Britann*
que Dundas a fait ses preuves de capacité dans les évolutions d
cadre; c'est ensuite comme lord de l'amirauté qu'il a acquis sa ré
tation d'habile organisateur.

Froid, ferme, sévère même, l'amiral Dundas est respecté et a
de son escadre, qui, du dernier matelot jusqu'au capitaine, lui
corde cette confiance que l'obéissance n'impose pas.

Inutile de dire que, dans la vie parlementaire et dans le con
de l'amirauté, Dundas a contracté des habitudes de politesse me
rée et de langage circonspect, qui lui permettent d'aborder s
froissement les difficultés de la politique et celles non moins gran
d'un commandement où, jusqu'au jour de la bataille, tout doit ê
concerté *ex æquo* avec l'amiral d'une escadre alliée, après tant d'
nées de guerre et de furieuse inimitié.

### L'AMIRAL HAMELIN.

#### I.

Toutes les qualités du commandement que, sur la foi de ses c
citoyens, et aussi de plusieurs marins de notre escadre, nous av
reconnues avec joie chez l'amiral Dundas, l'amiral Hamelin les poss
à un degré qui l'autorise à ne porter envie à personne.

rtillerie et à tous les *impedimenta* militaires dont se plaignait
r, et qui ont tant augmenté depuis lui. Omer-Pacha, nous per-
ns à le penser, ne tentera pas les grandes aventures ; mais si une
ne occasion lui était offerte, il ne la laisserait point passer sans en
iter dans la mesure de son caractère, mélange, à doses égales,
dace et de prudence.

n'y a, du reste, aucun parti pris chez nous, et si les événements
a guerre, qui va prendre toute son activité au mois de mai, con-
isent nos prévisions, nous le reconnaîtrions sans hésiter, dans le
où l'accueil du public nous encouragerait à continuer cette
oire.

#### LES FLOTTES DANS LA MER NOIRE.

ranchement, nous voudrions que ce chapitre fût long ; il ne le
pas. Les flottes ont fait escorter par leurs vapeurs le convoi turc
ant des renforts, des armes, des munitions et des vivres à Tré-
nde, à Battoum, à Chekvétil. Aucun bâtiment russe n'a été
çu par nos escadres. Les amiraux, après avoir parcouru l'Euxin,
toutefois s'approcher des ports russes, sont venus dans la rade
Sinope, d'où l'on peut observer les mouvements de la flotte de
astopol. Le 20, l'amiral Dundas ayant jugé la position de Sinope
gereuse, et n'étant point tombé complétement d'accord avec l'a-
al Hamelin sur la convenance de reprendre la croisière sous voiles,
flottes sont rentrées le 22 janvier dans le Bosphore, malgré l'in-
tion contraire des ambassadeurs.

opinion, qui s'était d'abord émue outre mesure de cet incident,
bientôt rassise en apprenant qu'un nouveau convoi turc de ra-
illement allait partir sous l'escorte de l'escadre à vapeur anglo-
çaise. On a senti, et cela n'était vraiment pas trop difficile, que
amiraux devaient rester les arbitres des moyens techniques de
plir la mission dont ils sont chargés par leurs gouvernements
ectifs.

ependant les hommes qui ne comprendront jamais que pour
re pas trompés il faut de la clairvoyance, non de la défiance, et
x, également en grand nombre, qui veulent juger de tout sans sa-
r, ont persisté, les premiers, à soutenir que la rentrée des flottes
t un acte de mauvais augure ; les autres, que lancer l'escadre
lo-française à vapeur seule dans la mer Noire, c'était l'exposer à
écrasée par la flotte russe. A cela il n'y a rien à répondre, sinon
des vapeurs en face de navires à voiles sont toujours maîtres de
ser le combat, et, s'ils l'acceptent, de prendre des positions d'en-
le désastreuses pour leurs adversaires. Peut-être même serait-il
venable d'ajouter que les amiraux Hamelin et Dundas auraient
rester au-dessus d'un soupçon d'imprudence ou de non-capacité.
c de tels marins, mieux vaut, au risque de se tromper, s'exposer
op louer qu'à blâmer ce que l'on ne comprend pas.

es amiraux alliés ont envoyé à Sébastopol par le *Fury* une
êche en date du 24 janvier, assignant aux amiraux russes un
ai de quinze jours pour faire rentrer tous leurs navires de guerre
s les ports. Ce délai, en admettant que la notification ne soit par-
ue que le 27 ou le 28 à Sébastopol, a dû expirer le 12 ou le 13 fé-
er. On a de plus reçu la nouvelle que depuis la rentrée des esca-
s française et anglaise dans le Bosphore cinq bâtiments russes
ient tenté une seconde attaque contre le fort de Chekvétil. On
le même de la déclaration de bonne prise par les Russes du va-
ir anglais *Haïdée* comme ayant des Turcs à bord. Tout est donc
c pour l'action si la diplomatie ne veut pas donner à la Russie,
s une forme ou sous une autre, le délai dont elle a besoin pour
ever ses préparatifs et renouer des intrigues dont les fils se sont,
apparence du moins, détendus un moment. Quoi qu'il en soit, il
faudrait pas s'étonner si dans la mer Noire les canons partaient
t à coup sous la flamme de la juste colère allumée dans le cœur
tous les matelots français et anglais par l'exécrable attentat de
ope.

#### DE L'APPUI ACCORDÉ A LA TURQUIE PAR LES PUISSANCES OCCIDENTALES.

La France et l'Angleterre ont déclaré qu'elles couvriraient la Tur-
e de leur protection morale et matérielle. La protection morale
empêché ni l'envahissement des principautés ni l'affaire de Sinope,
les perfidies soi-disant amicales de l'Autriche. A franchement par-
, on ne saurait donc se confier désormais que dans la protection
atérielle.

Nous n'aurons pas l'outrecuidance de tracer le plan des opérations
ilitaires que les deux puissances doivent entreprendre pour secon-
r leur alliée. C'est une tâche qui incombe aux gouvernements fran-
s et anglais. Notre rôle, plus modeste, si nous tenons encore la
ume vers la fin de cette année, consistera à enregistrer l'opinion du
blic et à exprimer la nôtre sur les faits accomplis. Deux choses seu-
ment nous semblent devoir être dites en ce moment : la première,
e nous nous sentirions déshonoré dans notre propre estime si nous
avions le cœur plein des vœux les plus sincères pour le triomphe
des armes, nonobstant tout dissentiment et même tout ressenti-

ment sur des questions intérieures ; la seconde, qu'autant qu'il dépendra de la France et de l'Angleterre, elles doivent profiter de la
conjoncture pour aider aux réformes financières de la Turquie, et
lancer cet empire renaissant dans les voies du crédit européen, le
crédit étant l'instrument général de travail qui manque à l'empire
ottoman.

Namick-Pacha n'a pu faire agréer ni à Londres ni à Paris son projet d'emprunt. Ce n'a point été un malheur absolument sans compensations. La Turquie a fait des efforts, cherché et trouvé en elle-même
des ressources qui ont révélé une puissance de vitalité que l'on s'ef-
forçait de contester à cet empire. Pendant quelque temps encore,
grâce aux dons des mosquées, aux offrandes des particuliers et aux sacrifices légitimes à imposer aux hauts fonctionnaires, la Turquie peut
faire face aux frais énormes de sa défense nationale. Il n'en importe
pas moins de mettre en lumière par quelques mots l'erreur qui a conduit les capitalistes à penser que la Turquie n'est pas une débitrice
solvable et solide, puisque la crise actuelle doit inévitablement conduire à un emprunt.

Les revenus ordinaires de la Turquie sont, en moyenne, de six
cent cinquante à sept cent cinquante millions de piastres (cent cinquante à cent soixante-douze millions de francs), et nous démontre-
rons tout à l'heure qu'ils seraient aisément susceptibles d'une augmentation considérable. Le budget des dépenses est rarement au-dessus
de celui des recettes. L'État n'a point de dette inscrite, et les rentes
viagères qu'il est obligé de servir aux anciens détenteurs de fiefs,
s'éteignant graduellement, disparaîtront dans quelques années.

Les sources où puise le trésor sont la dîme, le *vergu*, le *kharadji*,
les douanes, les impôts indirects et les tributs des provinces qui reconnaissent la suzeraineté de la Porte.

La dîme (*uchur*) est la redevance que l'État, regardé théorique-
ment, nous l'avons déjà dit, comme propriétaire unique du sol,
prélève sur les tenanciers. Elle porte sur les fruits et les céréales. La
Roumélie et certaines parties de la Turquie d'Asie sont soumises au
*beylik*, dîme particulière sur les bestiaux.

Le *vergu*, dont Constantinople et sa banlieue sont exempts en vertu
d'anciens priviléges d'une injustice visible, frappe la fortune immobi-
lière, mobilière ou commerciale, d'après une évaluation ayant pour
base la notoriété publique dans les villes, et le nombre des charrues
dans les localités rurales.

Le *kharadji* atteint tous les non-musulmans adultes. Il suffit, pour
comprendre la nature de cet impôt, d'indiquer quels sont ceux que
la loi en dispense : ce sont les enfants, les femmes, les aliénés, les
infirmes, les indigents et les prêtres. Le kharadji (pourquoi le nier ?)
a sa source dans le tribut qui fut imposé aux chrétiens et aux juifs
comme signe de la défaite ; mais il a changé de nature depuis que
ceux-ci, appelés par le sultan à faire partie de l'armée, ont demandé
et obtenu d'être exemptés du service militaire au prix d'un impôt.

Celui qui paye le kharadj en Turquie est dans une position analogue à celui qui en France envoie un remplaçant à l'armée, avec
cette différence que c'est le gouvernement turc qui fournit le remplaçant en gardant pour l'État le prix du remplacement. Mauvais
système assurément, mais qui par bonheur est facile à réformer au
point où les mœurs sont parvenues aujourd'hui dans l'empire ottoman.

Les revenus des douanes (*gunvrut*) sont formés par le produit des
droits d'importation et d'exportation. Les impôts indirects (*ihtisab*)
comprennent les patentes ; le timbre des obligations et de certains
produits manufacturiers ; les octrois, les péages des ponts et des
barrières ; les affermages des salines et des pêcheries ; les postes ; les
cinq huitièmes qui reviennent au fisc sur l'exploitation des mines.

Or, nul ne conteste la possibilité d'amender et d'améliorer promptement le système des impôts en Turquie. Un homme compétent,
s'il en fut jamais, M. Cor, qui a mis à profit son long séjour en
Orient pour étudier les langues, les dialectes, les mœurs, les lois,
en un mot l'organisation de la Turquie sous toutes ses faces, a prouvé,
dans un remarquable et consciencieux travail, qu'il était facile d'obtenir annuellement un excédant de recettes de plus de quatre cents
millions de piastres, cent millions de francs. Le gouvernement ottoman est même déjà entré dans une voie de réformes qui permettent d'espérer, avant dix ans peut-être, un aussi magnifique résultat.

En effet, le déplorable système des fermages (*iltizams*) règne encore, bien que dès 1839 le hatti-shérif de Gulhané l'ait condamné en
des termes déjà cités, mais que nous aimons à reproduire : « Les
*iltizams* sont des éléments de destruction ; en aucun temps on n'a eu
le fruit de leur utilité. C'est, pour ainsi dire, livrer à l'arbitraire et
à la main de la violence et de la brutalité d'un homme les affaires
administratives et financières d'une province. » Que le mode de ré-
gie directe soit mis en vigueur, et les sommes immenses que les fermiers détournent à leur profit rentreront au fisc sans que les contri-
buables aient à en souffrir. Ils seront au contraire exonérés et affran-
chis des exactions qui ont jusqu'à ce jour appauvri et mécontenté les
populations.

Le remplacement du *kharadj*, dont la suppression est imminente,
par une capitation générale, peut élever le nombre actuel des cotes
d'un million six cent mille à trois millions, et assurer au trésor un
boni de vingt millions de piastres.

Le gouvernement de la Porte aurait encore à bénéficier d'une répartition uniforme du *vergu*, dont la capitale est si injustement exempte, du remaniement des contributions indirectes, de la diminution des gros traitements, enfin du rachat des *vacoufs*, biens assignés à l'entretien des mosquées ou à certaines fondations pieuses. En opérant dans le mode de ces dépenses religieuses, une révolution analogue à celle qu'accomplit l'Assemblée constituante de France en assignant au clergé un traitement payé par l'Etat, la Turquie se créerait de nouvelles ressources, sans que les imans eussent de justes motifs de se plaindre.

On ne saurait donc être taxé d'exagération, quand on parle de la future, et très-prochainement future prospérité financière de la Turquie. Il suffit au surplus de mesurer le progrès civil, politique et religieux accompli par l'empire ottoman, depuis la réforme commencée par Mahmoud pour se convaincre que la fortune a résolu de reprendre la route abandonnée par elle des Dardanelles, de l'Euxin, de l'Egypte et de la Syrie.

La confiance ne s'impose pas, mais les gouvernements de deux grandes nations comme la France et l'Angleterre possèdent des moyens assurés de donner la foi aux capitaux. Il ne faut pas néanmoins se dissimuler les difficultés résultant de deux précédents. Dès qu'il est question de l'Orient, on évoque d'abord comme un épouvantail l'emprunt grec de soixante millions; puis on cite la non-ratification de l'emprunt turc de 1852.

Le petit royaume des Hellènes, créé par l'Europe en un jour d'illusions artistiques et scolastiques, n'est pas comparable à un empire grand encore comme la France, l'Espagne et l'Angleterre, malgré les pertes qu'il a subies et où vient de se révéler une force d'existence qui étonne amis et ennemis. A Constantinople, on veut garder et améliorer ce que l'on a; à Athènes, rêvant toujours d'autres frontières que celles de 1827, on veut tout obtenir dans sans avoir rien mérité.

Nous écartons toute comparaison offensante entre la probité de la Turquie et celle de la Grèce. Nous voulons seulement faire remarquer qu'au moment où les Turcs témoignent de leur esprit de tolérance, les Hellènes, au nom du droit qu'ils prétendent tirer de leur foi orthodoxe, voudraient donner la main à la Russie dans l'espoir insensé de ressusciter un indéfinissable empire grec. N'a-t-il pas fallu que, dernièrement, de Paris et de Londres, partît là menace d'occuper Athènes si cela était nécessaire pour y couper le fil d'une longue intrigue moscovite? Quant à la non-ratification de l'emprunt Callimachi, elle est, de la part de la Turquie, l'effet d'un sentiment d'amour-propre malentendu et d'une inspiration diabolique de la Russie, qui voulait enlever à l'empire du sultan la force qui fût résultée de l'établissement du crédit. Mais, du reste, qui peut se plaindre ici du gouvernement ottoman? N'a-t-il pas tout remboursé avec loyauté? N'a-t-il même pas donné à ses prêteurs d'un jour, en outre des intérêts acquis, une indemnité qu'un gouvernement européen ne leur eût pas accordée peut-être?

Oh! c'est une faute, une très-grande faute que le rejet de l'emprunt Callimachi; mais cette faute a mis en évidence des sentiments et des habitudes d'intégrité dont les Turcs ont droit d'être fiers plus qu'ils ne peuvent être humiliés de l'inintelligence financière montrée ce jour-là par leur gouvernement. D'ailleurs, que l'on veuille bien nous le dire: si l'empire ottoman peut être sauvé, mérite d'être sauvé au prix du sang et de l'or de l'Angleterre et de la France, comment ne mériterait-il pas d'obtenir la caution de ces deux alliées pour un emprunt de guerre? On a prêté à la Russie et à l'Autriche après leur expédition de Hongrie, et l'on ne prêterait pas à la Turquie pour défendre son indépendance, que l'on déclare importer au salut de l'Europe!

Un emprunt garanti est la conséquence logique, forcée de l'intervention anglo-française dans le conflit oriental; et si jusqu'aujourd'hui une telle question a été écartée, c'est seulement parce qu'elle eût pu être considérée comme une véritable et flagrante déclaration de guerre à la Russie. Et en parlant ainsi, nous n'anticipons pas sur l'avenir plus qu'il n'est permis dans une histoire. La caution des gouvernements de France et d'Angleterre est un fait moralement accompli, car ici qui a voulu la fin a dû vouloir le moyen conseillé par la politique, qui, en définitive, est le sens commun appliqué à des intérêts généraux.

RUPTURE DES RELATIONS DIPLOMATIQUES ENTRE LA FRANCE,
L'ANGLETERRE ET LA RUSSIE.

Il est bien entendu que, par euphémisme diplomatique, le mot rupture a été remplacé par le mot interruption des relations diplomatiques; mais, au point où en sont les choses, les mots n'ont plus qu'une importance secondaire. Si on se livre des batailles navales ou continentales, et qu'il convienne de les appeler des accidents, des incidents ou d'un tout autre nom, elles n'en seront pas moins des batailles. Voyez, en effet, le chemin que les événements ont parcouru depuis le 31 janvier en marchant sous des phrases polies, mais agencées, comme ces boucliers formant ce que les anciens appelaient la *tortue* et sous lesquels ils s'approchaient des murailles! Ce jour-là

(31 janvier) la reine Victoria disait à son parlement, qu'elle v
ouvrir en personne :

« L'espoir que j'ai exprimé à la fin de la dernière session, q
» différend qui existait entre la Russie et la Porte Ottomane s
» bientôt arrangé, ne s'est pas réalisé, et j'ai le regret de dire q
» état de guerre s'en est suivi.

» J'ai continué d'agir avec la coopération cordiale de l'empe
» des Français, et les efforts que j'ai faits avec mes alliés pour
» server et rétablir la paix entre les puissances en lutte, quoiq
» aient été sans succès jusqu'à ce jour, n'ont pas cessé un seul ins

» Je ne manquerai pas de persévérer dans ces efforts; mais la
» tinuation de la guerre pouvant affecter profondément l'intér
» l'Angleterre et celui de l'Europe, je crois nécessaire de proc
» à une nouvelle augmentation de mes forces de terre et de mer
» le but d'appuyer mes représentations et de contribuer plus effic
» ment au rétablissement de la paix.

» J'ai ordonné que les papiers explicatifs des négociations qu
» eu lieu à ce sujet fussent communiqués sans retard. »

Au moment où la reine d'Angleterre s'exprimait ainsi, son se
taire d'Etat, lord Clarendon, sans parler d'une dépêche qu'il e
diait à sir Henry Seymour, ambassadeur britannique à Pétersbo
avait concerté avec M. Drouyn de Lhuys une réponse à adresse
ambassadeurs russes Brunow et Kisseleff, réponse à la suite de laq
les relations entre les gouvernements de France, de Russie et d
gleterre devaient nécessairement être rompues, interrompues ou
pendues, comme on voudra. Les ministres des affaires étrangère
deux pays s'étant mis complétement d'accord, nous venons de le
il nous suffira de citer les lettres échangées entre MM. de Kissele
Drouyn de Lhuys, au sujet de la mission des flottes dans la
Noire, pour bien faire comprendre combien peu les sentimen
les actes des cabinets répondaient aux tièdes paroles placées da
bouche de la reine Victoria par ses ministres.

Voici cette correspondance, déjà arrêtée, déjà même écrit
31 janvier puisqu'il y avait eu des communications officieuses a
l'ouverture du parlement :

### N° 38. — *M. de Kisseleff à M. Drouyn de Lhuys.*

« Le soussigné, envoyé extraordinaire et ministre plénipotent
de S. M. l'empereur de Russie, a reçu l'ordre de s'expliquer e
s'entendre avec S. Exc. M. le ministre des affaires étrangères s
sens précis d'une communication dont M. le ministre de Fran
Saint-Pétersbourg vient de s'acquitter verbalement auprès de M
chancelier de l'empire.

» Si elle a été motivée par le désir d'éloigner l'éventualité d
collision entre les forces navales russes et ottomanes, ce résult
pourrait être obtenu que par l'observation d'un principe de just
ciprocité.

» A cet effet, il faudrait d'abord qu'il fût expressément ent
que l'escadre ottomane eût désormais à s'abstenir de toute agres
contre le pavillon et contre le territoire russes sur la côte d'Eu
et d'Asie.

» Sous cette condition, une égale sécurité serait acquise en fa
du pavillon et du littoral ottomans.

» En second lieu, pour qu'il fût permis aux navires turcs de
tinuer sans obstacle à entretenir les communications d'un port e
man à l'autre, afin d'y envoyer des vivres, des munitions et
troupes, il faudrait que la même condition demeurât assurée
navires de la marine impériale pour maintenir librement les c
munications d'un port russe à l'autre, sur le littoral d'Europ
d'Asie.

» Ces dispositions ainsi convenues et strictement mises à exécu
auraient pour résultat de suspendre, de fait, les hostilités par
entre les parties belligérantes.

» Le soussigné a l'honneur d'inviter S. Exc. M. le ministre
affaires étrangères à vouloir bien l'informer, en réponse à cette n
si les intentions du gouvernement de S. M. l'empereur des Fran
sont d'accord avec celles du cabinet impérial sur les principe
parfaite réciprocité établis par la présente communication.

» Le soussigné profite de cette occasion pour offrir à S. ]
M. Drouyn de Lhuys les nouvelles assurances de sa haute cons
ration.

» Paris, le 14-26 janvier 1854.

» *Signé* KISSELEFF. »

### N° 39. — *M. Drouyn de Lhuys à M. de Kisseleff.*

« Paris, 1er février 1854.

» Le soussigné, ministre secrétaire d'Etat au département
affaires étrangères, s'est empressé de placer sous les yeux
S. M. l'empereur la note que M. de Kisseleff, envoyé extraordin
et ministre plénipotentiaire de S. M. l'empereur de Russie, lui a
l'honneur de lui adresser en date du 26 de ce mois.

» Le gouvernement de Sa Majesté Impériale avait pensé que

mmunication dont M. le général marquis de Castelbajac s'était
ndu l'organe auprès de S. Exc. M. le comte de Nesselrode ne de-
ait pas laisser de doute sur ses intentions; mais, puisque le cabinet
e Saint-Pétersbourg a jugé nécessaire de provoquer à ce sujet de
ouvelles explications, l'empereur, mon auguste souverain, m'a or-
onné de les lui fournir avec la plus entière loyauté.

» L'escadre française n'est entrée dans la mer Noire que lorsque
es faits sur la gravité desquels il n'y avait malheureusement plus à
e méprendre ont révélé les dangers que courait l'existence d'un em-
ire dont la conservation est nécessaire à celle de l'équilibre euro-
éen. Le gouvernement de Sa Majesté Impériale a, en conséquence,
oulu, par l'interposition de ses forces navales, arrêter, autant qu'il
épendait de lui, le cours d'une guerre qu'il n'avait vu éclater
u'avec le plus profond regret, et que ses efforts les plus sincères
raient vainement tenté de conjurer.

» M. le vice-amiral Hamelin a reçu, dans ce but tout pacifique,
ordre de mettre le territoire et le pavillon ottomans à l'abri des
ttaques dont ils pourraient encore devenir l'objet, en faisant ren-
rer les navires russes rencontrés en mer dans le port russe le plus
oisin, et d'empêcher, en même temps, que les vaisseaux turcs ne
irigent aucune agression contre le littoral de l'empire russe. Ces
âtiments ne doivent être employés qu'au ravitaillement des côtes
e la Roumélie et de l'Anatolie, c'est-à-dire contribuer seulement à
a défense de la Turquie menacée dans l'intégrité de son territoire
t dans ses droits de souveraineté par l'occupation de deux de ses
rovinces, et par le déploiement d'un appareil maritime et militaire
ors de proportion avec les ressources dont elle dispose elle-même.

» C'est de cette différence caractéristique dans les positions respec-
ves que le gouvernement de Sa Majesté Impériale a tenu compte
rsqu'il a transmis au commandant en chef de ses forces navales les
struction au sujet desquelles de plus amples informations lui sont
emandées; et il n'aurait pu interdire, d'une façon absolue, au pavil-
n ottoman, la navigation de la mer Noire sans affaiblir encore les
oyens de défense déjà insuffisants de la Sublime Porte.

» Le soussigné ne voit pas qu'une telle attitude soit en contradiction
vec les sentiments d'amitié que le gouvernement de Sa Majesté Im-
ériale professe pour la Russie, et il déclare hautement qu'elle ne lui
été inspirée que par le vif désir de coopérer au rétablissement de
a paix entre les deux parties belligérantes aux conditions proposées
ar l'une d'elles et soumises à l'autre après avoir reçu la sanction des
randes puissances de l'Europe.

» Le soussigné profite de l'occasion pour offrir à M. de Kisseleff
assurance de sa haute considération.

» DROUYN DE LHUYS. »

## N° 40. — M. de Kisseleff à M. Drouyn de Lhuys.

« Le soussigné, envoyé extraordinaire et ministre plénipotentiaire
e S. M. l'empereur de Russie, a eu l'honneur de recevoir la note
ue S. Exc. le ministre secrétaire d'Etat au département des affaires
trangères a bien voulu lui adresser en date du 1er février.

» Elle ne satisfait point aux conditions de juste réciprocité sur les-
uelles le soussigné a reçu l'ordre d'insister, au nom de sa cour, par
a note du 14-26 janvier.

» Cette communication, si elle avait été appréciée comme elle méri-
ait de l'être, aurait eu pour effet, d'une part, de restreindre les ca-
mités de la guerre dans des limites acceptables pour les deux par-
es belligérantes, tandis que, de l'autre, elle offrait à la France une
ouvelle preuve du désir constant de S. M. l'empereur d'éloigner de
es relations avec elle tout motif de mésintelligence.

» Le soussigné regrette que l'esprit de bienveillance qui a dicté cette
émarche n'ait pas rencontré des intentions également conciliantes.
ès lors, sa ligne de conduite était tracée par un sentiment profond
e respect pour la dignité du souverain qu'il a l'honneur de repré-
enter.

» Fidèle à ses devoirs, il ne saurait admettre que le gouvernement
e S. M. l'empereur des Français, en paix avec la Russie, prétende
ntraver la liberté des communications que la marine impériale est
hargée d'entretenir entre les ports russes, tandis que les navires
urcs transportent des troupes d'un port ottoman à l'autre sous la
ro'ection de l'escadre française.

» Cette distinction étant contraire aux règles du droit public, comme
ux égards mutuellement observés entre puissances amies, le sous-
igné se trouve placé par là dans l'impossibilité de continuer l'exercice de ses fonctions tant que le gouvernement de S. M. l'empereur
es Français n'aura pas repris envers la Russie une attitude conforme
ux rapports de bonne intelligence et d'amitié qui ont si heureusement subsisté jusqu'ici entre les deux pays.

» Plus le soussigné attachait de prix à entretenir ces rapports, plus
l regrette l'obligation où il se trouve de les suspendre.

» Il a l'honneur de notifier à M. le ministre secrétaire d'Etat au
épartement des affaires étrangères qu'il va quitter Paris accompagné
du personnel de l'ambassade, et se rendre en Allemagne jusqu'à
nouvel ordre.

» Le soussigné profite de l'occasion pour offrir à Son Excellence
M. Drouyn de Lhuys l'assurance de sa haute considération.

» *Signé* KISSELEFF.

» Paris, le 23 janvier — 4 février 1854. »

Ceci est assez clair, ce nous semble. Les deux puissances navales
déclarent net à la Russie qu'il ne leur convient pas d'observer la même
conduite envers l'envahisseur et l'envahi. Ce n'est pas tout encore. Il
résulte des débats du 16 février dans la chambre des communes
que le gouvernement anglais avait pleine connaissance de la lettre
autographe écrite le 29 janvier par l'empereur des Français à l'empereur Nicolas. Cette lettre, rendue publique par le *Moniteur* du
13 février, démontre à l'évidence que la diplomatie, ainsi que nous
l'avons dit et redit depuis le commencement de notre livre, n'avait fait
que tourner autour des difficultés. Elle nous dispense donc soit de la
reproduction, soit de l'analyse de ces longues pièces officielles, qui
prouvent seulement une chose, comprise par tout homme n'ayant point
de motifs personnels de ne pas comprendre, à savoir, que des deux
côtés on est allé jusqu'à la guerre en croyant toujours qu'on arrive-
rait à un arrangement par intimidation.

Mais ici le terrain devient brûlant, et pour clore, aujourd'hui
18 février, la première période de cette histoire, nous citerons sans
plus de réflexions la lettre de l'empereur des Français :

« Palais des Tuileries, le 29 janvier 1854.

« SIRE,

» Le différend qui s'est élevé entre Votre Majesté et la Porte Ottomane en est venu à un tel point de gravité, que je crois devoir
expliquer moi-même directement à Votre Majesté la part que la France
a prise dans cette question et les moyens que j'entrevois d'écarter les
dangers qui menacent le repos de l'Europe.

» La note que Votre Majesté vient de faire remettre à mon gouvernement et à celui de la reine Victoria tend à établir que le système
de pression adopté dès le début par les deux puissances maritimes a
seul envenimé la question. Elle aurait, au contraire, ce me semble,
continué à demeurer une question de cabinet si l'occupation des
principautés ne l'avait transportée tout à coup du domaine de la
discussion dans celui des faits. Cependant les troupes de Votre Majesté une fois entrées en Valachie, nous n'en avons pas moins engagé
la Porte à ne pas considérer cette occupation comme un cas de guerre,
témoignant ainsi notre extrême désir de conciliation. Après m'être
concerté avec l'Angleterre, l'Autriche et la Prusse, j'ai proposé à
Votre Majesté une note destinée à donner une satisfaction commune;
Votre Majesté l'a acceptée. Mais à peine étions-nous avertis de cette
bonne nouvelle, que son ministre, par des commentaires explicatifs,
en détruisait tout l'effet conciliant et nous empêchait par là d'insister
à Constantinople sur son adoption pure et simple. De son côté, la
Porte avait proposé au projet de note des modifications que les quatre
puissances représentées à Vienne ne trouvèrent pas inacceptables.
Elles n'ont pas eu l'agrément de Votre Majesté. Alors la Porte, bles-
sée dans sa dignité, menacée dans son indépendance, obérée par les
efforts déjà faits pour opposer une armée à celle de Votre Majesté, a
mieux aimé déclarer la guerre que de rester dans cet état d'incertitude et d'abaissement. Elle avait réclamé notre appui; sa cause nous
paraissait juste; les escadres anglaise et française reçurent l'ordre de
mouiller dans le Bosphore.

» Notre attitude vis-à-vis de la Turquie était protectrice, mais passive. Nous ne l'encouragions pas à la guerre. Nous faisions sans cesse
parvenir aux oreilles du sultan des conseils de paix et de modération, persuadés que c'était le moyen d'arriver à un accord, et les
quatre puissances s'entendirent de nouveau pour soumettre à Votre
Majesté d'autres propositions. Votre Majesté, de son côté, montrant
le calme qui naît de la conscience de sa force, s'était bornée à repousser, sur la rive gauche du Danube comme en Asie, les attaques
des Turcs, et avec la modération digne du chef d'un grand empire,
elle avait déclaré qu'elle se tiendrait à la défensive. Jusque-là nous
étions donc, je dois le dire, spectateurs intéressés, mais simples spectateurs de la lutte, lorsque l'affaire de Sinope vint nous forcer à
prendre une position plus tranchée. La France et l'Angleterre n'a-
vaient pas cru utile d'envoyer des troupes de débarquement au secours de la Turquie. Leur drapeau n'était donc pas engagé dans les
conflits qui avaient lieu sur terre. Mais sur mer, c'était bien différent. Il y avait à l'entrée du Bosphore trois mille bouches à feu dont
la présence disait assez haut à la Turquie que les deux premières
puissances maritimes ne permettraient pas de l'attaquer sur mer.
L'événement de Sinope fut pour nous aussi blessant qu'inattendu;
car peu importe que les Turcs aient voulu ou non faire passer des
munitions de guerre sur le territoire russe. En fait, des vaisseaux
russes sont venus attaquer des bâtiments turcs dans les eaux de la
Turquie et mouillés tranquillement dans un port turc; ils les ont
détruits, malgré l'assurance de ne pas faire une guerre agressive,
malgré le voisinage de nos escadres. Ce n'était plus notre politique
qui recevait là un échec, c'était notre honneur militaire. Les coups
de canon de Sinope ont retenti douloureusement dans le cœur de
tous ceux qui en Angleterre et en France ont un vif sentiment de la

dignité nationale. On s'est écrié d'un commun accord : Partout où nos canons peuvent atteindre, nos alliés doivent être respectés. De là l'ordre donné à nos escadres d'entrer dans la mer Noire, et d'empêcher par la force, s'il le fallait, le retour d'un semblable événement. De là la notification collective envoyée au cabinet de Saint-Pétersbourg pour lui annoncer que, si nous empêchions les Turcs de porter une guerre agressive sur les côtes appartenant à la Russie, nous protégerions le ravitaillement de leurs troupes sur leur propre territoire. Quant à la flotte russe, en lui interdisant la navigation de la mer Noire, nous la placions dans des conditions différentes, parce qu'il importait, pendant la durée de la guerre, de conserver un gage qui pût être l'équivalent des parties occupées du territoire turc et faciliter la conclusion de la paix en devenant le titre d'un échange désirable.

» Voilà, sire, la suite réelle et l'enchaînement des faits. Il est clair qu'arrivés à ce point, ils doivent amener promptement ou une entente définitive, ou une rupture décidée.

» Votre Majesté a donné tant de preuves de sa sollicitude pour le repos de l'Europe, elle y a contribué si puissamment par son influence bienfaisante contre l'esprit de désordre, que je ne saurais douter de sa résolution dans l'alternative qui se présente à son choix. Si Votre Majesté désire autant que moi une conclusion pacifique, quoi de plus simple que de déclarer qu'un armistice sera signé aujourd'hui, que les choses reprendront leur cours diplomatique, que toute hostilité cessera et que toutes les forces belligérantes se retireront des lieux où des motifs de guerre les ont appelées?

» Ainsi les troupes russes abandonneraient les principautés et nos escadres la mer Noire. Votre Majesté préférant traiter directement avec la Turquie, elle nommerait un ambassadeur qui négocierait avec un plénipotentiaire du sultan une convention qui serait soumise à la conférence des quatre puissances. Que Votre Majesté adopte ce plan sur lequel la reine d'Angleterre et moi sommes parfaitement d'accord, la tranquillité est rétablie et le monde satisfait. Rien, en effet, dans ce plan qui ne soit digne de Votre Majesté, rien qui puisse blesser son honneur. Mais si, par un motif difficile à comprendre, Votre Majesté opposait un refus, alors la France, comme l'Angleterre, serait obligée de laisser au sort des armes et aux hasards de la guerre ce qui pourrait être décidé aujourd'hui par la raison et par la justice.

» Que Votre Majesté ne pense pas que la moindre animosité puisse entrer dans mon cœur; il n'éprouve d'autres sentiments que ceux exprimés par Votre Majesté elle même dans sa lettre du 17 janvier 1853, lorsqu'elle m'écrivait : « Nos relations doivent être sincèrement amicales, reposer sur les mêmes intentions : maintien de l'ordre, amour de la paix, respect aux traités et bienveillance réciproque. » Ce programme est digne du souverain qui le traçait, et je n'hésite pas à l'affirmer, j'y suis resté fidèle.

» Je prie Votre Majesté de croire à la sincérité de mes sentiments et c'est dans ces sentiments que je suis, sire, de Votre Majesté, le bon ami,

» NAPOLÉON. »

19 février 1854.

Toutes nos prévisions sont officiellement réalisées. Le *Moniteur* parle ainsi ce matin :

« La réponse attendue de Saint-Pétersbourg est arrivée ce soir. L'empereur Nicolas annonce qu'il n'accepte pas les propositions d'accommodement qui lui avaient été adressées. »

Circassiens.



PARIS. — Impr. LACOUR ET Cⁱᵉ, rue Soufflot,